互联网扶贫书

互动百科◎主编

中国华侨出版社

图书在版编目（CIP）数据

互联网扶贫书 / 互动百科主编. —北京：中国华侨出版
社，2010.1

ISBN 978-7-5113-0194-9

Ⅰ.①互… Ⅱ.①互… Ⅲ.①因特网－社会习惯语－汇编
Ⅳ.①H136.4-61②TP393-61

中国版本图书馆CIP数据核字（2009）第239148号

● 互联网扶贫书

编　　者 / 互动百科

责任编辑 / 王　晖

责任校对 / 志　刚

经　　销 / 新华书店

开　　本 / 787×1092毫米　16开　印张/18　字数/200千

印　　刷 / 北京彩虹伟业印刷有限公司

版　　次 / 2010年2月第1版　2010年2月第1次印刷

书　　号 / ISBN 978-7-5113-0194-9

定　　价 / 28.00元

中国华侨出版社　　北京市安定路20号院3号楼305室　　邮　编：100029

法律顾问：陈鹰律师事务所

编辑部：（010）64443056　　　传真：（010）64439708

发行部：（010）64443051

网　　址：www.oveaschin.com

E-mail：oveaschin@sina.com

目 录

新文化：高举新文化的理论旗帜前进！

新人类：坚决不做奥特曼！

新经济：新经济是社会发展源动力！

新社会：向前！向前！向前！

新生活：为了蜗居，奋斗！

目录

新科技：科技就是生产力！

新语录：雷你没商量！

新文化

高举新文化的理论旗帜前进！

互联网★扶贫书

烎

编辑者：

湖中罂粟　战灬刀锋　下自成奚　宁静的心　codyxixi　我叫赵楠　manan470 openover

摘要：

　　烎（yín），流行于互联网中的一个字。"烎"起源于游戏家族，是游戏玩家们创造出的一种全新的文化现象。因此"烎"这个字逐渐在游戏玩家中流行起来，用来形容自己充沛的竞技或游戏状态。现在多用来形容一个人斗志昂扬、热血沸腾，也可以用来表示"霸气"、"剽悍"、"制霸"等诸多意思，是一种男子汉的勇武精神与豪气的体现。

烎－来源

　　追根溯源，"烎"起源于游戏家族，是游戏玩家们创造出的一种全新的文化现象。最初是在某次游戏赛事中，出现了一只自称"烎之队"的比赛队伍，并向知名游戏战队发起了"开火"的宣战宣言，从而演变成了流行的"烎文化"。

烎－衍生意义

　　在游戏中，玩家们用"烎"并非用其原意，而是用其象形之意。"烎"即为"开火"，既传神，又达意，妙不可言。游戏玩家在特定的环境下，表达出一种特殊的竞技心态，选择"烎"这个字，真是再贴切不过了。在游戏中，"烎"已经成为玩家们"遇强则强，斗志昂扬，热血沸腾，你越厉害我越要找你挑战，希望在竞争或对抗中一比高下"的流行语。假如再引申一层，用"烎"形容一个人的斗志昂扬、热血沸腾，即可传达"满状态"、"霸气"、"爆豆"、"剽悍"、"制霸"等诸多豪气；再用"烎"表示一个人面对敌人敢于宣战、善于战斗，也可准确地显示其"秒杀"、"虐杀"对手的"必

胜"壮志。

囧 – 派生词语

目前，由"囧"所派生出的一系列流行词语风行一时，如：

"囧你就像碾一只蚂蚁！"

"囧你没商量！"

"不是跟你得瑟，寂寞已经过时了，咱玩的是囧！"

"男人，重要的不是帅，是囧！"

"中国人从此囧起来了！"

囧 – 文化流行

很多商家嗅到了"囧"文化独特的味道，已设计了一批以"中国囧"为主要元素的产品，如建国 60 周年纪念 T 恤衫等。"囧文化"的流行，不仅仅是游戏人群的情绪宣泄，在很大程度上，更是电子竞技的精神凝结。当"囧文化"溢出网络游戏家族，向网络大众群体蔓延之后，囧的文化内涵更加丰富、更加深广。

人是需要一种精神的，无论是创业，还是竞争，都需要那种斗志昂扬、热血沸腾、敢于挑战并且战胜对手的"囧"精神。狭路相逢勇者胜，面对强大的敌手，也要毅然亮剑，为胜利而亮剑！"囧文化"获得了网民的认同，也被认为是"亮剑精神"在网络世界的延续和深化。

杯具

编辑者：

天天 1456　王小泡 yuzijiaoheliai

摘要：

杯具，原指盛水的器具，后因与"悲剧"一词谐音，而成为网络流行语。它词性多变，在使用的时候一般有形容词或名词的双重词义。随着杯具的流行，更出现了"人生是张茶几，上面放满了杯具"等"箴言"。

杯具－发展流行

杯具主观地表示不如意，不顺心或者失败，或者是委婉地对别人表示某方面的不满，主要靠意会，一般戏谑的味道比较强。

杯具最早出处已不可考，大致在2008年底到2009年初之间，一幅以"悲剧啊"为易中天教授配音的图片在各大论坛迅速流传，而几个月后，"悲剧"被代替为"杯具"，成为年轻人常用的调侃词。无论形容考试失败、恋爱挫折，还是工作压力大、表达日常生活中普通的负面评价，"杯具"全都适用。而杯具也成为继"囧"之后，大范围适用的流行词汇。

从2008年末的那场金融风暴开始，年轻人尤其是都市白领们对未来的预期、对自身生活方式的思考更加趋向务实。在这种情况下，代表一种不太明显的负面情绪的"杯具"会忽然走红，也是可以理解的。

杯具－词性文化

与"囧"相似，"杯具"也带有自嘲的成分。而且，故意写成了错别字的"杯具"，看上去较之传统的"悲剧"似乎不那么深刻，其使用范围也得以扩大。如果说"我是一个悲剧"带着一种真实的绝望感，那么"我是一个杯具"就更多是一种玩笑。

"杯具"文化并未走向阴郁与消极，在哀叹"人参杯具（人生悲剧）"的同时，年轻人们也用"就算要做杯具，也要做官窑上品青花瓷杯具"的发言来勉励自己。还有人说："人生就像刷牙杯，可以看作杯具，也可以看作洗具。"也有人拿杯具来调侃男女相处之道："女人是水做的，为了迎合她们，男人注定要成为一个个杯具。"

杯具－箴言

1.0版：人生是杯具。

2.0版：我的人生就像茶几，上面摆满了杯具。

3.0版：人生像茶几，上面摆满了杯具；人生又像茶杯，本身就是个杯具；人生更像茶叶，终究要被浸泡在杯具之中。

4.0版：人生就像牙缸，你可以把它看成杯具，也可以看成洗具。

5.0版：人生就像茶几，上面摆满了杯具。当你努力跳出一个杯具时，却发现自己跳进了一个餐具（惨剧）。

6.0版：人生就像是一个茶几，上面摆满了杯具。当我们认为自己跳出一个杯具时，却已经掉进了另外一个杯具。而若你发现你没有跳进另一个杯具……那恭喜你……你掉下茶几了。

自媒体

编辑者：

一心两翼 x0yun markcn

> **摘要：**
>
> 自媒体是私人化、平民化、普遍化、自主化的传播者，以现代化、电子化的手段，向不特定的大多数或者特定的单个人传递规范性及非规范性信息的新媒体的总称，包括 e-mail、论坛、博客，甚至包括手机群发。

自媒体－定义

美国新闻学会的媒体中心于2003年7月出版了由谢因·波曼与克里斯·威理斯两

位联合提出的自媒体研究报告，里面对自媒体下了一个十分严谨的定义："自媒体是普通大众经由数字科技强化、与全球知识体系相连之后，一种开始理解普通大众如何提供与分享他们本身的事实、他们本身的新闻的途径。"

自媒体－特点

自媒体有别于由专业媒体机构主导的信息传播，它是由普通大众主导的信息传播活动，由传统的"点到面"的传播，转化为"点到点"的一种对等的传播概念。

自媒体最根本的特点——平民化，从"旁观者"转变成为"当事人"，每个平民都可以拥有一份自己的"网络报纸"、"网络广播"或"网络电视"。人们自主地在自己的"媒体"上"想写就写"、"想说就说"，每个"草根"都可以利用互联网来表达自己想要表达的观点，传递他们生活的阴晴圆缺，构建自己的社交网络。自媒体成为了平民大众张扬个性、表现自我的最佳场所。

自媒体门槛低、运作简单，不需要投入任何成本，也不要求有任何的专业技术知识，也因此特点让自媒体大受欢迎，发展迅速。自媒体交互性强、传播迅速，在任何时间、任何地点，平民都可以经营自己的"媒体"，使得信息能够迅速地传播，时效性大大的增强。作品从制作到发表，其迅速、高效，是传统的电视、报纸媒介所无法企及的。但是自媒体也存在很多问题，如良莠不齐、可信度低、相关法律不规范等。

自媒体－影响

在自媒体时代，各种不同的声音来自四面八方，"主流媒体"的声音逐渐变弱，人们不再接受被一个"统一的声音"告知对或错，每一个人都在从独立获得的资讯中，对事物做出判断。

微阅读

编辑者：

x0yun 段飞猪 N 颗钻石 王小泡

摘要：

　　微阅读，是一种借短消息、网文和短文体生存的阅读方式。微阅读是阅读领域的快餐，口袋书、手机报、微博，都代表微阅读。等车时，习惯拿出手机看新闻；走路时，喜欢戴上耳机"听"小说；陪老婆逛街，看电子书打发等待的时间，如果有这些行为，那说明你已在不知不觉中成为"微阅读"的忠实执行者了。

微阅读－概述

　　微阅读是一个对生命价值有深刻体察的人所提出的终极追求。微阅读令我们摆脱了许多生活中的"垃圾时段"。我们不再需要用玩手指头来消磨等候的时光，任何场合、任何时刻，我们都能掏出一只小仪器，轻松地营造起只属于一个人的阅读空间。这种"闹中取静"的心境其实相当怡然自得，不过这种心境不知道何时会被打断，何时才能继续。所以，我们的思维得像 Windows 7 那样擅长窗口切换，又得像移动硬盘那样拥有超大记忆体。

微阅读－相关评论

　　微阅读主要传递信息，契合了现代社会快节奏的生活需要，也与现代人"开机化生存"的生活方式息息相关。单将之与"时髦"、"肤浅"等词相联系，实在有失公允。互联网让报业恐慌过，"读图"的让"读字"的恐慌过，微阅读也毫不例外，就像有人

说的，在微阅读时代，"就像书法成为权贵们的品位标志一样，读书将成为文化晋阶的身份符号"。

文本的短小、迅捷营造了一种令人备感舒适的微阅读氛围——翻开这样的文本并不需要太多的背景铺垫，不需要过多的感情投入，甚至不要求阅读经验的前后连贯。但是微阅读只是提供了过去没有的一种阅读方式，并不适用于所有文本，也不能替代其他阅读方式。

微阅读固然有实用性和消遣性的好处，却无形中消解了需要深入阅读时的沉潜心态，而人们智识的进展，很大程度上并非取决于单纯信息量的累加。阅读目的也不会因阅读手段的变化而发生质的改变。虽然在阅读目的上，可谓仁者见仁，各取所需，然而不能否认，其中十分重要的部分是，阅读不仅仅有助于我们的工作和事业，更重要的是与我们生命的融合，相伴我们心智的成长。

微阅读 – 影响

微阅读不仅普遍深入认知能力尚不广泛的青少年群体，更以高科技赋予的"便利"和"海量"渗透到都市人业余生活的每一个角落。微阅读不是一种颠覆，而更像一次推动，或许，这种新的阅读模式可成为激发新文体的动力。唐诗宋词无比绚烂，创造了文学史上的里程碑。细细想来，唐诗宋词可算作古代"微阅读"的流行文本。今天的"微阅读"，或许会催生"唐诗"类文体，留下当代的生活记忆，成为数百年后的当代经典。

玛雅预言

编辑者：

N 颗钻石　李习斗　乔康达夫人　一心两翼　下自成奚　江湖百晓生　wuyanpeng
hehai007　hehedajiahao　火蚁　罡慰　季候风　过后　流浪

摘要：

　　玛雅预言是玛雅历法上面关于世界末日的记录，根据玛雅历法推算，2012 年 12 月 21 日将出现世界末日。随着电影《2012》的热映，玛雅预言又一次成为人们关注的话题。

玛雅预言－概述

　　根据玛雅预言上表示，人类现在所生存的地球是第 5 太阳纪，到目前为止，地球已经过了四个太阳纪，而在每一太阳纪结束时，都会上演一出惊心动魄的毁灭剧情。

　　第一个太阳纪是根达亚文明，毁于大陆沉没。根达亚文明是超能力文明，人类身高 1 米左右，男人有第三只眼，翡翠色，有预测和杀伤力的能力等。女人没有第三只眼，女人的子宫有神的能力，可以感天生子。第二个太阳纪是美索不达米亚文明，发生在南极大陆，毁于地球磁极转换。美索不达米亚文明是根达亚文明的逃亡者的延续。男人对饮食特别爱好，发展出各色各样的专家，又被称为饮食文明。第三个太阳纪是穆里亚文明，也称生物能文明，是美索布达米亚文明的逃亡者的延续，毁于大陆沉没。第四个太阳纪是亚特兰蒂斯文明，是来自猎户座的殖民者建立的。他们拥有光的能力，最后在火雨的肆虐下引发大地覆灭。

　　第五个太阳纪，最后一个"太阳纪"，即我们现在所处的时期。玛雅人认为在银河季候的这一段时期中，太阳系正经历着一个历时 5100 多年的"大周期"。时间是从公元前 3113 年起到公元 2012 年止。在这个"大周期"结束时，运动着的地球以及太阳系正在通过一束来自银河系核心的银河射线。这束射线的横截面直径为 5125 地球年。换言之，地球通过这束射线需要 5125 年之久。2012 年 12 月 21 日将是本次人类文明结束的日子。此后，人类将进入与本次文明毫无关系的一个全新的文明。

玛雅预言－揭秘

　　玛雅人对天文及数学的精通令人叹为观止，玛雅人所测算的地球公转时间是 365 日又 6 小时又 24 分 20 秒，误差非常之少。玛雅人对于其它星体的运行时间，在计算

上也非常准确。他们信手就可以把月亮背面的图像刻在月亮神庙的门上当作装饰，而月亮背面的图案正与真实情况相符，使得玛雅人更像谜一般，因此玛雅预言有了诸多的拥护者。

美国科尔盖特大学考古天文学家表示，在玛雅历法中，1872000天算是一个轮回，即5125.37年。玛雅预言中关于2012年12月21日是世界末日的说法是一种被误解的说法。根据"长历法"，到2012年冬至时，就意味着当前时代的时间结束，即完成了5125.37年的一个轮回。这一天是玛雅历法中重新计时的"零天"，表示一个轮回结束，一个新的时代的开始，而并非指世界末日。

恨腰封

编辑者：

段飞猪　亚芯

摘要：

近些年，新书出炉时总会在封面上包勒一条或横或竖的狭窄折页，称为腰封或书腰纸，上面印有与图书相关的宣传、推介性图文。恨腰封因著名博主王小峰的同名博文而得名，引发爱书之人纷纷表达对图书腰封的"恨之深，责之切。"

恨腰封 - 腰封现状

腰封初见于精装书，起到保护书皮封面的作用，随后印上宣传广告、推介文字，以充分利用这一纸带。自上世纪90年代从日本传入以来，平装书加腰封渐成风尚。作为书的第一条广告，"抓"人的腰封不由分说地闯入读者视线，迅速聚焦读者注意力，成为封面之外的"面子工程"。

平装书加腰封的做法屡见不鲜，而腰封上浮夸的宣传、虚假的广告往往引起诸多不满。对这些近乎"穷凶极恶"的促销，理智的读者不再因为腰封上的某句离谱的"忽悠"而掏腰包。某论坛甚至发起关于如何处置腰封的讨论，结果"扔掉、用作书签及不知所终"成为排名最靠前的三种处理办法。业内人士担忧，这些过度叫卖、不切实际的吹捧，可能会损害出版业的诚信度。

恨腰封－相关评价

上海外教社副社长张宏点出了中西出版业做法的不同："美国、欧洲一些图书出版前，会印一部分成品书寄给一些权威书评人，称作提前阅读本。在正式出版前的几个月里，书评人给出一些评论，再印在封底上。而国内也可能打印出一些书稿，给出版社或作者熟悉的朋友，作序或者导读，但有时候为赶时间，直接省掉了这一环。"省去真正的阅读"把关人"，只能用虚假宣传凑数，读者一再被骗后，无疑会对腰封反感至极。

张宏进一步提出对腰封的建议："最理想的腰封是与封面的设计、色彩、剪贴有机地融为一体，并实事求是地介绍作者，写上编辑推荐的理由。"华丽辞藻堆砌后，读者难以从中寻得作者、图书的存在或讯息。不妨剔除那些"最"、"不可不读"、"名家推荐"，实实在在写上作者是谁，书好在哪里，才能真正达到促销的目的。

蒲公英现象

编辑者：

轩尼诗

摘要：

"我发现当代青年创作动漫作品时有一个共同点，女的喜欢画'蒲公英'，男的喜欢画'骷髅头'。随意打开一部'90后'甚至'00后'愿意看的动漫电影，很明显的符号也是男生爱'骷髅头'，女生爱'蒲公英'，我们姑且把这称之为'蒲公英现象'。"

——首届中国动漫艺术大展，中国动画学会常务副会长汪天云

蒲公英现象－现状

2009 年 11 月初，在首届中国动漫艺术大展上，几乎每30部动漫短片中就有 8 到 9 部出现蒲公英的大特写：那随风飘逝的蒲公英种子，飘忽着自恋、唯美、迷茫、童真、幼稚、浪漫……

而"骷髅头"现象可谓是"蒲公英"的反面极端：海盗、武侠、黑暗、城市火拼、暴力犯罪、刺激打斗。这一路的动漫短片也为数不少，不仅表现手法雷同单一，思维水平也仅停留在渲染武侠情结上。

2009年年初，《喜羊羊与灰太狼》的动画电影仅在上映十多天内就创下了超过8500万元的票房收入。这部总投入 600 万元的FLASH电影，创造了国产小成本动画影片的票房神话，其业绩超过了同档期上映的进口动画片《闪电狗》《马达加斯加2》等好莱坞动画大片。国产动漫电影似乎迎来了它的繁荣期。尽管在国家优惠政策的引导下，各地纷纷上马动漫项目，但在很多动漫产业基地，投入大、收效快、盈利模式看似清晰的大项目，实质上都搞成了商业地产项目。而作为产业链中重要的内容部分，包括原创漫画、动画的制作，却没有得到充分的重视。

2009 年，中国国内有四、五百家动漫企业，但真正能进行动漫原创的企业少之又少。中国的几百所高校所设立的动漫专业，大多在动漫技术方面着力较多，培养方向多为技术型人才，极少有动漫创意人才、营销人才，这已成为制约中国动漫发展的瓶颈。长期以来，中国的文化产品是被划入意识形态领域的东西，于是就很想通过动画片来告诉人们一些东西，往往就变成刻板的说教和意识形态的灌输，娱乐性和趣味性严重不足，限制了产品本身的发展。由于总想教育别人，创作者的姿态往往居高临下，

使得国产动画片与好玩好看的国外动画片相去甚远。

蒲公英现象 – 专家评说

中国美协动漫艺委会副秘书长金城认为："蒲公英"乱飞，不是因为中国动漫创作者没有独立的思维，而是被急功近利的动漫投资逼得丧失作者追求。动漫投资处于急功近利状态，不注重前期的原创，只注重完成数量和速度。很多动画企业为拿到政府政策补贴，重动画的"量"而不重视"质"，原创人才的生存条件远不如一个技术操作人员，很多原创人才被迫改行，导致优秀人才大量流失。

春哥传

编辑者：

池中玉

> **摘要：**
>
> 《春哥传》是由网友默在新浪博客里发表的一篇漫画连载，其内容主要是建立在网络流行语和事件的基础上。该漫画和日本漫画一样每周更新一话，目前保持着每话5-8万的点击量，而转载量就不计其数了。

《春哥传》 – 概述

《春哥传》网络漫画封面从 2009 年 7 月 19 日开始，由网友默绘制的《春哥传》漫画开始在百度"魔兽世界吧"连载，引发无数网友阅读和评论。由于漫画的名字和某个艺人扯上某种联系，《春哥传》的第一话被删除，默只好另起炉灶在新浪网建立专门连载的博客，而且还打上免责声明："漫画主人公春哥和现实无关，只是个人名，纯属

虚构，如有雷同请勿对号入座。"

《春哥传》－特点

《春哥传》是默第一部比较正规的漫画作品。在《春哥传》里不少打斗中都有《七龙珠》《风云》等经典漫画的影子。

经常打网络游戏和泡论坛的默，对网络流行语和事件格外熟悉。这些东西既是他创作的灵感，也成了故事的主要骨架。漫画最开始的故事，便是源自"春哥教"这个网友恶搞、集体无意识的产物。而"贾君鹏事件"发生后，默就为春哥添加了既是朋友又是对手的"贾君鹏"。春哥和其父亲的对话中也经常会出现"打酱油"、"俯卧撑"这样的流行语。《春哥传》不仅紧密联系网络流行语，甚至连热门社会新闻也不放过。2009年7月22日的日全食，在2009年7月29日的第四话中就用漫画联系了该事件，并借春哥之嘴向读者解释了日全食形成的科学原理。还采用了"百度十大神兽"中的一个神兽所衍生的故事。

《春哥传》－评价

专家评论："《春哥传》并不是开先河之作，网络上对于既有事件或者人物的重新演绎一直都有，恶搞漫画或是小说都是这类同人文化的一部分，这是我们这代人发言的方式。就算是春哥，也早就不是指代某个明星，仅仅是种精神象征。"

网友评论："春哥带着贾君鹏做俯卧撑，想不红都难。"默自己也表示，他的漫画根植于网络，"网络流行语是我的灵感，也是故事的骨架。"

《春哥传》也被认为是当下年轻一代表达自己声音与想法的一种媒介。更有很多网友喜欢《春哥传》，是因为其本土原创性。

麦克风时代

编辑者：

lemonleaf 下自成奚 科技顽童 无端锦色 N 颗钻石

摘要：

麦克风时代是话语权时代的最佳体现，代表这网络时代，民众通过各种信息渠道表达自己的见解。麦克风时代形象地概况了这一特点，每个人都可能成为信息渠道，都可能成为意见表达的主体，就像每个人面前都有一个麦克风。政府如何面对麦克风时代的来临，是互联网带来的新命题，而网友们给出的建议是：让真相先行，永远走在事态的前面。

麦克风时代－简介

在这样的时代成长和生活，每个人都会有一种"赤裸裸"的感觉，公众人物尤其是官员们这样的感觉尤甚。在这样的时代，不理睬只会带来"口诛笔伐"，"躲猫猫"只会成为时代的笑柄，压制言论会被贴上反民主的标签。

在互联网、移动通信支撑的社会多元表达平台上，政府发声和舆论引导需要比过去有更高更强的能力。信息透明有助于提升政府的公信力，这是汶川经验的启示。在中国社会转型期，面对错综复杂的利益调整，各级政府理应发挥作用，促进社会各阶层意见和利益的均衡表达与顺畅沟通，促进干群之间的对话沟通，随时注意倾听民意、化解矛盾，维护社会稳定和健康发展。

麦克风时代－意义

我们的官员封闭得太久了，他们的进退，他们的任免，他们的家庭，似乎是与世

隔绝一般。应当说，这样的环境是不利于官员成长的。因为这样的环境剥夺了公众的知情权、参与权、表达权、监督权。没有监督的官员最终将走向何处，这样的例子举不胜举。而"麦克风时代"，每个人都可以对官员说三道四，每个官员都必须面对公众的指指点点。议论也好，批评也罢，抑或是各式各样的质疑，官员都要虚心接受，有则改之，无则加勉。在这些议论、批评和质疑声中，有期待，有鼓励，更有善意的提醒。这些，应该是官员成长过程中难得的一笔财富。为官执政道路上不时回味、对照，人生的每一步才会走得踏实。

麦克风时代－事件

29 岁的周森锋全票当选湖北省宜城市市长后，这位最年轻市长迅速"窜红"，成为这几天舆论的"领军人物"。处在众目睽睽之下的周森锋对记者说："自从我当选市长后，相关报道非常多，给我造成的压力目前超过了工作压力。我渴盼能安安稳稳实施自己的施政主张，淡出人们的视线和媒体的焦点。保持先前那种安静的工作和生活环境，也给我一个不受干扰的成长环境。"

小妞电影

编辑者：

LoveLive evabysz baike 勇敢的季节－Amy 柳溪

摘要：

小妞电影是指那些剧情比较轻松浪漫，多半以女性角色为核心，男性退居配角的爱情电影，又称为小鸡电影。这类电影比较时尚化，以都市爱情为主题，且一般是以女主角先失落倒霉开始，然后通过自信自立而赢得男士心仪，最终成眷属的团圆结局。

小妞电影 – 简介

电影学界把那些剧情比较轻松浪漫，多半以女性角色为核心，男性退居配角的爱情电影称为"小妞电影"（chick flick，也被译作小鸡电影）。

2008 年暑期，四个加起来超过 170 岁的女人演绎没有任何新意的《欲望都市》在全球席卷了超过 4 亿的票房，梅姑领衔的女性歌舞小品《妈妈咪呀》在全球卖了 5.72 亿美元。到了 2009 年，在一片不景气中，中等成本的女性文艺小片《马利与我》《求婚》《丑陋的真相》《朱莉与茱莉亚》都取得了让人瞠目的好成绩，经济学家说正是这样的"口红效应"带动全球票房市场不降反升。

在 2009 年暑期，内地终于有了一部自己的"小妞电影"——《非常完美》。

小妞电影 – 特点

女性视角，加油励志

"小妞电影"中的女主角都在等待她们的骑士现身。女性角色主导主要针对女性观众群的影片，女性视角和观点是绝对重要的。自强自立是其中最重要的关键词。失去了爱情不等于失去一切，你还是要坚强自信的走下去，坚信自己会做的很好，爱情也就在转弯处等你。

爱情母题，骑士现身

无论是王子灰姑娘路线还是被遗弃了奋发图强誓让浪子回头型，这类电影的核心肯定是谈恋爱，种种手段在被用了几十年后也没什么新意，无非是做一些与时俱进的小改良，遗失的手机代替了灰姑娘的水晶鞋，线上即时聊天工具成了沟通必不可少的桥梁。

时尚风范，都市格调

"小妞电影"的女主角会有一阵子霉透了。一百部好的 chick flick 电影，大约有99 部发生在大都市。都市电影本就是内地电影市场中的最薄弱环节，时尚感更无从谈起，时髦的生活方式和女主角不停变换的时尚造型是这类电影的基石。

逗趣耍宝，团圆结局

17

逗趣耍宝的情节是绝对不可少的，女主角在某段时间之内必须是非常倒霉的，大团圆结局是这类电影雷打不动的第一准则，可以适当温情煽情让女主角落泪哭泣，但是结局一定必须是 happy ending。

城市色彩

编辑者：

wuyanpeng guixingjia 科技顽童 sagitta 下自成奚 王小泡 tom502

摘要：

　　城市色彩，是指城市公共空间中所有裸露物体外部被感知的色彩总和。在世界上知名的城市色彩有：奶酪色代表巴黎，橙黄色代表罗马，伦敦的主体色为土黄色……

城市色彩－概况

　　城市色彩由自然色和人工色（或称为文化色）两部分构成。城市中裸露的土地（包括土路）、山石、草坪、树木、河流、海滨以及天空等等，所生成的都是自然色。城市中所有地上建筑物、硬化的广场路面，及交通工具、街头设施、行人服饰等等，都是人工产物，所生成的都是人工色。在城市人工色构成中，还可再按物体的性质，分为固定色和流动色、永久色和临时色。城市各种永久性的公用民用建筑、桥梁、街道广场、城市雕塑等，构成固定的永久性色彩；而城市中车辆等交通工具、行人服饰构成流动色；城市广告、标牌、路牌、报亭、路灯、霓虹灯及橱窗、窗台摆设等等则构成临时色。同时，由于色彩产生于光折射，各种物体原色，会根据其材料的表面肌理、受光程度以及环境色彩的影响而发生变化，所以，城市色彩还可分为单体原色与视觉效果色。同样黄色建筑，是临海而建，还是背山而立，是独立存在，还是夹缝中插建，其色彩效果是大不同的。

　　事实上，城市主色调不只是视觉感，它与城市文化、历史、习俗等密切相关。有专家指出，城市色彩是指城市的外部空间中各种视觉事物所具有的色彩，它是一个广泛、综合的概念，分为人工装饰色彩和自然色彩两类，包括建筑、道路、标牌、广告、服饰、绿地、河流等城市内人文景观和自然景观的色彩，它们触及人们的活动空间，深刻影响着人们的视觉感受。

城市色彩－重要性

　　每一个城市都以它不同的色调、形体与特色带给人们不同的感受。

　　在国际上，有的国家运用色彩季节理论对城市景观进行设计，并且有的城市已制定了城市建筑色彩的规划，与此同时，国外还建立了诸多极具国际影响力的城市色彩建设理论学说，如法国色彩大师郎克罗关于城市环境色彩建设的"色彩地理学说"等，对城市色彩建设产生了推波助澜的作用。

　　总体上，我国城市色彩规划滞后于城市建设。由于没有统一的建设色彩规范和监督管理，建设领域的色彩应用比较混乱，造成我国不少建筑存在视觉污染问题，给城市形象的塑造造成了负面影响。例如，街头经常出现的乱涂鸦现象；广告商乱用强刺激、侵扰性的浓色对比，无限扩大广告面积和数量，使人文环境受到严重污染。特别是商店门口的灯箱广告，形状不一、色彩怪诞，既破坏了原有建筑的色彩，又造成了严重的色彩污染等。

城市色彩－中国主要城市色彩

　　北京：以灰色调为主的复合色

　　哈尔滨：以米黄、黄白为代表色

　　无锡：整体色调为清新淡雅的浅色调

　　成都：考虑当地气候选择复合灰

　　广州：中明度、中纯度的色调

　　西安：考虑古城整体灰色主打

杭州：一卷江南水墨

厦门：两区两种色彩

[黄厝] 采用暖灰色、低彩度红色

[五缘湾] 分灰色调和区、闽南色彩区

剩女心经

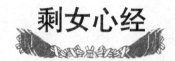

编辑者：

科技顽童 GID 跟踪 跳跃的魂灵

摘要：

　　在"剩女"这个词汇背后，其实是史上最大规模的一群拥有自我意识、独立人格和生活方式选择权的优秀女性。她们有事业和故事，有追求和要求，有技能和情趣，有圈子和朋友，只是没有结婚。她们之中，绝大多数不拒绝婚姻，只是拒绝不完美的选择。她们也想找到"真命天子"，但或者是运气还没到，或者是未婚男人跟她们想的不一样。她们有的选择继续单身，有的被迫进入相亲和猎婚市场。"剩女"心经指的就是这些"剩女"们的心理世界，她们因为各种原因成为"剩女"，但剩下的未必是糟糕的。

剩女心经－剩女含义

　　"剩女"，教育部 2007 年 8 月公布的 171 个汉语新词之一。是那些大龄女青年得的一个新称号，也可以称为"3S 女人"：Single(单身)、Senventies(大多数生于上世纪 70 年代)、 Stuck(被卡住了)——单身，这些人一般具有高学历和高收入，条件优越。比她们年纪大的女人，孩子都上小学了，比她们年纪小的也在挑三拣四之后喜气洋洋地

嫁人了；比她们聪明的没她们漂亮，比她们漂亮的没她们聪明——可偏偏被剩下的就是她们。

剩女有稳定的收入、体面的工作，生活环境舒适幽雅，却在爱情上迟迟停留不下来。她们有充实的干劲追求高层次的生活质量，远大的理想，出类拔萃的另一半。出类拔萃的男人是不会在她们背后默默付出的。要做好她们背后的男人，压力太大。这样导致长时间感情生活不协调，迟迟徘徊在婚姻的殿堂外。随着年龄增长，也就在社会上剩了下来，所以成为了剩女。

剩女心经－剩女的级别

25－27岁为初级剩客，这些人还有勇气继续为寻找伴侣而奋斗，故称"剩斗士"；

28－30岁为中级剩客，此时属于她们的机会已经不多，又因为事业而无暇寻觅，别号"必剩客"；

31－35岁为高级剩客，在残酷的职场斗争中存活下来，依然单身，被尊称为"斗战剩佛"；

到了35岁往上，那就是特级剩客，当尊为"齐天大剩"。

剩女心经－剩女类型

极品型：有主动剩的，也有被动剩的。如果你有着春春般身材、曾哥般气质、芙蓉般面容、冰冰般才华、灭绝般秉性，想不剩都难。

有财型：储蓄卡总额近八位数，每月账单五位数，名片上头衔是CXO，进出坐驾至少四个圈，连手包和名片夹都是两个C。那么，经济适用男，在嫁你和当剩女之间给她们一个选择前者的理由吧。

有才型：十年前，说人家"白天愁论文晚上愁嫁人"；十年后，说人家"70%潜规则与被潜规则"。人家女博士招谁惹谁了，十年还难摆脱剩女冤名。

有品型：如果女儿喜欢安妮宝贝，你大可不必紧张，即使痴迷张爱玲，甚至杜拉斯也不可怕。但若她言必称弗里达、张悬、朱天文，每周看四部以上欧洲文艺片，邮购三本台版文学书，进两次小剧场，只喝85度的现磨拿铁，那你暂时还是别为她准备

嫁妆了。

无貌型：一个钢琴八级、会唱昆曲、跳芭蕾，并且能写一手像样的魏碑的女人常常嫁不掉，并不仅仅是错在她太有才了，多半还因为她实在不怎么漂亮。

刚需型：女不嫁，母之过。好好的姑娘熬成婆，罪魁离不开丈母娘那刚性需求。房子车子加票子，让有心者不举，让有力者绕行。

刚刚型：她半夜上厕所从不怕，早晨从不赖床，会修电灯，会重装系统，停车永远一把到位，并能熟练更换车胎，看到蟑螂从不尖叫。鉴于她暂时不想要孩子，小区又是管道煤气，实在不知道弄个男人放家里有什么用！

找爹型：男 A 的肩膀没有父亲宽；男 B 吸烟的姿势不如父亲帅；男 C 炒菜时不像父亲会掂勺；男 D 没参过军，而父亲是大校；男 E 有宽阔的肩膀，吸烟很帅，会掂勺，并且刚从军校毕业，可他为什么比爸爸年轻 20 岁呢！

找仔型：每次见面，二话不说便开始刷锅子补袜子喷口水星子，最能消灭一个男人兽性的，莫过于女人的经常性母性大发。

无妈型：第一个男朋友很爱她，但他妈嫌她不够漂亮；第二个男朋友很爱她，但他妈嫌她不是京沪户口；第三个男朋友很爱她，但他妈嫌她学历低还爱买衫扮靓……你说她是不是只能找个没妈的男人？！

无脚型：当旅行成为生命中的主要活动，艳遇也很容易就代替了对婚姻的需要。就像《阿飞正传》说的那只没有脚的鸟，只能一直飞，再也停不下。当然，更惨的是只有一次次飞行，却很少有艳遇。

无曲线型：大一时初恋男友劈腿，她第一次吃下整份巨无霸套餐。毕业后二任男友和她分手，她一口气解决两个 9 寸披萨。如今她独占一排沙发座安享一个 KFC 全家桶，再也不用担心被谁抛弃了——某类女性失恋体胖者的欣慰与忧愁。

无性型：其实她认识的男人很多，且个个要好。他们总是一起喝酒、侃球、聊女人。某日某男至她家，两人刷夜对饮若干，迷糊间共寝一床，半夜他狠踹她一脚，原因是她抢了他的被子。

杂食型：她恋爱过无数次，每次都百分百投入，为何还是剩女？专家：你的恋爱对象都是做什么的？剩女：大学外教、煤矿老板、乐队主唱、副区长、高中生、婚恋专家。画外音：都不靠谱。

杂交型：她清纯起来像阿莲，妩媚起来像玛丽莲，落寞起来像林忆莲，强势起来像吕秀莲，放荡起来像潘金莲，哭起来像秦香莲。仔细想想，在遇到超人之前，有没有男人有足够的精力消受她……

三不型：相当一批傻乎乎的痴情单身女青年共同铺垫着"三不"（不主动、不拒绝、不负责）男人存在的沃土。硬套的话，同样可以把她们称为"三不"女人：不死心、不后悔、不靠谱。

主义型：说女人是无原则的动物，这或许才是她们的幸福。女权主义者总是原则先行，绝大多数适婚男性即使不被吓跑，也会被"波伏娃"、"伍尔夫"们的各种原则拒之门外。每个时代都该有为"主义"献身的人。

拉拉型：尽管有些女人一生下来就是lesbian，但更多的则都是走过了一条从剩女或准剩女到百合，再到拉拉的微妙情感路。索性，要剩就剩得痛快、剩得彻底、剩得有腔调。

方舟船票

编辑者：

柳溪 magic nikko 老伯伯 说故事

摘要：

　　方舟船票是依照电影《2012》中人类在中国西藏秘密制造了诺亚方舟挽救生命以延续地球生态而虚拟设计的登上诺亚方舟的船票。虽然为虚拟设计，但在网上叫卖却遇到追捧。方舟船票不仅是网民的一种恶搞和集体狂欢的创意之作，也是众多商家利用热点进行促销的一种手段。

方舟船票 – 产生背景

在 2009 年 11 月上映的最热门的电影《2012》中，人类为迎接地球毁灭的灾难，于是在中国西藏秘密制造了诺亚方舟，希望挽救 3 万人与众多物种，延续地球生态。想登上方舟，需要支付 10 亿欧元的费用。

虽然 2012 的预言已被权威科研机构否定，但在淘宝网上，已有人开始出售"方舟船票"。一名网友 1000 万元叫卖"方舟船票"反应火热，不少网友回帖询问能否打折、如何鉴别真伪，还有询问有否包含灾难后重建送指定城市户口。

方舟船票 – 特征

从网上可以看到，"方舟船票"设计得非常精致，还打上了联合国的 Logo。该店主称，"本店为联合国唯一指定大中国区网络销售点"，还有"潘基文亲笔签名"。"有了这张船票，便可以于 2012 年 12 月 21 日中午 12 点登上诺亚方舟，逃离地球末日。"

方舟船票 – 销售状况

淘宝网上有十几家店铺打出了"2012 年诺亚方舟船票预售"，其中最贵的船票一口价为 99999999 元，最便宜的经济舱价格仅有 9 元，人民币支付，不用兑换欧元，有商家还打出了团购 6 折的优惠。

资料显示，预售船票的卖家遍布深圳、北京、成都、上海、广州以及拉萨等各地，五钻信用的卖家 zhyi412 描述说："2012 年是玛雅预言中的世界末日，诺亚方舟船票该店全球首发，欢迎订购，只有 1000 张哦，机会难得，预购从速。"最后，卖家打上了"纯属恶搞，请勿当真"。店内船票的一口价为 99999999 元。在另一家名叫"非凡小莹"的店内，船票还分了几个档次，有经济舱、商务舱和头等舱，价格从 9 元至 999 元不等。

方舟船票 – 网友恶搞

有网友表示，方舟船票是一种网上恶搞，是网民狂欢的一种方式。

大多数卖家一本正经地吆喝了几句后，坦言"纯属玩笑"，可也有人接着兜售号称可以教人在家轻松学开飞机的产品了。对此，网友们纷纷惊呼有创意，"搭车的真不少啊"。

方舟船票的预售，让很多网友备感幽默搞笑，甚至有人问"有没有站票"，还有网友开玩笑说："地球太危险，大家赶紧去火星吧。"

纳美语

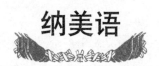

编辑者：

轩尼诗 莫多多 老人家 惟依依 sundy

摘要：

"纳美语"是电影《阿凡达》剧组为片中"纳美人"创造的语言体系，是一种非常温柔的语言，它吸取了印第安人、非洲、中亚、高加索的语言特点，有的人听了觉得像波利尼西亚语，有的人觉得像非洲的某种语言，还有的人觉得像德语或日语。

纳美语－背景

加拿大著名导演詹姆斯·卡梅隆（James Cameron）执导的电影《阿凡达》讲述了发生在遥远外星球潘多拉（Pandora）上的一个美丽悲壮的"风中奇缘"的故事。为了使影片接近完美，卡梅隆事无巨细的精心打磨每一个细节，他甚至还专门找来语言学家为片中的"纳美人"（Na'vi）创造了一套完整的语言体系。

纳美语－创造

负责创造"纳美人"语言的是南加州大学教授保罗·R·弗洛莫（Paul R.

Frommer)，他是一名语言学专家，4 年前他接到一封电子邮件，邮件里说他们正在帮詹姆斯·卡梅隆的新电影找一名能够创造外星语言的人，不过那个时候电影还没有名字，用的是代号《Project 880》。

弗洛莫并不是完全凭空创造，卡梅隆给了他一个剧本雏形，里面包含了 30 多个"纳美语"词汇，虽然大部分都是角色的名字，但这让弗洛莫明白了卡梅隆想要一种什么样的语言（有韵律感、流畅富于感染力）。靠着这一点线索，弗洛莫花了 4 年时间逐渐摸索创造出了一套有自己语法规则和语言结构的、可以使用的、完整的语言体系。

纳美语－应用

"纳美语"不仅将出现在《阿凡达》电影里，还会出现在法国游戏公司为该片制作的同名游戏中。弗洛莫希望《阿凡达》可以拍前传和续集，这样他发明的语言就可以得到更多的展示和使用。另外他也希望将来能有人做一个"潘多拉百科"(Pandora-pedia) 详细介绍这种语言，让别人也来学说这种语言，这样他就可以和别人用"纳美语"交谈了，而不是自言自语。

纳美语－学习

学说纳美语并不容易，至少片中饰演 3 米多高蓝色纳美人"内特丽"的佐伊·扎尔达娜就是这么认为的，她说："学这个语言太难了，我大部分精力都花在这上面了，我觉得自己根本无法过这一关，我在语言学习方面并不擅长。"

为了帮助演员学说"纳美语"，卡梅隆特意找来了好莱坞著名的语言指导师卡拉·梅耶，她参与过《加勒比海盗》、《天使与魔鬼》、《永不妥协》等影片，曾帮助过《空军一号》里的加里·奥德曼学会了东欧口音。

纳美语－词汇现状

截止 2009 年 11 月 23 日，"纳美语"已经有 1000 多个词汇，弗洛莫还在不停的扩充"纳美语"的词汇量，并且电影上映后也不会停止，用他的话来说，他要一直做到自己做不了了为止。

MM 反魔兽联盟

编辑者：

5656465　65564856　488986　1556156　1333475　神级小刺客　11774538　宝贝芒果　基尔加丹　　MM 可乐侠

摘要：

　　MM 反魔兽联盟是一群北京 MM 自发兴起的一个组织。这些 MM 的男朋友都是魔兽世界的忠实玩家，男朋友们沉溺于游戏给 MM 们的情感和生活带来了很多不利的影响，可以说这个联盟里的 MM 深受魔兽世界之害。这些 MM 们由最初的网上讨论已经发展成目前的线下聚会，她们每隔一段时间都会聚会一次，交流心得，目前这个联盟引起了更多 MM 们的支持，MM 反魔兽联盟的队伍也越来越壮大。

MM 反魔兽联盟 – 简介

　　这是一面引领当代中国社会发展、进步的旗帜；

　　这是一面凝聚全体反魔兽盟友团结奋斗的旗帜；

　　这是一面指引反魔兽斗士不断走向胜利的旗帜；

　　这面旗帜有着一个响亮的名字—MM 反魔兽联盟！

　　这是一群以北京 MM 为主自发形成的组织，这个组织里的每一个人都有一个特性：男友或者老公痴迷于魔兽世界游戏，给她们的生活、情感带来很大的伤害，MM 们深受其害。

MM 反魔兽联盟－背景

《魔兽世界》当今已成为世界最为火爆的几款网络游戏之一，其玩家也是遍布世界各地。在中国也是如此，很多年轻人都沉迷于《魔兽世界》，在这些 WOW 玩家中多数为男性。这些男性玩家因追求高级别、高装备、高输出等，把自己的业余时间都奉献给了 WOW。众多玩家为了参加 WOW 中的团队活动，不仅牺牲了陪自己女友／老婆的时间，也让自己少了与现实中的人交流的机会。于是，MM 反魔兽联盟应运而生。

MM 反魔兽联盟－口号

MM 反魔兽，就让 GG 去难受！！！

MM 反魔兽联盟－盟歌

男：MM 反魔兽，GG 很难受，恩恩爱爱魔兽上荡悠悠；MM 反魔兽，GG 很难受，恩恩爱爱魔兽上荡悠悠

女：小 MM，我反魔兽，就让 GG 去难受，我俩的情，我俩的爱，在魔兽上荡悠悠荡悠悠

GG 你天天玩魔兽，你玩魔兽过了头，只盼 GG 别再玩魔兽，让你牵牵手噢..噢..噢..噢..噢.

男：重复

女：小 MM，我反魔兽，就让 GG 去难受，我俩的情，我俩的爱，在魔兽上荡悠悠荡悠悠

GG 你为了玩魔兽，事业你也没有成就，只盼 GG 别再玩魔兽，把你来拯救噢..噢..噢..噢..噢.

男：重复

女：小 MM，我反魔兽，就让 GG 去难受，我俩的情，我俩的爱，在魔兽上荡悠悠荡悠悠

GG你为了玩魔兽，生活你也不管喽，只盼GG别再碰网游，让你亲个够噢..噢..噢..噢..噢.

男：重复

MM反魔兽联盟－大事记

2009年5月14日，MM反魔兽联盟在互动百科上成立，发起者互动资深网友MM可乐侠。

2009年7月13日，MM反魔兽联盟第一次组织活动，几位成员初次见面，对联盟的发展起到了至关重要的作用。

2009年8月7日，听说魔兽游戏又要上线运营了，MM反魔兽联盟第一次工作会议举行，7位漂亮MM参与此次会议并做了"将反魔兽事业进行到底"的重要宣言，史称"七仙女会议"。

2009年11月8日，随着小组人员的逐渐壮大，MM反魔兽联盟几位主要成员举行第三次聚会，在茶聊过程中把最近魔兽世界发生的事情和组织内部的规定、维吧管理、联盟相关事宜做了相应的讨论。

2009年11月24日，MM反魔兽联盟中的三位成员接受了《法制晚报》记者秦胜利、孙慧丽的采访，11月28日见报《魔兽世界遭四面围攻 男友沉迷姐妹结盟反"魔"》。

2009年11月25日，MM反魔兽联盟去互动百科公司"示威"，要求互动百科停止对"魔兽世界"的推广。

语言指纹

编辑者：

katsu 池中玉

摘要：

　　语言指纹是指作家的一种创作习惯。由于一些日常惯用语的缘故，不同作者的作品中最多会出现 20 处相同短语。而出自同一作家之手的不同作品，往往包含许多类似的行文习惯和句式，就像作者在作品中留下指纹一样。

语言指纹 – 对比分析

　　莎士比亚研究人员利用一款名为"剽窃"的软件对《爱德华三世》剧本和同时期莎士比亚其他作品进行对比研究。分析后发现，这部剧本与 1596 年前的莎士比亚作品出现相同短语 200 处，当发现 200 处短语与莎士比亚剧作相符时，几乎可以肯定这部剧本也出自莎士比亚之手。但这些匹配情况只出现在第 4 场，即 40% 的剧本中。

　　研究人员经过进一步研究发现，剩余部分剧本的写作风格与当时另一位剧作家托马斯·基德相同，因为其中包含约 200 处与基德作品中相同的短语。因此研究人员认为，这表明该剧有 60% 是基德所作。

语言指纹 – 鉴别公式

　　瑞典研究人员设计出一种分析作家语言指纹的公式，通过分析作品中较少出现的单词数与作品长度间的关系来研究作家的写作习惯。研究人员说，一位作家的某一部作品其实只是从其"母本"中抽取的一部分。

　　所谓"母本"，可以大致理解为某位作家的语言习惯和词汇量构成的"框架"。作家的每一部作品都从这一"框架"中来。

　　美国哈佛大学语言学家乔治·齐普夫于 1935 年发现一部作品中某一单词出现的频率与这一频率高低次序之间的关系。他指出，最高频单词比第二高频单词出现频率高一倍，比第三高频单词出现频率高两倍，以此类推。齐普夫揭示的这一规律为后来许多语言学中的定量研究奠定了基础。不少学者把它当作英语甚至所有语言中普遍适用的原则。

　　瑞典于默奥大学研究人员在齐普夫的这一理论基础上进一步研究指出，该理论并非放之四海皆准。一部作品中单词出现的频率高低与作家本人语言水平有关，不能一概而论。研究人员经过分析托马斯·哈代、赫尔曼·梅尔维尔和戴·赫·劳伦斯三位作家的全部作品后发现，随着作品篇幅加长，文中出现生僻单词的几率呈现下降趋势。他们还发现，这三位作家的"生僻单词出现几率下降曲线"各不相同。更重要的是，这种下降趋势在每位作家的全部作品中都有所体现。研究人员认为，今后在研究作者不详的作品时，可以用这种方法将其与已知的前人作品相比较，对比这种"语言指纹"的相似性。

语言指纹 – 后续研究

"母本"这一概念不仅包含某位作者掌握的词汇，还包含他自创的新词汇。不论是写《战争与和平》这样的名著，还是平时随便写写电子邮件，人们都有可能创造出新词汇。研究小组将继续对更多使用英语和其他语言的作家展开研究。随着他们的"语言指纹"库不断扩充，研究人员期望未来能够利用这种方法鉴定出作者不详的作品"身世"之谜。

末日游

编辑者：

香姗宛儒　熬熬

摘要：

末日游，是人们出于对全球变暖和过度开发资源的担忧，希望赶在珍贵的自然景观消失之前再去游览的一种新方式。

末日游 – 概述

末日游的概念最早由美国人率先提出。他们率先前往阿拉斯加州、巴塔哥尼亚、

北极和南极正在融化的冰山，太平洋正在下沉的岛屿和正在消失的大堡礁，以这种新方式感受地球正面临的危险，并将这种旅游称作"末日游"，随后英国游客也加入到了参观这些景观的行列。中国最早加入末日游的是广东的一些旅游发烧友。从热带地区到极地冰川，越来越多的游客要求去看看这些正在消融的冰川、消失的大堡礁以及数量越来越少的马尔代夫岛屿。

一些科学家推测，极地冰山有可能会快速消融，这吸引了为数众多的旅游者前往当地参观。2008 年有 3.7 万人到访南极洲，人数是 5 年前的两倍。再如有着"地球上最后仙境"美誉的印度洋岛国马尔代夫，会在 50 年内随着海平面上涨而被淹没。

末日游－旅游现状

除了马尔代夫相对成熟的目的地外，图瓦卢、基里巴斯、瑙鲁等南太平洋海岛现在还不具有组团前往的可操作性。图瓦卢当地的卫生条件并不好，医疗条件极差，加上匮乏的交通、稀缺的酒店房间和餐厅，游客不要轻易自行前往。

航班稀缺是组团最大的"拦路虎"。比如即将沉没的国家"图瓦卢"几乎是一个与世隔绝的地方，必须先飞至新西兰奥克兰，再中转至斐济南蒂，再转至斐济苏瓦，最后要乘搭每周一班的 30 座小型螺旋桨飞机才能抵达图瓦卢。

末日游－十大景点

1. 南极洲：冰架正以前所未有的速度消融。

2. 乞力马扎罗山："雪帽"将在 15 年内被摘掉。

3. 北极冰盖：北极冰山和冰盖正在消融。

4. 马尔代夫群岛：由于海平面上升，将在 100 年内变得无法居住。

5. 威尼斯：海水回灌现象威胁着它的存在。

6. 阿拉斯加：冰河萎缩，永冻土解冻。

7. 大堡礁：到 2050 年，95% 的活珊瑚礁将被杀死。

8. 奥地利基茨比尔：温度上升威胁着滑雪胜地的长期发展。

9. 厄瓜多尔加拉帕戈斯群岛：两种珊瑚虫被列入"极危"类。

10.巴塔哥尼亚地区：冰河近年不断出现大面积崩塌的现象。

冷知识

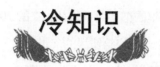

编辑者：

katsu 阮瑜 plutolin26 Liamw 帅气的风 洪宇 连生 红尘一笑

摘要：

　　冷知识（trivia）指的是琐碎的、庞杂的事情或知识等，或许饶富趣味、并随时充斥在我们的生活周遭，却很少人会去注意。

冷知识－由来

　　trivia的由来是拉丁文里意指"三叉路"的3(tres)＋道路(via)。在古罗马的都市中，因三叉路随处可见，便引伸为"到处都有的地点"、"司空见惯的场所"，后来才转变为意指那些无价值、琐碎的事情。

　　此外，在中世纪的博雅教育（liberal arts）中最基本的三道（语法、修辞学、辩证法）称为trivium（三学科，trivia的复数形），亦由此衍生出"因基本而显得微不足道"之意。

冷知识－你知道吗

　　随着生活不断的发展，冷知识也跟着日新月异，当今的冷知识不再只是无价值的知识了，它在让你丰富知识外，还解决了一些生活中的小麻烦。比如以下所列的这些冷知识，你又知道多少呢？

　　1.巧克力对于狗来说是致命的，只要几盎司就可以使一只小狗丧命，因为心脏和

神经系统受损而死亡。

2.你键盘里的细菌其实比厕所的细菌还多。

3.大拇指的指甲长得最慢，中指的指甲长得最快。

4.粉底不小心弄到了衣服上，只要用化妆水擦拭，马上就不见了。

5.戴耳塞一小时，耳朵里的细菌数量将是原来的700倍。

6.每天平均有12个新生儿被交给错误的父母。

7.希特勒的母亲曾考虑堕胎，不过被医生劝阻了。

8.要是不小心被鳄鱼咬到了，你就狠狠地戳它的眼球，它会放你走。

9.打喷嚏时无法睁着眼睛。

10.世界上最年轻的父母是1910年一对中国的小孩，分别是8岁和9岁。

11.出生时，我们的眼睛多大，现在还是多大。但是鼻子和耳朵一直都在长。

12.睡觉时耗费的热量比看电视时还要多。

13.人不睡觉大约10天就会死亡。

14.切洋葱时嚼口香糖就不会流泪。

15.如果月亮正好在头顶上方，那么你的体重会稍微的减少。

16.48个最贫困的国家其资产总和还比不上全球最富有的三大家族。

17.惯用右手的人们平均比惯用左手的人们寿命长9年。

18.当你养的蟒蛇不再进食，不再盘睡，而是笔直躺在你的身边睡，快把它处理掉吧！它是在用自己的身体测量能不能把你直接吞下去。

……

冷知识－电视节目

有关冷知识的电视节目，最早是始于2002年日本富士电视台的"冷知识之泉"（亦称琐事之泉），后有台湾东风的"冷知识轰趴"与香港亚洲电视的"冷知识冲动"等。

严肃游戏

编辑者：

池中玉 xf1132

摘要：

严肃游戏是指以那些以教授知识技巧、提供专业训练和模拟为主要内容的游戏。严肃游戏自20世纪80年代诞生以来，已经广泛应用于军事、医学、工业、教育、科研、培训等诸多领域。

严肃游戏 - 定义

2002 年，华盛顿特区伍德罗威尔逊国际学者中心发起了"严肃游戏计划"，目的是鼓励解决政策和管理问题的游戏的设计和开发。2003 年，国际游戏开发者协会（IGDA）的活动负责人罗卡在 China Joy 大会上进行了名为《"严肃"游戏：游戏对社会经济的潜在影响》的主题发言，他把"严肃游戏"定义为"不以娱乐为主要目的游戏"，并例举了用于训练市长的《模拟城市》、训练董事长的《虚拟领导》、训练员工的《直言者》、训练海军陆战队员的《DOOM》等经典游戏作品。

在 2004 年和 2005 年"严肃游戏峰会"上，参与会议的大多数人对严肃游戏的定义是：远远超越传统游戏市场的互动科技应用，包括人员训练、政策探讨、分析、视觉化、模拟、教育以及健康与医疗；能够解决其他方面的问题，诸如训练军人适应异国的文化、让人们在工作时发挥团队精神、教导儿童理解科学原理。

严肃游戏－中国发展

在中国，很多教育机构早在几年前就开始使用互动课件的形式授课，这些多媒体课件其实就可以被视为是一种早期的严肃游戏，虽然它们的互动性还过于简单，还不能被视为是绝对意义上的游戏，但是他们存在的目的就是为了通过互动体验的环节向用户传递信息。

2009年12月17日，第一届严肃游戏（北京）创新峰会首次在中国提出了"严肃游戏"的概念。

严肃游戏－应用领域

在目前的技术条件以及市场环境的制约下，严肃游戏的应用领域主要在以下几个方面：

教育是严肃游戏的一个重要应用领域。电脑专家利用游戏相关技术开发教育软件，让人们在玩游戏的过程中接受教育。

严肃游戏还可以应用于知识和技能的培训，例如各种驾驶技术培训、团队合作培训、服务生培训、技术工人操作培训，甚至连各种家电产品的说明书都可以做成严肃游戏。

随着计算机技术和人工智能的发展，各个国家军队开始利用先进技术开发各种模拟真实战斗的训练游戏。在玩游戏的同时，提高军官的指挥能力以及士兵应对各种战场情况的能力。虽然目前严肃游戏在军事领域中最大的贡献是在于知识宣传，但是严肃游戏同样可以胜任复杂的军事训练任务。

医学是严肃游戏涉及的又一应用领域。严肃游戏在医疗卫生上的运用，目前主要是利用电脑游戏来治疗各种心理障碍。这种技术在治疗外伤导致的精神压抑、成瘾行为等疾病方面也具有广阔的前景，能在一些会引起病人痛苦的治疗手段中起到分散病人注意力的作用，比如牙科治疗、理疗、化疗等。另外，结合虚拟现实交互设备的严肃游戏还可以对医疗手术中的仪器操作等进行训练。

测试：你会成为剩女吗？

相关词条：剩女心经

1. 你觉得说话直来直去＝正直吗？

    YES———To第2题

    NO———To第3题

2. 你的家人无意间成为骗子的同伙，警察来抓他，你会

    向警察举报———To第4题

    送他逃跑———To第3题

3. 你的妈妈病了，你突然听说有一种茶叶对这种病很有好处，你会

    尽快去买———To第4题

    等时间方便再去———To第5题

4. 你属于以下哪种人？

    给别人的礼物一定是自己特意买的———To第6题

    经常把自己不需要的给别人当礼物———To第5题

5. 你经常自己动手清理堵塞下水道一类的东西吗？

    这都是我父母做，我从来不做———To第6题

    我经常做———To第7题

6. 当别人打电话向你倾诉，你却想看电视，你会

    一边看电视一边听他说———To第8题

    把电视关掉专心听他说———To第7题

7. 你追求的生活目标

在职场上叱咤风云——To 第 9 题

不干活有钱花——To 第 8 题

8. 你有过自杀的念头吗？

没有——To 第 10 题

有——To 第 9 题

9. 你渴望尝试扮演别人吗？

YES——To 第 10 题

NO——To 第 11 题

10. 你觉得爱情给你的重压来于

感觉——To 第 11 题

责任——To 第 12 题

11. 你可以接受无性婚姻吗？

不可能——To 第 12 题

可以试试——To 第 13 题

12. 你觉得婚姻的基础是

愿意在一起的愿望———To 第 14 题

钱——To 第 13 题

13. 你可以接受长期分居吗？

不可以——To 第 15 题

可以——To 第 14 题

14. 你有过觉得孩子是种负担的想法吗？

有——A

没有——B

15. 你愿意为对方改变你自己吗？

绝对不——D

愿意——C

答案：

A. 你很正常　单身指数20%左右

　　你是个很容易就发出电力的可爱人类，世界上适合你的水晶鞋很多，等待你的金苹果一个接着一个。你虽然对未来有些忧心忡忡，但是，谁没有一点儿对未来的远见，那就是大傻瓜！祝福你早日得到美好的甜蜜小窝。

B. 你很美好　单身指数40%左右

　　你是个有些白痴的可爱家伙。虽然你的简单和天真有时候会吓倒一些美女或者是俊男，但是聪明的人愿意跟你这样有梦想的人在一起生活。对未来抱有希望，生活才能不断提升。每次你定下来一段长久的恋情可能不那么容易，但是只要定下来，就会很稳定。

C. 你懂得爱情的游戏规则　单身指数几乎0

　　只要你愿意，你就不会寂寞，不会单身。你是个很明白爱情规则的人。爱情是一种力量，一种愿意让对方为自己改变的力量。爱情的经营要靠两个人的互相磨合。没有人天生就是完美的。因为你愿意付出，所以你不会孤单。

D. 你仍然很天真　单身指数约100%

　　你仍然自私任性的寻找着你要的爱情，可惜，如果你只要求别人为你改变却吝啬付出一丝一毫，再多的热情也会慢慢降温。没有人是天生完美的，别人不是，你也不是。想要愉快的相处，就要互相改变，而不是动不动就闹分手。分手不是方法。如果，你不尽快升级你的观念，那么，这个世界上被剩下的人，很可能就是你！

新人类

坚决不做奥特曼！

寂寞党

编辑者：

李雨 吴彬彬 快乐语文 lym920923

摘要：

寂寞党，某天夜里迅速在网络上窜红，起因是一非主流发了张吃面的图，上书"哥吃的不是面，是寂寞。"极具讽刺意义。于是大家纷纷效仿以兹讽刺，例如，哥唱的不是歌，是寂寞；哥答的不是案，是寂寞……寂寞党由此形成。

寂寞党－形成

寂寞党，在 2009 年某天夜里迅速在网络上窜红，起因是一非主流发了张吃面的图，上书"哥吃的不是面，是寂寞。"极具讽刺意义。于是大家纷纷效仿以兹讽刺，例如，哥唱的不是歌，是寂寞；哥答的不是案，是寂寞……寂寞党由此形成。

"我发的不是帖子，是寂寞。""室外晒在地上的不是太阳，是寂寞。""我呼吸的不是空气，是寂寞。"从 2009 年 7 月份开始，这样的句式开始攻占国内各大论坛，掌握了论坛的主流话语权，而钟爱以此句式回帖的人也被网友称为"寂寞党"。这种看似无厘头的话语方式，正是目前网络恶搞的新流行——句式模仿。任何一句平淡的句式，只要被网友们瞄上并进行模仿，立即可以显示出极大的爆发力，如"不要迷恋哥，哥只是个传说"、"贾君鹏你妈妈喊你回家吃饭"。其像病毒一样强大的传染性和传播速度为网友所青睐。

寂寞党－迅速窜红的原因

虽然寂寞党由"哥吃的不是面，是寂寞"产生，但是那时也只是小范围的传播，

而真正的蹿红则要归功于"贾君鹏"。7月中旬，魔兽世界贴吧中"贾君鹏，你妈妈喊你回家吃饭"这个只有标题没有实际内容的空帖蹿红网络，短短一天时间，浏览数量达到750万，引来30多万跟帖回复，无数网友为其建立起一个庞大的"贾君鹏家族"，被喻为中文网络世界的奇迹。究其原因，一位网友给出回答："我们跟的不是帖子，是寂寞。"随即，这句话被据为经典，反复引用。更多的网友把贾君鹏这个名字，当做《魔兽世界》里寄托自己心情的工具。因为《魔兽世界》长达40多天的停服时间，已经让他的500万玩家深感"寂寞"。

此头一开，一发不可收拾。很快，便有网友相继模仿此句式，将内容延伸开来，开始了各式各样的寂寞恶搞，比如"我呼吸的不是空气，是寂寞"、"哥灌的不是水，是寂寞"、"我用的不是手机，是寂寞"……一时间，网络刮起一阵强劲的"寂寞风"，各大论坛里，几乎所有帖子的跟帖里都能看到以"×××的不是××，是寂寞"这样的句式，一些帖子干脆就直接用这样的句式作为标题，而帖子本身并无实际内容。但就是这样的空帖子，也能吸引无数网友以同样句式大量留言，颇为壮观。"寂寞"两字还现身新闻的标题中，如《易中天嘲讽主持人他砸的不是场，是寂寞》《国足这些哥踢的不是球，是寂寞》。后更有爱国贴吧，魔兽世界贴吧发出了《台湾，祖国喊你回家吃饭》，以此表达自己的爱国之情。

寂寞党－发展

在众多网友的模仿下，寂寞句式不在局限于"×××的不是××，是寂寞"，出现了许多新句式，如："哥抽的是烟，吐出的是寂寞"、"醉的是人，不醉的是寂寞"……在模仿中开始彰显出某种或调侃或讽刺的态度，成为众多网友表达心情的一种流行方式。

2009年11月初，QQ开心农场的农场广告牌设置选项上，亦新增出现"哥种的不是萝卜，是寂寞"一项。

寂寞党－现状

"寂寞"二字开始大量爬上网络，几乎在所有帖子的跟帖里都能看到以"（谁）

×××的不是××，而是寂寞"这样的句式作答的留言。更有一些帖子直接以这样的句式作为标题，如在天涯社区上就有人发帖《哥发的不是帖，是寂寞……》，发帖人只是这样开了个头，网友立刻开始了各式各样的寂寞恶搞——"我用的不是手机，是寂寞""哥睡的不是觉，是寂寞""哥揉的不是脸，是寂寞""哥灌的不是水，是寂寞"……而沪上热门的本土论坛宽带山因为被大量的寂寞文字所覆盖，有人忍不住发帖感慨"满山的寂寞党，宽带山可以改名为寂寞山了。"

虽然这样的句式模仿在不明所以的人看来很是无聊，可热衷于此的网友却从中得到了巨大的快感。他们在所经过的每一处留下"寂寞"的身影。面对铺天盖地的寂寞党，一些网友近日打起了反寂寞的旗号。在豆瓣网，就有网友发帖《寂寞党，请自重》来警告寂寞党不要太嚣张，然而这样一个反寂寞的帖子却极具讽刺意义地没有逃脱寂寞党的"魔爪"，寂寞党们以"我不自重，我寂寞""不是自重，是寂寞"等特有的寂寞话语方式表达了自己对帖子的不屑和否定。

寂寞党－专家解读

面对网络上对各种网络流行语的褒贬不一，专家指出，"寂寞"句式的风潮，终究会被互联网的流行后浪所掩盖。网络流行文化经常被冠以"快餐文化"头衔，究其根本，这些网络文化只是快速娱乐了网民却并没有给这些群体太多的营养，仅仅慰藉了一下网民的"寂寞"。

"寂寞"句式所代表的青年生存状态具有普遍性，理应引起社会的重视和正确对待。首先，这种生存状态的出现和普遍化是社会发展的产物；再者，这与青年的年龄特点相符合，"寂寞"文化大量存在于80后、90后，这个阶段正是青年从学校向社会转变的时期，受社会流行文化因素的影响比较大；第三，"寂寞"的普遍化与经济形势密切相关，就业困难加剧了青年回避社会、心态消极、精神内化等现象，助长了啃老、网瘾等社会问题的产生。

"寂寞"现象是当下青年的客观生活现实，我们应正视这种在青年中普遍弥漫的生存状态，以及由此带来的流行话题；更要关注这种生活方式对社会的影响。专家认为：如果这种生存状态影响更多青年人，会对上海城市发展产生影响。因此，如何应

对"反智，反精英，颓废"的青年文化，引导青年人改正回避社会、心态消极、精神内化的不良生活态度，才是我们更应该关注的方面。

灭剩团

编辑者：

smile_jerry 江湖百晓生 hehai007 暗无天日 多米诺纸牌

摘要：

　"灭剩团"是上海两家区青年中心合作打造成立的社团组织，为城市单身青年提供活动平台。一直以来，剩男剩女都被戏称为"单身公害"。"灭剩团"成立的目的便是"消灭"剩男剩女。

灭剩团－基本资料

灭剩团采用类军事化结构：团－营－连的结构。除两名团长外，各个营地的负责人为营长，单身男女编入兄弟连和姐妹连。社团下设桌游、咖啡、健身、旅游、派对等营地，每月推出主题季活动，为城市单身青年提供活动平台。"灭剩团"的口号是："我们消灭的不是剩男剩女，是寂寞！"据悉，"灭剩团"采用会员制管理，并在虹口、静安等营地常设报名点。采用的方式是"灭掉"团员一批再"整编"一批。

灭剩团－组织管理

灭剩团组织颁布了《灭剩团整编令》"红头文件"，上面写着"沪灭发2009[001]号"，签发人为崔兼明、刘云烨。整编令中说："史上最具活力、最具人气、最具潜力的交友社团——灭剩团组建完毕！……长时间来，众兄弟姐妹们互相之间缺少活动内容、缺少沟通渠道的情况比较严重，交友意愿日益强烈……现将众兄弟姐妹们分别编入兄弟

连和姐妹连，各营部营长全力提供旅游、桌游、公益、体育等后勤活动支援！……让我们向着团的首季活动，出发！"

灭剩团 – 活动

"灭剩团"的首个交友活动为"渡江季：牵手跑之有缘一线牵"。

2009 年 10 月 25 日，"灭剩团"组成方阵，团员们以男女牵手跑的形式跨越长江门户第一桥，并在终点站参加风尚绿世集（上海市青年风尚节开幕式）和"赶碳！音乐会"。

灭剩团 – 计划

很多传统的交友活动都难以让剩男剩女们产生交集。一些人之所以被"剩下"就是因为性格腼腆，或者交际面窄。为了解决这个问题，在灭剩团今后的活动中，管理人员表示会尽量控制人数，让团员们能充分互动。

一般的交友活动的游戏都很"临时"，游戏完了，大家就一窝蜂地散去。但在今后的活动，"灭剩团"可能会给团员们布置一些"任务"，比如花 3~5 天的时间，和临时小组成员一起编个话剧之类的，这样在邀约、排练、演出的过程中，团员们就能充分互动，彼此培养感情。还会考虑派观察员记录团员们的个性和喜好的异性条件，暗中为他们有针对性地匹配可能中意的对象。这样就会比较有的放矢。

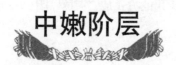

中嫩阶层

编辑者：

江湖百晓生、Cattoff、wuyanpeng、池中玉、hehai007

摘要：

　　中嫩阶层，英文解释Teenage Women In Their Thirties，简称Twit，又称"3字头少女"，特指30岁以上的都市女性，她们心智成熟、经济独立，却仍然过着少女般自由自在的生活。她们拥有事业收入可观，享受恋爱却不愿成家立室，生儿育女更是免谈，成为新兴的"中嫩阶层"。

中嫩阶层－变迁

　　对于女人们的状态，从装嫩到中嫩，词汇的变迁也可以反映出社会观念的变迁：很显然，装嫩是个贬义的存在，明明已经30岁却偏要让自己看起来不过20岁，你就装吧，再怎么装你也是30岁！而中嫩呢，又被称为3字头少女，对，30岁对女人们而言并非是一个值得惊骇的年龄，社会不再强求女人们非要在这个年龄段结了婚、生了子，你继续像水蜜桃一样新鲜而有活力也再好不过。

　　"中嫩"这个词对30岁或30岁之后还不想成家生子、还保持着少女般叛逆而自由心灵的女性们而言，是一种鼓励和支持，或者说第一次承认了，不仅仅男性可以做长不大的彼得潘，女性也有延续青春期的权利。

中嫩阶层－生活态度

　　中嫩们要自由，不要束缚；要恋爱，不要婚姻；要憧憬，而不要确定；要朋友，不要孩子；要惊喜，不要平淡；要精力充沛，不要老气横秋。是吧，我们的青春期就是这样的，活力四射着，不知疲倦着。

　　青春不败，女人们可以用中嫩的方式来为生活中的琐碎、冷漠、负担、平淡、束缚、沉重、压力等等令人不悦的死角涂上靓丽的色彩，就像提姆波顿的电影《大鱼》中的父亲一样，用虚构的故事为原本平淡的生活抹上一层绚丽。

　　中嫩的生活方式恰恰是成年人的特权，是后青春期时代让青春保鲜的防腐剂。

揭客

编辑者：

小彦　阮瑜　路易诗　维所欲为　王小泡

摘要：

　　揭客最早的词源，是英文单词Jibe（嘲笑），在国外指把自己上当的经历，以付之一笑的心情展示在互联网上与他人分享的人。"揭"在中文有揭开、曝光之意，所以揭客在中国引申为"揭露消费潜规则、社会不良现象的人"，如把一些日常生活中的消费陷阱暴露在阳光之下，把奸商的伎俩曝光于消费者面前。

揭客－起源

　　揭客被中国网民熟知，并逐渐形成一个具有道德标准的网络群体，源于一位名为Jacky的外国网友。2009年《建国大业》播出后，他探访了建国大业中诸多名人的故居，结果却让他很"受伤"，大多数功臣的故居已破败不堪。随后他在网络上曝光了这些名人故居的破旧照片，希望通过网络，让更多的中国人参与到保护历史名人故居的行动中去。Jacky提及了众多其他比较知名的名人故居，并阐述了这样一个观点：名人故居除了挂上铭牌，对建筑外部进行维护之外，更需要对经历岁月侵蚀的故居内部进行整体的修缮，这引起众多网友跟帖讨论。因这位外国友人名为Jacky，所以网友给他起了个谐音的中文名字——"揭客"。

揭客－原则

　　负责任、讲理性、避免捏造、反对谩骂，这是揭客的基本共识。揭客不是打击报

复，不是幸灾乐祸，不是无聊的愤青发泄，更不是"网络诽谤"，而是在理性和负责的基础上维护自己或他人的权益。如面对生活消费中的欺诈侵权行为，揭客意在把力量单薄的个体汇聚起来，形成更大的集群力量进行申诉，这有利于降低侵权行为发生的几率，对于消费者来说也是广受欢迎的。

揭客把自己遭遇的问题揭露出来之后，可以获得网友之间的交流和互动，不仅自己心情舒畅，说不定很快便会有许多人来帮忙出谋划策；揭客曝光自己的上当经历，说不定能使许多人少走弯路、减少麻烦，大家一起参与讨论，会有更新的见解和体会。

冷妈

编辑者：

江湖百晓生、N 颗钻石、亚芯

摘要：

从前我们都说现代的父母太溺爱孩子，造成了很多小公主、小皇帝。近来，"冷妈"一词不胫而走。冷妈的称呼是现代生活赋予部分妈妈的新形象，她们奉行"即便爱也要爱得深沉，即使疼也要疼得隐晦"的信条。她们不会无条件地给予，也不会始终保持脉脉温情，而是经常很不温存地教孩子直面残酷的人生。她们被称为"冷妈"。

冷妈－名人纪实

从理智的角度来看，有"冷妈"其实不失为一种幸运，她不再以母爱来掩盖一切真实。

在很多人眼中，香港中年影星黄秋生是兼备"深沉"与"硬朗"的人物。不过，

这些特质也并非他与生俱来。据说在他首次获得香港电影金像奖影帝之后不久，事业和感情双双陷入低谷，甚至有一段时间他想以自杀作为了结。就在这个时候，个性豁达的黄妈妈并没有对儿子进行悲悲切切的同情或者安抚，而是很直接地呵斥他说："敢死还不敢活吗？"想是怕这句怒斥来得太刺激，转而又幽默地补充："如果不死，留下来看看明天会发生什么，不是也挺有趣吗？"果然，5年之后，黄秋生再次夺得影帝，而他的获奖感言只有一句："感谢妈妈，我不会再迷失……"

美国前总统克林顿特别景仰他妈妈对付负面事件的方法。其母的阐述是："在她的头脑里，构造了一个密封的盒子。她把她愿意想到的东西放到里面，其他的东西放在外面。盒子里面是白色的，外面是黑色的；里面是爱，友谊和乐观，外面是消极和悲观的东西，还有对她以及她所有的东西的批评。"

事实证明，克林顿在秉承这一套"宝盒理论"的过程中把它发扬光大了。因此我们看到一个在弹劾面前屹立不倒的人。结果是即使他的确有过如此令人不齿的经历，依然丝毫不妨碍他在事后继续以其万人迷的姿态从容出现在世界面前，更"糟糕"的是，不得不承认，他确实是一个不折不扣的万人迷。

克林顿的妈妈将她应对负面的这个方式传授给他的儿子，而她的儿子正是用这个秘笈征服了全世界。她最终告诉人们的是，每个人都会犯错，每个人都有身处逆境的时刻，重点是，你要怎样把它们转换成对自己有利，也对周围人负责的力量。

冷妈－后记

"冷妈"代表着一种教育体制，更重要的是在这种教育体制中包含着各种各样的丰富内容，而"她"正是家庭教育中最重要的部分。只是有些教育是主动地给予，有些教育是被动地影响，同样的是它们都代表人生的力量。

杂志症候群

编辑者：

段飞猪、江湖百晓生、科技顽童、池中玉

摘要：

杂志症候群是指一些女性朋友用杂志上的标准来衡量其他的人或事。事实上，杂志症候群更应该被称为女性杂志症候群，因为它通常更容易发生在女人身上。原因很简单，时下的时尚杂志几乎都是做给女人看的杂志，它们的工作就是全心全意研究更被女人接受和追捧的信息。在杂志和女人的相互助长下，它的最大受害者最终只有女人身边的男人们，无论他们是否具有恋爱关系或潜在恋爱关系。

杂志症候群－现象

女性杂志提供的男人形象，大多数不是真实的男人。一种是好男人、大情圣、完美无缺的白马王子，事业成功、铁汉柔情；另一种极端，说男人是不负责任的、拈花惹草、现代陈世美。女人容易将男人神话，一旦神话不成功，就容易把男人妖魔化。

对于深圳这样年轻、前卫的城市，"杂志症候群"的生存概率远高于内地其他城市。所以，你很容易听到类似这样的定性："你水瓶座的，没看杂志上说，这星座贱男辈出啊！"或者这样的控诉："我做了杂志上这套心理测试，你，根本没把我当这辈子最爱的人！！"

爱看时尚杂志还不算，更容易被杂志催眠，过于相信杂志在引导生活方面的权威性，并自然地以A杂志来佐证或者反证B杂志的观点。一般症状包括：时常拿着杂志里的测验去考你的爱人，认为对方穿得像杂志里的模特才最体面，以及最爱用杂志里

的两性话题去解析对方的心理，为找到任何相同的蛛丝马迹而感到欣喜。

杂志症候群－本质

在普通的生活和工作状态中，其实也并没有多少人会觉得这些女人们是不是有"妄想症"，因为她们的每一个症状单独看都是有理有据的。比如希望有一个和杂志模特一样显得有衣着品位的男朋友难道不是合理的要求吗？尽管被改造的男人本人或许不是很乐意。又比如你能说酷爱粉红色的男人在性取向上真的不可疑吗？如果他还同时符合杂志列举的温柔、有礼、幽默、善解人意，并且还正好是设计师或化妆师的话。而一个晚归、手机关机、衣领上还有一根陌生头发丝的男人，可能真的需要一个比杂志上推断他有外遇的理论更有说服力的完美解释才行。

有两性专家认为，越是成功的女人越不愿意在她们认为理所当然的行为标准上妥协。以女人为衣食父母的时尚杂志无疑是一定要将女人在意的每一个感触都放大、强化和重复。一边讨好她们，一边也更令她们对"杂志上说的都是基本常识"深信不疑。

从本质上看，杂志症候群和女人们从好莱坞电影和韩流小说中获得某些她们认为理由充分的行为准绳是大同小异的。比如《金刚》热映的时候，每个从电影院出来的女人矍铄而可疑的眼神都曾令她们身边的男人不寒而栗。更要命的是，一部电影至少要拍半年，一部小说也总要写几个月，而杂志却是每月一次，准时而份量十足。

装忙族

编辑者：

王小泡、江湖百晓生、hehai007

摘要：

　　一些人为了维护自己在同事或领导眼中的形象，用"装忙"表现自己工作努力；还有一些人是"盲目地忙"，忙碌但没有效率，这两类人被人们称为装忙族（假忙族）。他们是表面上看起来很忙，实际上却能把偷懒进行得神不知鬼不觉的人们。因现实原因，装忙已形成了社会大气候。

装忙族－产生背景

　　许多白领热衷于在网上相互交流偷懒的绝招之际，老板们也不甘被动，果断出手。一个名为《"装忙族"偷懒招数大曝光》的帖子被发布在各大论坛的重点关注区，帖子详尽地介绍了眼下"装忙族"在工作期间最常使用的偷懒招数。该帖迅速引起了热议，来自员工阵营和老板阵营的回复帖竞相跟上：员工们不断丰富着办公室偷懒的手段，并据此为指导攻略；老板们则一直添加着揭穿办公室偷懒行为的心得，以此为打击蓝本。

装忙族－常用手段

　　1.同时开着QQ跟写字板，灵活切换窗口，假装写文案其实是聊天。

　　2.借上厕所、倒开水等机会离开办公区域忙里偷闲。

　　3.打开网页，把小说内容复制到word上，让其混杂在文件中，慢慢看。

　　4.把开着帖子的浏览器缩小到一个小窗口，慢慢拖着看，随时可以根据老板的位置最小化或关闭。

　　5.看其他网页时眉头紧缩，即使看到好笑处也保持严肃表情，貌似一直在认真工作。

　　6.开着excel窗口玩flash小游戏。

　　7.接到电话一边"您好，是是是，您请讲……"一边闪到无人区域放松一会儿。

　　8.用公司电话打给老友假装约客户："××总你好，请问今晚是否有时间……"然后趁机唠会儿闲嗑。

　　9.玩带屏蔽功能的SNS游戏，老板来了立刻屏蔽。

装忙族－现象剖析

都市中真忙的人，往往是能力到了一定程度，职位有了一定高度，"有头有脸有能力"。这样的人，需要他最后定夺的事情多，自然也就忙了。这些真忙的人，正是很多人心中的偶像，追求的目标。忙人即便是偶有不忙的时候，也会装忙。跟他见面，必定需要提前预约，跟你见面也会偶有迟到，这方能显示出其"身份不同、时间宝贵"。

如今，社会上"装忙族"中，有不少人都是为了"脸面"而装忙，"闲人多半没出息。而且，装忙还能给不了解内情的人一种错觉：这人一定肩负重任，在单位发展不错。"几句话就能让人有此认识，何乐而不为？当然，除言语间为"脸面"装忙外，也不乏出于各种目的而成为"装忙族"的人。

虾米族

编辑者：

Echoczy、hehai007

摘要：

"虾米族"一词源自肯德基，指的是在金融危机背景下诞生的全新时尚族群，他们能动脑筋、拼创意，在有限的资源下，花好每一分钱。面对房价高攀、工资不涨等不利条件，在小空间里能玩出大生活的虾米族的生活依然有滋有味。

虾米族－词汇来源

虾米族一词源自肯德基。2009年9月，肯德基的第一款虾类主食产品——"至珍七虾堡"重出江湖。在一个汉堡的空间里，并排放进了七只货真价实的大虾，引发了

年轻的消费者关于"小空间大生活"的讨论。虽然面对城市生活成本日益增加的现实，但年轻向上的都市青年仍然能动脑筋，拼创意，利用好每一寸空间、花好每一分钱，在有限的资源下，不仅保持生活品质不下降，更要活出大精彩，令生活有滋有味。"虾米族"概念一经面世，就得到年轻时尚达人的热烈响应。不仅在网上晒出自己经过千锤百炼的"省钱经"、"生活妙计"，更是在玻璃屋中，用"行为艺术"的方式推广"小空间大生活"的理念，为经济危机环境中的都市人励志。

虾米族－主张口号

> DOU：拨起清脆的小算盘，怀揣各版优惠券我们向美食前进；
>
> RUAI：找时间坐着发发呆，"虾"想一下或什么也不想，看着阳光依斜；
>
> MI：用淘来的好东东扮靓自己，我行我秀！因为我最闪亮！
>
> FA：喜欢结伴驴游，避开黄金周，因为价格比金子还贵！
>
> SOU：去便利店比去超市的时间多，麻雀虽小五脏俱全，完全不用排大队结账；
>
> LA：打折卡比银行卡多，我们称自己是"卡卡"旺族；
>
> TI：我们喜欢骑单车，也钟爱闲庭信步的看风景。

"虾米族"们反倒可以化压力为动力，在自己的平和心态和精打细算下以更小的花销和投入，享受更加丰富多彩的生活。一位参加活动的资深驴友说："无论是生活还是旅行，都是需要我们细心思考、用心品味的，合理利用好自己身边的资源就可以在有限的环境下创造出无限的快乐，这也是生活的乐趣。"

飚爱族

编辑者：

惟依依

摘要:

以80后和90后为主、充满创意并热心公益、乐于以不同以往的形式关爱社会的青年人群。"飚爱族"关心公益,反对拘泥于传统公益形式,因其以提倡表达爱心、比拼爱心为主旨的"飚爱"行动而得名。他们的公益行为具有前卫、不拘一格的80后特征,往往带有明显的网络文化元素,并善于利用网络辅助其行动。对"飚爱族"而言,爱心应该充分表达,同时充满想法,人人都可以参与,关爱应该遍及整个社会所有需要帮助的人。公益不仅是一种人生态度,甚至成为了一种生活方式。

飚爱族－理念

飚爱族强调"80后公益"或"新公益"理念,其核心理念:公益应该是爱心、想法加行动。

·注重方式方法的简单易行,认为公益应该杜绝一时兴起和心血来潮,具有较强的可操作性和可持续性;

·强调创意,强调想法,认为公益应该走出传统简单捐赠的窠臼,好想法同样可以帮助很多人;

·从身边做起,着眼于点滴,强调公益事业的可参与性;

·强调"飚爱心"的表达方式,强调爱心应该充分表现;

·关心社会问题,拥有强烈的社会责任感;

·崇尚快乐公益,强调传递快乐,享受奉献爱心的过程。

飚爱族－特质

飚爱族的人生追求,也许可以用先哲罗素的一句格言来诠释:"对爱情的渴望,对知识的追求,对人类苦难不可遏制的同情心,这三种纯洁但无比强烈的激情支配着我的一生。"飚爱族具有公益人格:富有爱心,关注社会生活方方面面,对社会问题有敏感把握。其特质如下:

·带着想法去做公益：飚爱族有能力，有想法，看重用智慧、创新的方法去献爱心。

·重视公益行动力：强调务实，重视项目的可操作性和可持续性，提倡想到就要做到。

·提倡公益参与性：强调人人都能飚爱心的草根公益，着眼身边的社会公共需求，力所能及地提供公益帮助。

·崇尚阳光公益：区别于高眼泪指数的传统公益慈善，崇尚快乐地做公益，他们对生活永远充满着希望，以积极乐观的精神感染需要帮助的群体，并在过程中享受帮助他人、关心社会的快乐。

蚁族

编辑者：

卡通勇士、龙虎崽、yan12345sd、nickyle、流云斐舞、shencheng 、李铭浩、天之魂、阿磊骨头、putin24、N颗钻石、guixingjia、hehai007

摘要：

　　蚁族是对"大学毕业生低收入聚居群体"的典型概括，是继三大弱势群体（农民、农民工、下岗职工）之后的第四大弱势群体：受过高等教育，主要从事保险推销、电子器材销售、广告营销、餐饮服务等临时性工作，有的甚至处于失业半失业状态；平均月收入低于两千元，绝大多数没有"三险"和劳动合同；平均年龄集中在22—29岁之间，九成属于"80后"一代；主要聚居于城乡结合部或近郊农村，形成独特的"聚居村"。他们是有如蚂蚁般的"弱小强者"，他们是鲜为人知的庞大群体。

蚁族－提出

最早提出这一概念的是学者廉思，他综合蚂蚁和大学毕业生低收入聚居群体的特点，将这个群体定名为"蚁族"，并根据该群体所处地域的不同，分别冠之以京蚁（北京）、沪蚁（上海）、江蚁（武汉）、秦蚁（西安）、穗蚁（广州）等称呼。

蚁族－原因

随着中国社会城市化、人口结构转变、劳动力市场转型、高等教育体制改革等一系列结构性因素的变化，越来越多的大学毕业生选择在大城市就业。再加上国际金融危机的到来，"蚁族"的数量在未来几年内必将急剧增加。因此，尽管"蚁族"还没有形成社会学意义上的"社会阶层"，但日益显现的"蚁族"现象应当引起社会的充分关注和重视，他们主要来自农村或偏远地区，受过高等教育，不甘于或不能呆在出生地而在大城市就业人群。"蚁族"主要是就业机会不平等造成的。和生在大城市或权富家庭的同龄人相比，他们没有优越的"背景"和体制的支持，完全靠自己生存发展。

蚁族－社会现状

与现实生活中"蚁族"的庞大数量相比，在社会关注度上，"蚁族"却是一个极少为人所知的群体。现在社会上经常出现的是以"农民工、下岗职工、农民"为主题的媒体报道和学术研究，而有关"蚁族"的学术研究和媒体报道，却寥寥无几。在外来流动人口成为新闻媒体和文学作品（特别是打工文学）关注的主题，同时也日益成为学术界的主流话语和焦点时，"蚁族"却埋没于"青年农民工"、"流动人口"、"校漂族"等字眼之下，他们既没有纳入政府、社会组织的管理体制，也很少出现在学者、新闻记者的视野之中。

在某种程度上，这是一个被漠视和淡忘的群体，这是一个少有人关注和同情的群体。"蚁族"在主流话语中的缺失，并不代表他们在现实生活中不重要。

麦兜族

编辑者：

Katsu、轩尼诗

摘要：

　　"麦兜族"意指购房阶层的弱势群体，这一族群的主体是80后的年轻一代，是草根阶层的代表。身为麦兜族，在期待房价降低、政府出台优惠政策的同时，也不能坐等房子，而是要开动脑筋，多想办法，通过自己的辛勤劳动，提高自己的经济实力，实现自己的购房梦想。

麦兜族－特征

　　麦兜族最大的问题，在于贫穷。尤其是很多大学生，上学时就紧张甚至靠贷款，毕业后找工作难，买房更难。草根阶层最可怕的是这种贫穷的"世袭"，让他们麦二代、麦三代地贫下去，由于起点低被剥夺了很多机会，成为世世代代的弱势群体。

　　麦兜族要么无房，要么在供房的路上成为房奴，被每月的房贷压得喘不过气来，不敢炒老板的鱿鱼，更不想被老板炒鱿鱼，没有钱学习和进修，不奢求去旅游，工作压力大，心理压力更大，只能维持生存，无法奢望发展，影响一个家庭的幸福指数。

　　平凡的麦兜族，努力工作，拼命供房，不等、不靠、不要。他们有自己的梦想和追求，虽然失败，但依旧进取，有积极向上的生活态度和永不放弃的精神，就像歌里唱的笨小孩，麦兜起点太低，只有日日奔忙，但他们坚信穷人可以凭自己的努力和汗水改变命运。

麦兜族－观点

1."房子就像是一个悬挂着的苹果,麦兜族当然都想吃,虽然伸手抓不住,却在跃跃欲试,蹦跳着想抓住这个诱人的苹果,可吃苹果的门槛实在太高,无论怎样蹦跳都够不着。"

2."只要房子便宜一点儿,即便那些宣称'不想买'的麦兜族也会动心的,相信每一个麦兜族都想拥有一套房子,只不过他买不起罢了。"

麦兜族－社会问题

在城镇中长大的独生子女,可以由双方父母做后盾,而大量农村学生和进城务工的农村打工者就没那么幸运了,他们已在城市生活多年,不愿意再回到农村。很多农村"80后"扎根城市,结婚生子,成为"郑漂"的麦兜一代、麦兜二代,他们也被网友称为"贫二代",他们生在改革开放后,在物质充足的社会和父母的宠爱中成长,生活顺风顺水,踏入社会后才发现进一步提高生活水平如此困难,以至于到了谈婚论嫁的时候还无法拥有住房,和富二代、官二代相比,他们的自信心大大受挫,甚至感觉被时代发展大潮抛弃。

麻豆族

编辑者:

宁静的心

摘要:

麻豆族,是指都市里的"平民模特"。他们正在悄然崛起,他们以"model"(模特的英文)为谐音,给自己取了一个更平民可爱的名字——"麻豆",这些"麻豆们"有男有女还有少(少儿),甚至一种"麻豆中介"已经应运而生。麻豆类型多样且细化,有男麻豆、女麻豆、首饰麻豆、内衣麻豆,此外还有儿童麻豆等等。

麻豆族－主要条件

1.身材匀称、五官端正，有个性，符合本店服装风格即可。这是一位网店店主对准备雇用的"麻豆"的要求。

2.对于出售日韩少女装的店主来说，身高160厘米左右，清瘦型的"麻豆"则更受青睐。卖内衣、首饰的店主甚至可以忽视"麻豆"的外貌，只要求局部的展示。可以说，"麻豆"的门槛并不高。

麻豆族－风格

如果说专业模特主要在T台上秀设计师的衣饰，那么"麻豆"正因其业余，反而能体验到更为丰富的人生层面和经历。有点像cosplay，扮演不同角色，体验从未体验过的人生。

麻豆族－收入

随着"麻豆"的涌现，"麻豆"招聘求职的信息铺遍网络，一些中介公司也纷纷试水。在上海的一家麻豆中介网站旗下就有包括上海、杭州两地的155位签约"麻豆"。"麻豆"类型多样且细化，有男麻豆、女麻豆，首饰麻豆、内衣麻豆，此外还有儿童麻豆等等。据一些"麻豆"透露，他们的收入却并不低：拍一件衣服30元左右，拍一天500元左右，也可以按小时计价，200-300元／小时。据传，内衣"麻豆"价格会更高，专业模特出身的"麻豆"定价最高，是未接受过专业训练的平民"麻豆"的5倍。

麻豆族－草根时代

从专业到业余，"麻豆"的"狂欢"折射出了这个"草根时代"的特质：在公众口味急速多元化的今天，专业和权威已不能包揽一切；而在它们留下空白的地方，像"麻豆"这样的"业余选手"便及时填补了进去。

"麻豆"以在校大学生居多，有专家表示，"麻豆"拍照的过程，是提高个人自信心的途径；大学生兼职，也有助于提高其社交能力。另一方面，"麻豆"聚少成多，也

尝试组织成团，发挥更大的作用。作为交流平台的麻豆网，就吸引了越来越多的"麻豆"。他们交流经验，还参与社会公益活动。当然，少了权威的认可，便容易遭受质疑。

绿领

编辑者：

池中玉、codyxixi、bobbchen

摘要：

绿领有两种解释，目前比较流行的解释为：有一些事业，但不要放弃生活；有一些金钱，但不要被金钱统治；追求品位生活，但少些附庸风雅和装腔作势；接近自然，但不要远离社会离群索居；享乐人生，也对那些比我们不幸的人心存同情和救助之心；在品味自己生活的同时，还不忘走出去看一看这广阔的世界。

绿领－理念

绿领的理念是快乐、健康、关爱，建立一种友好、和谐、环保、可持续发展、健康快乐的生活方式。

1.倡导"平等、尊重和包容"的文化主张。要求他人的尊重，同时也尊重他人；理解不同人的思想、文化和行为方式，同时对不同思想、文化、行为间的差异抱有理解和包容的态度。

2.倡导"自然、健康、和谐"的生活方式。对所处的世界充满好奇心和探索精神，同时保持着一份谦逊和关爱心。追求一种和谐的色调：工作与生活的和谐，个体与群体的和谐，人与自然的和谐。

3. 倡导"环保、优质、可持续"的品质追求。崇尚健康、贴近自然、热爱环保、讲究品位，有一颗公益之心。

绿领－十大表现

1.天然材质的衣服比较多，不崇尚奢侈品消费，也不拒绝使用名牌；

2.不吃野生动物，拒绝使用一次性筷子，总是担心自己的维生素摄入量；

3.房子是为自己服务的，而不是用来炫耀的，喜欢在家摆弄花草，满足田园梦想；

4.尽量迈开自己的腿，少坐电梯，搭乘公共交通工具，不使用大排量的汽车；

5.对户外活动有浓厚的兴趣，是一个心向自然、热爱环保的旅游爱好者；

6.离开金钱万万不能，但绝对不做金钱的奴隶！因此，对工作的态度就是敬业，但不会因为工作而放弃自己追求的理想生活；

7.追寻生活本身的意义，注重感受生命中每一个过程，身体力行多种公益活动；

8.在拥有相对成功事业的同时，享受成功事业所带来的品质生活；

9.不仅让自己绿得更纯粹，更希望影响各领（金领、白领、粉领等），梦想让世界都充满绿；

10.总之，绿领是一群热爱生活，并兼顾疼惜地球的创意生活人群！

最后，绿领是一种新的生活方式、新的生活态度，与其他的生活习惯一样，应该是一件旷日持久的延续性习惯，只有已经习惯于绿领的生活法则，才算一名真正的绿领。

捏捏族

编辑者：

Sagitta、卡通勇士、王小泡、江湖百晓生

摘要:

　　"捏捏族"多由年轻白领组成,由于工作生活压力大,他们选择下班后或周末专程到超市里恶作剧以宣泄情绪。他们大多混迹在大中型人员密集的超市中,售货人员很难发现。一名"捏捏族"在网上发帖写道:"每次去超市买东西,都喜欢趁服务员不在时捏几包方便面。那声音、那手感,让我得到极大满足。最有意思的就是去开碳酸饮料,发出的声音听了那叫心里踏实啊!"

捏捏族 - 定义

　　"捏捏族"是一个新出现的群体,多由年轻人组成,因为客观环境竞争激烈、主观心态调节不当,于是他们选择到超市"虐待"食品来宣泄情绪、释放压力。专家表示,减压可以选择语言沟通、体育锻炼等正当方式,但不应为了发泄而危害社会。

捏捏族 - 心声

　　一位捏捏族在其网上日志中写道:"心烦时,就去超市捏方便面!"一时间,这句颇带个性色彩的发泄语竟然被众多"同命相连"的白领一族所响应,于是,在很多地区便出现了一个新的群体——"捏捏族",他们多由年轻白领组成,因为工作压力大,他们常常会选择到超市里揉捏饼干、方便面等食品来宣泄情绪。

捏捏族 - 反对声音

　　对于这种行为,绝大多数网友还是持反对态度的,甚至有的网友认为这是一种心理变态的可耻行为。

　　作为年轻的城市白领一族,只顾发泄个人的私怨,全然不考虑由此而造成的不良后果,这显然是一种损坏物品乃至危害社会的不道德行为,应该给予谴责和制止。你是释放了,更多的人却添了堵,添了焦虑;你不用花钱又可以尽享糟蹋的快感,别人却要因此承担花钱买气受的窝囊,难怪有极端网友建议把"捏捏族"的眼球取出来"捏一捏"。

不难看出，这是义愤之言，发泄的是对"捏捏族"的愤怒与焦虑。可见，彼此都为了自我的快感发泄，罔顾他人之焦虑感受，那还有什么不可以做呢？

拼二代

编辑者：

下自成奚 陨落UFO 轩尼诗 katsu aaronlau

摘要：

"拼二代"是相对"贫二代"的称谓，指的是没有一个有权的老爸，没有富二代富有，生活要靠自己打拼、生存的一代。拼命工作、"不怕输光"就是"拼二代"的真实写照。

拼二代 – 产生

随着富二代、权二代等的批量出现，后辈们现在的竞争，拼的不是自己的实力，而是父辈的资源。然而在社会现实中，更多的还是最普通的工薪族，拿的是死工资，过的是不好不坏的生活，每天都为柴米油盐算计着过日子的人，偶尔赚到点儿外快，还要想想这钱是拿来旅游好还是用来买点儿好吃的打打牙祭。作为没有父辈资源的贫二代，只有依靠自己的拼搏才能取得生存的资本。如孟子所言："故天将降大任于斯人也，必将苦其心智、劳其筋骨、饿其体肤、空乏其身、行拂乱其所为。"所以连接富二代和穷二代之间的一个纽带就是拼二代，正是这个纽带将他们之间的转换，成为一种可能。

拼二代－创业

创业是很多"拼二代"的梦想，特别是现在的年轻的"拼二代"，他们心中总是涌动着无限的激情，他们总是希望能够干出一番惊天动地的事业。于是，在创业之路上，怀抱美好的愿望，他们风雨兼程，不怕任何的困难。

属于"拼二代"的年轻一族，尤其是80后一代，被人冠上"一群不怕输光的族群"。拼二代比富二代更早熟，拼二代拼的是一种精神，许多的"富一代"也都是在"拼二代"里走出来的。大胆创新、思想灵活以及"年轻"等，都是"拼二代"这一新青年群体的本钱。

拼二代－评论

古谚："富不过三代，穷也不过三代。"作为后辈来说，富人的子女如果只是习惯于坐享其成，终日只沉迷于吃喝玩乐、不思进取，在觥筹交错中虚度时日，那父辈创造的财富终有用尽之时。而穷人之后，只要发奋图强、能够吃苦耐劳，终有出头之日。在人们身处的这个还不完美的社会里，"贫二代"既然不可能在各种"拼爹游戏"中获胜，成不了"富二代"，还不如想方设法地努力成为"拼二代"。穷二代去拼，那他的子女很有可能就成了富裕的一代，长此以往，也一样能成为一个富贵的家族。如果"拼二代"这个群体越来越壮大，弥漫在社会各个角落的"拼爹游戏"也将落下帷幕。

独二代

编辑者：

Katsu　　婉约的伤　　N颗钻石　　江湖百晓生　　连生

摘要：

　　独二代，通常是指独一代的子女。20世纪70年代末，实施"一对夫妇生一个孩子" 计划生育政策后出生的一代，被称为独一代。经过快30年的时间，多数独一代已经成家立业，"独二代"便带着独特的时代烙印和鲜明的优势和弱点出现了，他们享受着6位长辈的关爱，也感受着前所未有的孤独。

独二代－概述

　　20世纪70年代末中国在实施"一对夫妇生一个孩子"政策后出生的一代，随着时间的流逝，不可避免地长大成人。与此同时，"第一代"独生子女虽已成年，但他们依然习惯着上一代的照顾，却又不得不开始面对自己的下一代。而他们的下一代却与他们一样，背负着相同的特殊身份：独生子女。独一代与独二代，在21世纪初期组成4+2+1家庭，刚完成角色转换的"独一代"，对孩子的养育，在传统与现代观念的冲突下，与父辈陷入马拉松式的争吵。与此同时，"独二代"在独享亲人无限关爱中，两岁便开始步入父母精心打造的社交圈。

独二代－特征

　　处在4+2+1家庭结构中的独二代，由爸爸、妈妈、爷爷、奶奶、姥姥、姥爷6人共同抚养，成为人们眼中最幸福的一代。然而，他们在独享幸福的同时，也感受着前所未有的孤独。兄弟姐妹这些称谓成了一种记忆名词。

　　没有兄弟姐妹，回家没有玩耍的伙伴，只能独自在家看"喜羊羊"……无论多少玩具和零食，仍填补不了"独二代"眼神里流露出的孤单，他们甚至会比"独一代"的父辈更孤单。

独二代－社交圈

　　"70后"、"80后"的"独一代"家长，他们经历过没有兄弟姐妹的孤独和苦恼，所以更希望自己的孩子童年不孤寂。很多家长说，"独二代"孩子聪明，智商很高，但他们身上的缺点也很突出：自私、不会与人交往，有的还自闭。情商缺乏，是因孩子

67

们缺乏交往，没有玩伴。因此，帮孩子寻伴，更多的是帮孩子寻回缺失的情商教育。

很多"独一代"父母为了解决"独二代"没有朋友的问题，纷纷通过网络给"独二代"找童伴。因此，"独二代"除了在幼儿园与老师和小朋友们交往，还包括和父母一起参加各种亲子活动或派对。

凤凰男

编辑者：

我叫蕾　明明芊芊　tianmo　lemonleaf　宁静的心

摘要：

凤凰男，顾名思义，"山沟里飞出了金凤凰"，指的是那些出身贫寒（特指出身农村），几经辛苦考上大学，毕业后留在城市工作生活的男人。生活的残酷与艰辛，给他们的心灵留下了深刻的烙印，这使得他们普遍拥有家境良好的人所不具有的吃苦耐劳的精神和拼搏奋斗的勇气。但是，当他们选择了身边的城市女子，并和她们携手走入婚姻殿堂，许多负面因素就显现了出来。凤凰男是随着公众对《新结婚时代》、《双面胶》等小说、电视剧的热议，而在网络上出现并广泛传播的一个网络新词。

凤凰男 - 特征

凤凰男的优点很明显：他们个性坚韧、相当聪明，能够靠自己获得成功。但是"凤凰男"的缺点也很明显：他们过于敏感，甚至有些许自卑的心理。

凤凰男特征形成的背景是其身后整整几代农村或者小城镇有为青年不甘贫困命运的奋斗史，他们努力通过读书或打工来获得更好更有品质的城市生活，在这一过程中他们不得不面对家庭出身的落差。由于他们大多数人聪明刻苦，同时家底较差，使得

他们既自尊又自卑，既进取又保守。凤凰男的总体特点有以下几点：1.出身比较差，凤凰男一般来自农村和小城镇，大家族观念强；2.聪明刻苦，上进；取得的所有成就，都是靠自己的双手努力得来的；3.对自己所拥有的东西吝啬，以及对失去一切或打回原形的恐惧；4.会不停的计算自己的付出和得到，换一种说法，他们付出就是为了得到；关键毛病是自卑。捧高他会自大，贬低他又会激起强烈的自尊，产生爆炸性的无法控制的后果。

凤凰男－女人说

网易在2008年初搞了一次不记名的网络投票调查，58%的女性网友不会把凤凰男列入结婚对象。令她们顾虑的是，凤凰男老公不把自己放在第一位，把公婆和小叔子小姑子甚至整个家族的利益放在第一位，她们害怕和凤凰男结婚后会因婆媳关系影响幸福的婚姻。但不可忽视的是，仍然有41%的女性网友则毅然选择要嫁给凤凰男，她们看中的是凤凰男善良、孝顺、诚恳、踏实等优点。

凤凰男－男人说

所谓凤凰男的"愚孝""对家人无原则顺从"，其实只是想尽可能地守护亲人。爱情对凤凰男来说，有时是一种渴望却不敢拥有的东西。很多时候他们把对爱人的爱意深深埋在心底。妻子和父母兄弟姐妹一样，都是自己的亲人，他只是想尽自己最大的努力去守护这一切。所以，如果你选择了凤凰男，就不要回头，陪他一直走下去，这样才能获得幸福。

乙男

编辑者：

江湖百晓生　小彦　宁静的心　王小泡　连生

摘要：

　　乙男就是指那些有少女的兴趣，拥有一颗少女心但却毫无娘娘腔的男性，他们喜欢花卉，喜欢打扮，每天往身上搽名牌香水，但同时也喜欢散打之类的肢体碰撞型的体育运动。他们有少女心但又十分刚强，没有娘娘腔。

乙男－来源

　　来源于日本菅野文的长篇漫画作品《粉红系男孩》（又称《乙男》）。漫画《粉红系男孩》引入了"男性化"、"女性化"等要素，并大量着笔，主角不单拥有男性的阳刚，还拥有一般女孩都会有的特点。文中的主角正宗飞鸟是银百合高中剑道社主将，长得眉清目秀，且学业优秀，在别人眼中是完美的高中生，其实内心具有少女情怀的粉红系男孩。

　　小时候的飞鸟喜欢女孩子的可爱小玩意，喜欢做菜和缝纫，喜欢少女漫画，他压抑着内心温柔的少女的一面，在母亲逼迫下练习剑道和空手道追求男子气概。2009年随着日本电视剧版《乙男》的热播，不少女生都被男主角迷住了："上天赐我一个'乙男'吧！""我的男友有'乙男'一半那么好就足够了。""'乙男'简直是完美男性。"乙男这种有少女心但又十分刚强的男人，成为众多女性心仪的对象。

乙男－特征

　　按照创造出这个词的白泉社的官方说法，具有以下特质的男性，则可以归为乙

男：1、喜欢女生喜欢的东西，比如闪亮的首饰、可爱的饰品、小玩偶、糖果等；2、喜欢做饭，喜欢料理，憧憬给自己喜欢的人做便当的场景；3、喜欢裁缝，喜欢蕾丝边，喜欢缝缝补补、刺绣之类的。总而言之，"乙男"就是以少女的思维去思考，有少女的兴趣，掌握少女应该掌握的技巧，拥有一颗少女心但不失男子气概的男生。

乙男－评论

在"乙男"流行之前，日本最流行的是"食草男"。"食草男"个性温和友善，对待生活随遇而安，面对工作的逆境不会主动改变而是被动地接受，碰到喜欢的女孩子不会穷追猛打，他们就像食草动物般温和、友善、被动、攻击性低。有人把"乙男"归类到"食草男"当中，这是一种误解。"乙男"与"食草男"不同，他们是怀有少女心但又十分刚强的男人，除了喜欢花卉、打扮，还喜欢散打之类的肢体碰撞型的体育运动；"食草男"的词典里没有"主动"这个词，但"乙男"遇到喜欢的女生会主动出击。有网友更将乙男赞为"最柔软的男子汉"。

煮男

编辑者：

静月琥珀　轩尼诗　N颗钻石　王小泡　孤独鱼儿

摘要：

煮男（Cooking men），也有叫便当男的。顾名思义，就是自己动手做饭的男人。"煮男"是继"奶爸"后对特定男士群体的又一新名词。"煮男"是特指那些在家庭里承担煮饭职责，替代"煮饭婆"成为一家之"煮"的快乐男士。

煮男－产生

有调查显示，由于金融危机的冲击，以及对食品安全的愈加重视，使得越来越多的家庭选择回家"DIY"，这也促使"煮男"盛行。如在日本，由于家庭"煮男"一族的迅速崛起，使得旨在吸引男性读者的菜谱等烹饪类书籍热销。

而在中国，则因为特定的社会氛围和环境形成"煮男"一族。据一项针对80后大学生群体的抽样调查，大约有30%的大学生不会煮饭，而其中绝大部分是女生。其原因是由于独生子女政策，女孩子越来越受到父母的宠爱；另一方面由于男女平等思维的逐步深入，越来越多的女生喜欢当女强人，而不是"入得厨房，出得厅堂"的煮饭婆。而半数以上的男生表示若以后自己的老婆不会做饭，自己也愿意做一个家庭"煮男"，不必非得女同胞下厨房。

煮男－影响

很多社会学家认为，"家庭煮男"是一种不错的现象，值得鼓励。在现代社会，以高学历为主的精英女性群体往往事事追求完美，常年奔波忙碌于事业与家庭的两端，力求将各种角色都扮演得精彩绝伦，其结果往往是让自己在身体、精神、事业、家庭方面都付出昂贵的代价。因此"煮男"的出现，分担和分享了家务，更有助于家庭的和睦。

加入到"煮男"行列的男士们，则认为煮饭首先是一件很享受的事情，自己动手更能享受其中的满足感，其次才是夫妻感情的升华。究其原因也是由于一方面社会角色压力、工作学习压力，越来越多的好好先生选择了回家煮饭来解脱和释放这种压力。另一方面现代社会压力大，工作节奏快，加班频繁，应酬繁忙，业余时间被压缩，越来越多的夫妇没有充裕的时间进行交流。而做家庭"煮男"恰恰可以通过共同烹饪劳作，来为爱情保鲜。这也是现今社会人们越来越重视家庭观念的体现。

面男

编辑者：

大笨虎 池中玉 轩尼诗 柳溪 宁静的心

摘要：

面男，就是具有很多优点，在多方面都较为出色的男士。面男既要有经济发展势力，又要有休闲社交活力。面男亦是继"凤凰男"、"经济适用男"后的又一个流行新词，是"经济适用男"的升级版。面男已经成了一些未婚女性择偶的新标准。

面男 – 概述

面男，是现代网络世界创造的新词，它的出现使得"凤凰男"、"经济适用男"等已经成为过去，作为经济适用男升级版的"面男"，正受未婚女性的大力追捧。许多女性大发感慨：面男虽好，但很难找。

面男是指男人不仅有"凤凰男"的努力，有"经济适用实惠男"的实惠，还得跳出传统的圈子，有时尚优雅的品位面、有热情洒脱的休闲面、有睿智从容的商务面，还有活力洋溢的运动面。一句话：面面都有型，魅力百分百。此外，面男还得对自己的另一半有足够的爱心和耐心，对另一半的要求无一例外地进行满足，做到"面面俱到"。

面男 – 产生

2009年11月9日，郑州网友"木偶小王子"发帖称，如今"经济适用男"有了升级版，面面都有型的"面男"，已成为未婚女性新的择偶标准。网友"木偶小王子"

表示，曾经走红的"经济适用男"虽好，但是不抽烟、不喝酒、太居家，不适应当今的社会形势。而更多女人还是想过个酸甜苦辣咸五味俱全的完美人生。于是，出得厅堂进得厨房的新好男人标准就出来了，而这种男人就是"面男"。

面男－评论

对于"面男"这个网络词，有婚姻家庭咨询师表示：这不过是女人们的幻想，就像是个一厢情愿的想法。在女人对男人百般挑剔的时候，男人也在挑选女人，要知道，适合自己的，才是最好的。所以希望大家在面对择偶问题时要冷静对待，需要冷静，眼光放低一点点，对对方的要求少一点，体贴和宽容多一点，幸福也许就是这么来的。

历女

编辑者：

devilman　柳溪　下自成奚　四月的小雨　愚人·码头

摘要：

历女，原指日本战国时期辅助将军们定天下的女性，这种女性表面上性情温柔，但是实际上思路敏捷，做事果断，常常在将军们把握不定，或遭遇危机的时候出来帮将军们做出决定、解决难题。进入21世纪，日本20至30岁的女性中，出现了"历女"的追捧族，现在"历女"在日本已经泛指喜欢历史的女性。近来有许多女性对《三国志》的登场人物和日本战国时代的武将产生了极大的兴趣，不少女明星也加入其中，更是对"历女"潮起到了推波助澜的作用。

历女－出现原因

"历女"潮的成因大致有三：一是日本女性以1997年修订后的《男女雇用机会均等法》为契机，不断争取和开发过去被男性垄断的领域，比如历史题材的游戏、小说等市场。据《日本经济新闻》报道，2009年由"历女"潮带来的"历女市场"预计可达700亿日元。二是近年来日本人的文化视线趋于回归本国传统，尤其系列"大河史剧"带动了女性学习历史的欲望。三是知古明今、"从历史比较中寻找参照依据做判断"的需求上升。

历女－影响

"历女"潮的出现，成了日本女性新一波的时尚潮流。据日本媒体报道，经营历史小说等的东京神田"时代屋"，2006年2月开业之初，绝大多数的顾客为中老年男性，如今有约四成的常客变成了二三十岁的女性。著名杂志《历史街道》的主编则指出，该刊女读者的构成比由15%增加到现在的40%。与以往历史小说的读者多为中老年男性不同，许多职业女性成了历史读物的忠实"粉丝"。在新干线的末班车上，经常会出现晚归的女白领手捧历史小说的场景。简而言之，"历女"潮的出现，带动了一个与"历女"相关的消费势头。追捧"历女"潮的日本20-30岁女性，不仅购买刻有战国将军家纹的纪念品，同时还展开寻找"历女"之旅。

历女－商机

面对"历女"潮这一社会新动向，日本的不少百货公司也加入其中。小田急百货公司从全国的地方纪念品中搜集了不少"历女"商品，设置了"战国魂"柜台进行销售。不少网络销售公司也乘机开设网络邮购业务。旅行社更是推出了"历女"巡游套餐，组织追捧族们寻访"历女"圣地和遗迹。《日本经济新闻》的报道称，2009年由"历女"潮带来的"历女市场"预计可达700亿日元。联想到《明朝那些事儿》受到不少白领女性的欢迎，不知中国的"历女"潮会否也如期而至。

格格党

编辑者：

下自成奚　梦飞雪舞　芳芳姐　大笨虎　柳溪

摘要：

　　格格党，是对职场中一种特定人群的称呼，指那些在职场中无知扮嗲、狂妄自大，动辄就炒老板鱿鱼，大小姐（少爷）脾气随时爆发，好高骛远，却能力有限。想享受格格那样的特权，却又与职场规则格格不入。一方面，"格格"即自视为贵族，娇生惯养，傲气十足，不肯服从领导，这里的"格格"可男可女；另一方面，也隐含"格格不入"的意思。

格格党－产生

　　格格党的产生源于网络上的一份"史上最牛合同"的求职申请："甲方（单位）必须无条件让乙方（本人）享受法定假日，不得以任何名义剥夺其休假的权利；不允许甲方安排工作职责范围以外的工作，如陪酒等；必须开除对乙方进行性骚扰的领导。"炮制该合同的女大学毕业生自称"品学兼优"，却因在求职时递交这份合同，而被七十多家用人单位拒之门外。

　　很多网友不禁感叹说：继第一代独生子女"80后"们的外表亮丽、却无法承受压力的"草莓族"之后，比他们更年轻的某些"85后"们，以无知扮嗲、狂妄自大的"格格党"的姿态迅速崛起，"雷"倒不少职场前辈。

格格党－标志

普遍的观点认为格格党多数具有如下等特征：1、打扮卡哇伊，说话娃娃腔；2、没事就玩人间蒸发，下班就爱抱团诉苦；3、称呼没大没小，礼仪一窍不通；4、不懂的一副理所当然，逞能的一脸学术高深；5、一哭二闹三辞职，整出一堆烂摊子……这些症状，职场新人也不免占上两三条，但如今的职场"格格党"则是每条占尽，并且每条都不含糊。

格格党－分析

"格格党"的出现，一方面与"80后"独生子女、"啃老族"、"宅人经济"等都密切相关。父母们从小把孩子宠着养，等到他们长大后，加入到竞争残酷的职场中的时候，或多或少都会出现"水土不服"，而特别严重者，则成为了职场所谓的"格格党"。

另一方面则与社会经济快速发展、思想观念的变化有关。传统社会成长起来的人认为年轻人太叛逆，而年轻人则认为中老年人落伍了。在社会上存在的代沟问题，也会在职场上呈现出来。50后和60后是守规矩、也讲道义的，动之以情和晓之以理对他们都管用；70后，可以用合理的规章制度和薪酬制度去领导他们；但到了80后，领导们却发现，这些年轻人哪一套都不吃。他们不会设身处地去为他人着想，不把权威和规矩放在眼里。比如，50、60后的人以前认为，带薪假期是匪夷所思的。但80后的人从一开始，就把这当作员工权利了。两方面都要向对方学习一些东西。

宅童

编辑者：

会游泳的鱼　　王小泡　　宁静的心　　连生　　轩尼诗

摘要：

宅童，指的是喜欢猫在家里，整天沉迷于网络和电视的青少年，这些孩子不喜欢运动，没有其他爱好，他们把所有最美好的时光都交给了虚拟的网络和电视。"宅童"现象，在寒暑假里尤其突出，有专家认为，宅童的产生，跟家庭教育、孩子本身以及周围环境有着重要的关系。

宅童－产生

"宅童"其实是一群渴望伙伴、渴望自由的孩子，但由于各种原因他们的生活被局限在了家中。他们宁愿呆在家里看电视、玩网络小游戏，也不愿意走出家门。

年幼的他们无法在日常生活或者是悠闲的暑假中合理安排自己的活动和学习，每天只能通过吃喝玩乐来打发时间；加上现在父母们的生活、工作压力较大，往往只关注孩子的物质需求而忽略了他们的生理、心理需求，从而导致他们宅在家里，在网络和电视的虚拟世界里寻找感情寄托，有的甚至染上网瘾。

宅童－危害

有心理咨询师表示，孩子长期呆在家里对生理和心理的成长都很不利。整日足不出户，会使孩子失去同龄人应有的社交能力和人际圈，长此以往会变得自我封闭。另外，也会使他们变得懒散，缺乏活力和激情。同时，整天坐在电视机或电脑前不动，孩子各方面身体素质会有所下降。但如果家长强行要求孩子离开电视、电脑，甚至采取打骂的方式，则可能会引起孩子的逆反心理，结果适得其反。

宅童－建议

避免"宅童"的产生，家长的关心和指导很重要。大致可从以下几个方面着手：1、家长应尽可能多地与孩子交流，了解他们的想法，用语言、行动让他们感受到家庭的温暖、亲人的爱护，不至于使他们从电视、网络上寻求心灵的慰藉；2、为孩子多安排一些户外活动，比如让孩子出去游泳、打球、旅游等等，用各种休闲活动将孩子呆在家里的时间挤掉；3、以孩子的兴趣爱好为出发点，让孩子参加一些暑期兴趣班，比

如绘画、演讲、阅读等，在增长知识的同时冲淡电视、电脑对孩子的诱惑。4、鼓励孩子多参加社区活动，与同学保持现实交往而不是沉溺于网络虚拟世界，从而使孩子与社会保持接触，满足他们正常的交往需求。

粉色男人

编辑者：

yufengzhang911　honghuayuan　王小泡　下自成奚　芳芳姐

摘要：

"粉色男人"就是指从事以往被认为是女性工作的男士们，比如从事护士、保姆、幼师、空乘人员等工作。虽然"粉色男人"的工作在中国处于起步阶段，但也蒸蒸日上。有数据显示，"粉色男人"正走俏人才市场，他们中很多人在这些岗位上做得甚至比女性还好。

粉色男人－产生

有数据显示，美国男性注册护士人数已经从1983年的5.7万人增加到现在的16.4万人；在幼儿园和学前班任教的男性数量也从6000人增加到1.5万人；男性电话接线员的比例提高到了14.2%以上；男性在服装导购中的比例也从1983年的16.8%上升到现在的22%，达8.7万人；男性从事家政服务业的人数已从1983年的3.8%上升到了现在的5.3%。

同样的状况在中国也开始出现，以往多数人眼里属于女性职业范畴的秘书、幼师、护士、空乘等职业，如今都成为许多男士兢兢业业的工作岗位。用人单位们也开始淡化性别的门槛，纷纷向男性们抛去绣球，希望他们能给原本单一的职场增添一丝

生气。男护士在体力、应变能力、操作能力、胆量、思维方式上都有先天的优势，更能胜任现场抢救、重症护理、仪器操作等工作，而且性别的关系使得一些涉及男性隐私的患者更加乐意接受男护士；男保姆力气大、能吃苦，照顾瘫痪病人、扛煤气罐等体力活儿都不在话下……

粉色男人－面临挑战

社会对角色有先入为主的认同，而男性加入到诸如护士、保姆等职业打破了社会的一种约定俗成，所以会被大众舆论所不能理解。"粉色男人"面临的最大困难，还是心理压力问题，这主要表现在社会舆论的不理解。男人若想要从事这样的职业，除了要有过硬的技术，还要有定力，能顶住社会的舆论压力。要真正喜欢这行，而不是因为找不到别的工作才来干这行。要对这个行业有信心，认为干这行是一种成功。

男人要在这些行业干好，就要有良好的心态。要用从容的心态去看待自己的职业，要有主见；要顶得住家庭、社会的压力；要有自我心理修复的能力，能理解来自各方的暂时的埋怨；对于来自工作对象的陌生感和不认同感，要做好心理承受的准备。

粉色男人－专家看法

有专家认为，社会对于"粉色男人"的歧视实际上是一种无知。很多人不了解他们的工作性质，没有认识到男人加入到这些行业的必要性。随着社会的发展，区分男女的行业越来越少。社会经历了"男人能干的职业，女人也能干"的变革，在职业上打破性别壁垒，是社会发展的趋势。从长远看，"粉色男人"的发展空间会越来越大，虽然目前的需求量还不是特别大，但市场对这些职业是有需求点的。因为目前从事这些职业的男人较少，未来"粉色男人"很容易成为职场中的"香饽饽"。

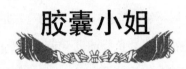

胶囊小姐

编辑者：

下自成奚 小彦 jia_jia 绝望的生鱼 维所欲为

摘要：

胶囊小姐，通常指生活中用营养素补充剂、微量元素或者是多种维生素胶囊等补充身体日常所需营养成分的女性。她们有着令人羡慕的工作，收入不菲；她们讲究生活质量，注意健康；她们为了维持靓丽外形而选择不吃饭，深海鱼油丸、钙片和维生素片、蛋白质粉成了她们每天必不可少的元素，甚至成了粮食和蔬菜的替代品……

胶囊小姐－专家看法

中国营养学会秘书长翟凤英认为，适当地补充维生素，以弥补相关营养素的缺失也是可以的，但是要根据个体情况而定该怎么补营养素。把保健品当饭吃是白领女性最常见、易造成身体伤害的错误行为。

保健品只能强化或改善某一种功能的效果，而水果、蔬菜、蛋类、肉类等除了包含丰富的营养，还包含许多活性成分，均为人体所需的能量来源，单纯使用保健品是不能保证营养均衡的。另外，并不是每个人都需要服用保健品的，不管保健品的成分、功能是否适合自己，拿来就吃很可能对身体造成伤害。

在医生指导下服用维生素，对于平衡营养、改善体质，有一定的作用。但是，盲目、过量服用维生素，对身体不利。特别是脂溶性维生素，除非身体急需，一般不建议特意补充，因为脂溶性维生素一旦过量，会在身体内形成蓄积，造成中毒。

胶囊小姐 - 建议

维生素通常分为脂溶性维生素和水溶性维生素。脂溶性维生素，如维生素A、D、E、K，除非身体急需，一般不建议特意补充，因为这些脂溶性维生素一旦过量，会在身体内形成蓄积，甚至造成中毒。鱼肝油也不能过量，过量会出现中毒。

维生素C以及B族等，则是水溶性维生素，如果过量的话，大部分会随尿液自行排出体外，不会对身体带来太大的伤害。但要注意的是维生素C，缺乏维生素C会出现牙龈出血等坏血病的症状。但如果每天服用大剂量维生素C，还会形成对该物质的依赖，一旦停用，可出现"反跳性"的坏血病。

阿尔法女孩

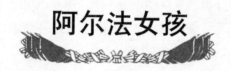

编辑者：

小瓜瓜　　N 颗钻石　　天之魂　　王小泡

摘要：

阿尔法女孩，也称 α 女孩，即 Alpha Girl，指许多方面的能力和表现都在同龄男性之上的年轻女性。该词源自美国哈佛大学教授丹·肯德伦的著作《Alpha Girl》。

阿尔法女孩 - 简介

阿尔法女孩不受传统的性别角色约束，比男孩子更出色，她们从出生起就与男孩子受同样教育，在学习、技能、体育等方面都不输给男孩子。由于这些女性精英相当优秀，几乎是"第一"、"最好"，故以希腊文的第一个字母"α"（阿尔法）形容。

阿尔法女孩－表现

"阿尔法女孩"不是消极扮演女性角色，而是自豪地保留"女性"特有的气质，比如社交。发生在80后女生身上的变化并非一蹴而就，而是经过了长时间的社会演变。其中，主要得益于她们获得更多上大学和选择工作的机会，这使得她们的信心得到完全解放。

阿尔法女孩－现象

80年代末开始，美国获得学位的男女学生人数倒转，2004至2005学年度取得学位的男女学生中，女生占59%。女企业干部、CEO急剧增加，"Fortune"选出的500大企业中，女干部15.7%，女CEO1.4%。

阿尔法女孩－书籍作者

《Alpha Girl》的作者丹·肯德伦在哈佛大学教授儿童心理学。有一次，他在美国新泽西的一所高中和女学生谈话时发现，这些女孩好强自信，不怕与人竞争，胜过一般男孩，于是他称她们为"阿尔法女孩"。后来，他在北美地区进行了采访，发现并非新泽西的女生如此，其他地区的女生也是这样。肯德伦的结论是：社会上已出现了新阶层，她们真诚坦然、具有社交能力、自主意识强，并且不怕艰难。

阿尔法女孩－建议

对阿尔法女孩不可过度保护

父母为打造学习好的女儿，在把性、金钱等实际生活所必需的东西看成世俗的东西。由于犯这样的错误，说不定在父母认定女儿是阿尔法女孩时已经把孩子培养成"假聪明"。

工作顶呱呱 恋爱一筹莫展

有经济能力的阿尔法女孩挑选对象的标准，不是金钱而是智性和情绪的成熟程度，所以容易被比自己成熟的年长男人所吸引，有可能陷入"不伦恋"。在竞争中不愿

输的心理有时还刺激"下嫁"的心理。无意识中讨厌引发竞争心理的对象，常有与从事比自己级别低的职业的男人甚至无职业者结婚的情况。

阿尔法女孩 – 商机

拥有自主能力又爱消费打扮，迅速成为商品市场的生力军。阿尔法女孩带来无限商机，大如汽车，小如蛋糕甜食，商家都纷纷讨好她们，金融企业也来分一杯羹，争抢新女性手袋里的钞票。

阿尔法女孩不但是指女大学生，更多是年轻在职女性。阿尔法女孩喜欢参与社会不同活动，对投资也极有兴趣，刺激各大银行纷纷推出新产品迎合她们。

凤凰娘娘

编辑者：

xoyun   xiejun

摘要：

凤凰娘娘，职场讨人嫌的女性一种。目中无人，装腔作势，一副老板娘的架势，而她只不过是一个部门的 leader，同事们都称她为"娘娘"。

凤凰娘娘 – 简介

在上班族中，公司里大都会有这么一个讨厌的人，这个人要么是女人，要么像女人，可称之为"凤凰娘娘"。身材硕壮雄伟，目中无人，装腔作势，一副老板娘的架势。可能是因为从小从大山里走出来的，当了个小 leader 以为自己了不起了，对谁都横的不得了，于是大家背地里都叫她"凤凰娘娘"。

凤凰娘娘 – 判断标准

1.她并不是老板，也不是老板娘

凤凰娘娘，只有一点点小权力，但是特别的事儿，好像公司是她们家开的，老爱指手画脚不说，还老爱做领导秀，一会儿把你开心网封了，一会儿又把你17173游戏网站封了，等等。总之，她以为她是领导，颐指气使，多管闲事。

2.她并不漂亮，也不可爱

最多勉强能看，但老爱显摆。舌头长，超喜欢搬弄是非，今天说张MM鼻子塌了，明天说李JJ嘴唇厚了，超级自恋，撒起娇来让人不小心看到了都会有负罪感。

3.她并非本地人，也没有嫁到本地

只不过早来两年，也是从外地来的打工者。然而她偏偏自我感觉超级良好，两只眼长在头顶上，完全看不起外地人，老爱自欺欺人地操着一口京腔，或者沪腔，或者粤语，以本地人自居，冷酷地瞧不起应聘者中的那些外地人。

4.她并不是老板的亲戚，也不是情人

她跟老板没有任何特殊关系，但由于她对同事的苛刻总是很能迎合老板节约成本、提高效率等心理，所以老板对她偏爱有加。

5.她并没有太高工资

月薪通常在4000到6000之间。按大类划分可以称其为"凤凰女"，但具体细化，她则是令广大白领们都头疼无比的"凤凰娘娘"。

润物女

编辑者：

九级木匠

摘要：

　　润物女——相信爱，懂得爱，会独自外出吃饭，内心鲜活，用各种养分充实自我。润物女一词是由"干物女"衍生出来的，其意也与干物女正相反，指很多女白领，在工作之余进健身房、做美容、与闺密逛街、进培训班充电等，生活过得有声有色。

润物女 - 概述

　　暂时"干物"是为了内心的修炼，她们努力工作甚至像男人一样去奋斗。她们也会在假日窝在家休息，会独自外出吃饭、看电影……

润物女 - 变身润物女法则

　　1.用缤纷色彩激活神经

　　色彩专家告诉我们，缤纷活跃的环境色会对大脑神经起到暗示作用，人长期处于这样的环境中，性格会开朗，心情也会摆脱灰暗，人会健谈、活跃起来。因此，改变环境色是干物女从心态上开始转变的起点。

　　为什么田园风格经久不衰？其亮丽清新的环境色彩和花草图案的布艺软装饰，让人感觉回归自然，心情开朗舒爽，精神放松但不懈怠。因此，干物女们可以考虑在已有家居环境中增加一些有田园气息的装饰品，颜色比较纯的小碎花抱枕、窗帘、沙发巾、桌布，铁艺的纳物架，或者带可爱图案的餐具、家居服，把上网的空间转移到种

满花草的阳光房里……相信自然的力量会激活已经麻木的神经，为眼睛注入缤纷色彩。

2. 创意DIY

丁丁打算和父母一起重新装修房子，不请装修公司，所有的硬装软装都自己做，真是勇气可嘉！要知道装修这事即使请施工队做，自己只是跑跑材料，都会累得毫无想法，她敢说出一切自己动手，也算本年度第一声豪言壮语了。不过从她的决心里却可以看到干物女貌似麻木生活下的如火热情。发挥创意自己动手DIY，心随手动，思维就有了曲线，特别是尝试自己没做过的事，这种挑战往往会激发内心的好奇和刺激，当成就感到来时，伴随的是一分振奋的心态。

DIY可以是体力活，比如丁丁的装修，挥汗如雨是种锻炼，理想中的美好结果是坚持下去的动力；也可以是一种玩乐方式，涂鸦、拼布、制陶、编织、废品创新等等，不计后果，天马行空，带来的是另一分未知快乐。

3. 再次对自己提高要求

润物女的症结在于生活安定，缘分又无法强求，失去了努力的方向，因此思想懈怠，奢侈地挥霍时间，肆意享受所剩不多的单身时光。女为悦己者容，没有悦己者，也就失去了在意容颜的心情，这是干物女从里到外变干的直接原因。

润物女没有理由让容颜跟着精神一起落魄下去，再次对自己提高要求，从里到外闪亮起来：制订健康作息和饮食习惯；家里多放几面镜子，随时随地看得到自己的仪容；及时处理过时的衣服，在家也不要衣着邋遢，或可爱或另类的家居服更能体现女人的品质；为人处世本该低调稳健，但记住给别人机会就是给自己机会的道理。

游戏寡妇

编辑者：

轩尼诗　段飞猪

互联网 扶贫书

摘要：

"游戏寡妇"原指其配偶长期沉迷于激动人心的体育活动，比如足球、高尔夫球等等。但是随着网络科技的飞速发展，越来越多的"寡妇"们是因为丈夫沉迷于视频和电脑游戏而被忽视了，这种情况严重的影响了夫妻间的感情交流。

游戏寡妇 – 概述

世界上有成千上万的男性游戏玩家。以往有世界杯、欧洲杯、美洲杯等让不少女人成为"足球寡妇"，但也是要几年才轮到一回。可是现在的年轻男性，几乎没有谁不懂玩游戏的。游戏这东西，几乎天天可以泡。这样一来，是否意味着有几百万女性每天都做着"游戏寡妇"？

一直以来，男人以权力为重，以金钱为重，就算说以美女为重，其实一切还是以事业为重。而如今，有些男人开始以游戏为重了。越来越多的女人会问自己的男朋友："你喜欢游戏多点儿还是喜欢我多点儿？"问这样的问题时，现实明显摆在眼前：游戏成了女人的情敌。

游戏寡妇 – 深层原因

在游戏爱好者眼中，大多数网络游戏是令人振奋的，包括任何人梦想的受欢迎、拥有财富和地位，而这些可能无法在现实生活中实现。在游戏中，玩家们不仅觉得自己长得更好看，而且也扮成了更好的人。玩游戏也有它社会性的一面，比如扑克。玩家能够在网上遇到其他在线玩家，组成团队和展开高级别比赛。至少这是一个互动的方式，肯定比一个人呆坐着看电视好。

沉迷的玩家很容易以虚拟的游戏世界取代真实世界，由于许多网络游戏都设置时间奖励，当玩家们沉浸在游戏当中，时光飞逝如电。这些问题其实已经存在了几十年或几百年，在电脑发明以前就存在。不仅是视频游戏才会让丈夫分心。

游戏寡妇 – 例证

金麦卡丹尼尔是一位治疗师，她说："当我遇到寻求家庭治疗的夫妇，并问他们家庭中是否有沉迷游戏的问题时，通常丈夫都会说，'没有没有没有'，而妻子却说，'是的'。"她认为，在大多数前来咨询的家庭中，都存在沉迷游戏的问题。

游戏寡妇－改善

心理咨询专家称，电脑或网络游戏成为影响婚姻的"第三者"，大多出现在婚姻进入平淡期的夫妻身上，其中，丈夫沉迷网络游戏，打乱正常作息，确实是有欠妥之处，因此，妻子有行为改善的意愿无可厚非。但值得注意的是，妻子在应对时，除了理性态度之外，也要注意利用感性的方法，如果一味采取强硬措施或者是消极措施，结果往往适得其反。

专家介绍说，夫妻关系中的一些问题，往往是由于交流缺乏技巧，不能适应对方，掌握好沟通技巧也有助于双方关系的提升。除此之外，在有条件的情况下，夫妻也可以培养共同的爱好，多在一起参加各种活动，譬如登山、旅游等等，以此来营造一个健康的生活。

游戏寡妇－点评

"游戏寡妇"不是一个名词，而是一种现象，而且绝对不是个例，是标准的"网瘾"伤害。就像生活中的一切，玩游戏也需要适可而止。

测试：帮凤凰男追求阿尔法女孩，找出你的优势所在

相关词条：凤凰男、阿尔法女孩

你的大学同学标准凤凰男小白，想要和他的领导标准的阿尔法女孩小花结连理之好。但是小花似乎对他并没有太多关注，于是小白请到了号称恋爱专家的你做指导，帮他"搞定"阿尔法女，就让我们开始吧。

1.阿尔法女孩今天召集所有下属，包含小白，开一个很重要的会议，你推荐小白使用什么方式吸引小花的注意呢？

A.一篇精彩绝伦的演说，展现工作上超凡的能力　　to2

B.和阿尔法女孩截然相反的论调　　to3

2.小白的演说引起阿尔法女孩的关注，决定委以重任，安排了两个工作给他，你建议他选择哪个？

A.阿尔法女孩的特别助理，帮助她处理一下琐碎工作　　to3

B.部门内的小组长，带领一个小组完成项目　　to4

3.阿尔法女孩想让小白去外地出一趟差，要3个月才能回来，你建议小白如何推掉？

A.直接说，不愿意去，不愿意离开这个城市　　to5

B.找一个借口，如身体不好推脱掉　　to4

4.小白发现阿尔法女孩经常在公司加班到很晚，他觉得应该有所行动，你建议他如何做？

　　A.和阿尔法女孩一起加班，然后帮她带晚餐　　　to5

　　B.主动帮阿尔法女孩分担一些工作，让她能早点回家　　　to6

5.发现阿尔法女孩非常喜欢喝咖啡，已经到了迷恋的程度，你建议他如何做？

　　A.精选优质咖啡豆，送给阿尔法女孩作为礼物　　　to7

　　B.劝导阿尔法女孩咖啡喝多了会引起失眠等问题，应该控制量　　　to6

6.阿尔法女孩说要感谢小白的帮助，并邀请一起吃顿饭，你推荐小白怎么做？

　　A.先假意拒绝，然后指定一个时间，吃顿饭　　　to7

　　B.让阿尔法女孩定一个时间，然后欣然前往　　　to8

7.阿尔法女孩和小白约定一起吃饭，你推荐他选择哪家餐馆呢？

　　A.大酒店的西餐厅，吃一顿浪漫、精致的晚餐　　　to8

　　B.小白喜欢的价格实惠，味道、环境都不错的小餐馆　　　to9

8.小白问你餐后应该谁付款的问题，你的建议是？

　　A.当然是小白啦，要给阿尔法女孩留下好印象　　　to9

　　B.看情况，如果小花坚持要请客，就让她付吧　　　A类

9.餐后阿尔法女孩邀请小白一起去酒吧坐坐，小白电话向你咨询，你的建议是？

　　A.送阿尔法女孩回家，告诉她很晚了，女孩子应该注意安全　　　B类

　　B.和她一起去，然后疯到夜深人静再说　　　to10

10.阿尔法女孩说，她已经厌倦了现在的工作，要跳槽了，小白很伤心，向你咨询你的建议是？

A.此时不表白还等待何时，机会可是错过了就没有了的　　　C 类

B.建议小白和阿尔法女孩一起走，告诉她小白始终和她在一起　　　D 类

答案：

A 类：善解人意

你能体会到他人的感觉，就像体会你自己一样，你能凭直觉通过他们的眼睛看世界，并分享他们的观点。你未必赞同每个人的看法，你未必怜悯每个人的困境。但是同情，而不是体谅。你未必赞成每个人的选择，但是你的确理解他们，而这种理解的本能是威力无穷的。

B 类：竞争比较

当你环视四周时，你本能地意识到别人的业绩。他们的业绩就是你的最终标尺。无论你如何苦干，无论你的动机如何高尚，如果你仅仅达到自身目标，但未能傲视同僚，你就会感到现在的成就空洞无物。你需要比较，一旦获胜，你就能感受到无比的快乐。

C 类：规划统筹

当你面对一个涉及多种因素的复杂环境时，你喜欢设法管理所有的变数，将它们反复排列，直到你确信形成最佳组合。在你看来，这种行为并无特别之处，你不过是试图琢磨出做事的最佳方案而已。然而，其他人由于缺乏这一能力，对你的本领将会瞠目结舌，你的脑袋怎么能装下这么多东西？

D 类：化解纷争

你认为冲突和摸彩有害无益，所以你尽量将其化小。当你发现周围的人意见不一样时，你能力图求同存异。你力图使他们避免对抗，寻求和谐。事实上，化解纷争是你的核心价值。尽管无济于事，有人却总想将自己的观点强加与人，这在你看来真的是难以置信。

新经济

新经济是社会发展源动力！

农地入市

编辑者：

小　小米粒　轩尼诗　王小泡　陨落UFO

摘要：

　　农地入市，全称农村集体建设用地入市，核心是将来自宅基地置换后腾空出来的土地，用作工业用地和商业用地；原有农村土地流转后，吸引社会资本投资现代农业，大大提高土地经营效益。

农地入市 - 背景

　　按土地用途分类，中国的土地可分为农业用地、建设用地和未利用地三大类。其中，建设用地则包括城市建设用地和农村集体建设用地。在现行《土地管理法》框架下，国有建设用地使用权可自由出让，但集体建设用地不能出让、抵押。

　　集体建设用地主要包括农民宅基地、乡镇企业用地、乡村公共设施和公益事业用地。在宅基地方面，此次"征求意见稿"没有根本性突破，依然不能抵押和自由出让。而村庄公共设施和公益事业用地，一般难以交易；真正有望"入市"的主要是"乡镇企业用地"。

农地入市 - 浙江试点

　　农地入市难救急，在农村集体建设用地使用制度改革方面，浙江的现行政策是：在土地利用规划确定的城镇建设用地范围外，经批准占用农村集体土地建设非公益性项目，允许农民依法通过多种方式参与开发经营并保障农民合法权益。

农地入市－土地调控

2009年11月17日，浙江省对外称，国土部已确定在浙江开展农村土地整理改革试点。如果农村集体建设用地入市，必将大大缓解目前土地供应紧张的局面，而地价抬高房价的问题也将迎刃而解。

一家知名地产企业内部人士表示："农村集体建设土地入市，首先受到打压的将是目前价格高高在上的城郊别墅，这类房产作为稀缺资源，价格被一炒再炒，如果农村集体用地可以入市，那城郊别墅必然沦为农家大院，价格自然会下跌。"

农地入市－作用

农地入市增加了土地的供给，供给增加之后就产生了竞争。一方面是价格下降，另一方面会提高资源配置的效率，能够把土地真正的用到那些需要土地的人手中。如果农地入市的话，对提高土地资源的利用效率、抑制目前高房价是有一定作用的。

农地入市－问题

农村集体建设用地入市，虽然将缓解目前土地供应紧张的局面，地价抬高房价的问题得到一定程度的缓解。但是这种土地政策的改革涉及诸多方面的利益，改革的过程中也可能遇到意想不到的复杂问题。

更为重要的是，中国现行征地制度本来就存在诸如征地范围太宽，难以约束政府滥用征地权、集体土地使用权产权模糊，以及对于政府违法征地及侵害农民合法权益的行为缺乏有效制裁救济措施等缺陷，所以部分农村集体土地入市依然可能会拍卖出畸高价格，依然会有部分开发商继续囤积土地，从而难对畸高地价与房价起到有效的遏制效用。

农地入市－国土部回应

2009年11月23日，国土资源部回应，将推广农村集体建设土地入市调控房价这一消息不属实。国土部新闻处相关负责人员称相关报道不是国土资源部发布的，国土资源部也从来没有做过农地入市的表述。他同时表示国土部正在汇总相关情况，最近

将向媒体介绍中国农村土地使用管理的情况。

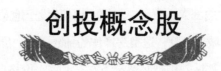

创投概念股

编辑者：

只爱你一个　卡通勇士　股市小苗　gelria　小猪piglets　横扫千军

START → 4710 wenzhi

摘要：

创投概念股是指主板市场中涉足风险创业投资，有望在创业板上市中大获其利的上市公司或者自身具有"分拆"上市概念的个股。深市创业板市场将分步推进，中小企业板的设立为创业板的设立拉开了序幕。

创投概念股 - 简介

中国国内风险投资主要投资于信息产业与生命产业。具有创投概念的个股中，以投资创业科技园的居多，包括投资参股各著名大学的创业科技园。如龙头股份、大众公用、东北高速、全兴股份等。

创投概念股 - 代表

创投概念股深圳市创新投资集团

2002 年 10 月正式成立。集团核心企业——深圳市创新投资集团有限公司，前身为深圳市政府于 1999 年 8 月 26 日发起设立的深圳市创新科技投资有限公司，注册资本 16 亿元人民币，是资本实力最为雄厚的本土创业投资机构。

清华紫光科技创新投资有限公司

2000 年 3 月 18 日在北京成立，注册资本为 2.5 亿元人民币。公司股东有清华紫光、四川省投资集团有限责任公司、百科药业、海盛船务、北京金集浩投资有限公司、燕京啤酒、 沈阳公用发展股份有限公司、内蒙古饭店、中钨高新、凌钢股份、常山纺织、路桥建设。

创投概念股－建议

机遇风险并存　创投股短期面临分化

筹备长达 10 年之久的创业板终于在市场的千呼万唤中登场亮相了，中国证监会正式发布了《首次公开发行股票并在创业板上市管理暂行办法》，业内人士普遍对此表现出相当积极的态度，认为未来创投业前景远大。

利好兑现　短期风险开始增大

创投概念股作为前期市场上主流资金重点攻击的品种，表现一直相当突出，然而随着创业板 IPO 管理暂行办法出台，市场对创投概念股的追涨意愿明显不足。虽然创业板的推出对创投概念股构成利好，但前期股价的透支可能使个股形成利好兑现走势，盘面也显示出众多前期创投龙头品种纷纷出现冲高回落，盘中主力见利好出局的迹象相当明显。

主力深度介入　首批上市悬念有望成新宠

由于前期市场对于创业板的推出有着比较明确的预期，因此，创投概念股一直表现出比较强劲的态势，就在 2008 年大盘暴跌的情况下，创投股仍然走势抗跌，期间波段机会不断显现，这也显示出该板块已成为各路资金介入较深的品种，而此因素将成为未来概念炒作延续的重要因素。

三大标准选股　规避高风险

从全球范围看，创业板上市公司一般都具有业绩不稳定、经营风险高等特点，作为高收益高风险的投资品种，其蕴含的投资风险势必将大大多于主板市场，建议操作上可重点关注以下三类品种，首先可关注那些参股的创投公司未来基本具备上市条件的个股，具体品种有大众公用、鲁信高新等；其次关注持有创投公司较大股权的上市公司，如中科英华、紫江企业等，此外可关注持有多家创投企业的上市公司，重点品

种有电广传媒、同方股份等。

环境税

编辑者：

池中玉 卡通勇士 guixingjia 下自成奚 N颗钻石 南海阿三 易殊

闽闽 2008--11--27 无涯 tiger--c

摘要：

　　环境税（Environmental Taxation），也有人称之为生态税、绿色税，是20世纪末国际税收学界新兴起的概念，至今没有一个被广泛接受的统一定义。它是把环境污染和生态破坏的社会成本，内化到生产成本和市场价格中去，再通过市场机制来分配环境资源的一种经济手段。部分发达国家征收的环境税主要有二氧化硫税、水污染税、噪声税、固体废物税和垃圾税等5种。

环境税－理论渊源

　　一般认为，英国现代经济学家、福利经济学的创始人庇古（1877～1959年）在其1920年出版的著作《福利经济学》中，最早开始系统地研究环境与税收的理论问题。庇古提出了社会资源适度配置理论，认为如果每一种生产要素在生产中的边际私人纯产值与边际社会纯产值相等，那么该种生产要素在各生产用途中的边际社会纯产值都相等，而当产品的价格等于生产该产品所使用生产要素耗费的边际成本时，整个社会的资源利用达到了最适宜的程度。但是，在现实生活中，很难单纯依靠市场机制来达到资源利用的最优状态，因此政府就应该采取征税或补贴等措施加以调节。

环境税－实施原则

（一）公平原则分析

公平原则也是建立环境税的首要原则。因为市场经济体制下，由于市场经济主体为追求自身利益最大化而做出的决策选择和行为实施会产生外部性，高消耗、高污染、内部成本较低而外部成本较高的企业会在高额利润的刺激下发展，降低社会的总体福利水平和生态效率，而这些企业未付出相应的成本，也就是说其税收负担和自身的经济状况并不吻合，违背了税收的公平原则。因此，各国环境税大多以纠正市场失效、保护环境、实现可持续发展为政策目标。

（二）效率原则分析

具体包括经济效率和行政效率两个方面，将围绕经济效率展开讨论。

环境税的征税目的主要是为了降低污染对环境的破坏，这必然会影响污染企业的税收负担，改变其成本收益比，迫使其重新评估本企业的资源配置效率；同时环境税也对其他企业的经济决策和行为选择产生了影响。

环境税－税种分析

（一）倍加红利的概念

所谓倍加红利（Double Dividend），是指通过征收环境保护税所获收入可以用来降低现存税制对资本和劳动产生的扭曲，获得倍加红利。

（二）环境税的倍加红利效应

从非环境角度看，如果原有税制结构不是最优的话，那么环境税的开征也许可以减轻税制的整体负担。关键在于要促使税制沿最优化方向改革发展。

环境税－税种由来

发展中国家，随着工业化进程的不断加快，环境问题日益突出，主要表现在：

一是经济结构粗放，外延式扩大再生产使得资源利用率低，大多数企业的生产技术、工艺流程落后，高能耗、重污染型企业的迅速发展导致了工业污染物的排放量增长迅猛，严重污染了大气、土壤和水源；二是人口迅速增长，城市化进程加快和消费

水平的提高，使城市生活垃圾大量增加而未得到妥善处理，造成城市的环境污染；三是过度采伐、放牧，破坏了植被资源，造成生态恶化，自然灾害频繁发生，近年来北京的沙尘暴现象就是一个典型的例子。

绯闻股

编辑者：

池中玉　crazyclaire　wuyanpeng

摘要：

　　绯闻股指的是在中国创业板上市的娱乐公司——华谊兄弟。该公司的主要股东均为明星，明星的一举一动牵动着公司股价的升跌。

绯闻股－简介

　　华谊兄弟的上市引起了格外的关注。而让人瞠目结舌的是，投身华谊股票的股民们，都在用一种极为罕见的方式来炒股：交易所里，你可能会看到有人一边盯着报纸娱乐版，一边嚷嚷着"入"或"抛"；你可能会看到有人因华谊的某某明星牵手、车震而急于出售股票；你可能更会看到有人因华谊推出了某部大热新片而抓紧时间掏钱入股……于是，"300027"也因此被网友赋予了一个全新的名字———"绯闻股"。

绯闻股－炒作方式

明星持股

　　上市之后，华谊兄弟的股权分散，多半都是明星大腕个人持股，这既是内地娱乐公司中最具特色的做法，"明星炒股"本身不是问题，但在发行前的股东构成中，众多

"明星股东"的造势将远远盖过业绩本身。

利多因素

华谊76个明星和一众大腕儿，王中军、王中磊这两个持有公司近一半股份的老板自不必说，冯小刚、张纪中这两位各持两百多万股的导演也得细心留意，另外还有李冰冰、黄晓明、罗海琼、张涵予这种明星大股东；华谊明星队伍的中坚力量，哪怕他们没持股，仍得看紧了，如明确表示"不持股"的陈楚生的加入，如"未接触过股票"的周迅、陆毅、王宝强、邓超、苏有朋等人的去留，都会直接影响股票升降。

利空因素

华谊曾闹出过王京花出走，英皇高薪挖角冯小刚，一线明星陈道明、夏雨、胡军、佟大为等转投橙天等事件，从一开始就显现出"演艺圈艺人流动性极强"的特性。公司上市后，一旦核心艺人跳槽，将对公司的盈利造成影响。虽然华谊再三表示，"演员要离开，股权就要收回"，但这并不能打消投资者的疑虑，因为这一说法对签约艺人没有约束力，而且不持股的艺人如周迅等，则完全可以毫无顾忌地跳槽，照样给该股票带来波动。

制造新闻

华谊的炒作能力，在内地娱乐圈里算得上翘楚，华谊艺人的"那点事儿"，在娱乐版不断出现，读者对他们的关注热度也一直居高不下，不少人更以此为依据来观察华谊股票的走向。因为前景不明，大家心里会很郁闷，娱乐是他们最好的发泄口，包括看演员的八卦信息、看电影、唱歌、跳舞等等，这是人们渴望心灵和精神慰藉的表现。正是因为人们的需求，所以娱乐信息的供给也会随之上升；但经济危机过去后，人们是否还能这么热衷于这些东西，就很难说了。

利多因素——明星动态

利空因素——负面绯闻

所谓"成也绯闻，败也绯闻"，除了华谊主动包装策划的新闻外，还有多少是不经意间被"狗仔队"爆出来的。

影视发行

利多因素

目前，影视产业是华谊兄弟的主营业务。在电影、电视剧以及艺人经纪三大战场中，华谊在2008年的总收入是40737.60万元，电影占56.40%，电视剧占26.41%，艺人经纪仅占17.19%。

利空因素——收益不可预测

截至2009年11月，华谊2009年的财务数据并不好看。

床垫指数

编辑者：

wuyanpeng　　无敌可爱　　小彦

摘要：

床垫指数成为经济学家观察经济景气的重要指标：经济繁荣时，人们心情愉悦，房事频繁，软床垫自然销售畅旺；而经济萧条时，诸事不顺，贫贱夫妻百事哀，牛衣对泣，心思不在床上，床垫销量自然直线下滑。

床垫指数－经济新指标

美国是世界上更换软床垫最勤的国家，更换床垫的速度比中国人更换手机的速度还要快。有人归结于美国人床事频仍，消耗大。但百年不遇的金融海啸重挫了美国经济，美国人越来越无心"恋战"，床垫也就此成为了最耐用的消费品。这导致了拥有百年历史的席梦思的销售停滞，业绩严重下滑，不得不寻求破产保护。

人们生于斯，爱于斯，死于斯，人的一生超过三分之一的时间是在床上度过的。

而席梦思其实也是美国生活方式的象征。席梦思(Zalmon Gilbert Simmons)是世界上第一张软弹簧床垫的发明者，当全世界的人们都还睡在硬木板床上时，已功成名就的美国企业家席梦思先生开始苦苦思索如何让自己睡得更好。于是他研制出了世界上第一张软弹簧床垫。美国人的生活就此进入了"车床时代"，好莱坞电影里的美国人不是在车上，就是在床上。"睁开眼睛就开着汽车满世界跑，闭上眼睛就美美地睡在席梦思床上。"

土地闲置税

编辑者：

无敌可爱　　轩尼诗

摘要：

　　土地闲置税，是指土地使用者依法取得土地使用权后，未经原批准用地的人民政府同意，超过规定的期限未动工开发建设造成土地荒芜、闲置时，由土地使用者向土地行政主管部门缴纳的费用缴纳闲置税费。2009 年 9 月 26 日，国务院最新发布的《关于集约用地的通知》，对开发商圈地行为再出狠招，除重申要严格执行土地闲置两年无偿收回的政策外，《通知》明确，国土资源部正在制定办法，将对闲置房地产用地征缴增值地价。

土地闲置税－背景

　　土地闲置税能否抑制过快上涨的地价？针对开发商，下发的《通知》明确规定了相对严格的闲置费用标准，并指出将会很快对闲置土地征收增值地价。对于土地闲置满两年的，将依法无偿收回、坚决无偿收回或者重新安排使用。对于土地闲置满一年

不满两年的，开发商需按出让或划拨土地价款的20%交纳土地闲置费；另外，国土资源部将对闲置土地征缴增值地价。

早在2008年1月，国务院发布《国务院关于促进节约集约用地的通知》首次提及对闲置用地征收20%闲置税，以及拟对闲置房地产用地征"增值地价"，但此后由于市场回落，这一政策未严格执行。此次国务院再次下文，显示对目前开发商囤地行为加大查处力度，提高供应量的决心。

土地闲置税－解读

政策的好坏关键在于实施，虽然这次明确指出开发商的"责任"及重申闲置土地处理制度，但其效果仍然值得深思。中原地产研究中心高级研究经理刘渊向世华财讯表示，《通知》尽管首次明确开发商"责任"，但是对开发商的影响不大；2008年颁布过类似的通知，可是2009年"地王"及囤地依旧，实际意义不大，只是政府的一种态度而已。

另外，国土资源部有关负责人表示，2009年下半年国土资源管理部门除坚持更加严格的用地审批外，还要开展对已审批用地的核查、监管行动，其中将重点查看用地比率、是否存在囤而未建现象。同时，国土部部长徐绍史也表示，土地政策参与宏观调控，最重要的是土地供应和利用两个环节，要尽快把土地供应和开发利用监管实实在在抓起来。由此来看，政府整顿开发商囤地势在必得；如今重申土地闲置处理办法，表明政府在处理闲置土地问题上的强硬态度。

土地闲置税－意义

在这一政策下，囤积土地以期升值的利润将大大减少。持有大量土地储备的开发商必须加速开发，这将一定程度上缓解供给的不足，并促使这类开发商在近几年加速释放利润。或者开发商可以将项目售出，这将对财务状况良好的大型开发商有利，提供行业整合机会。另外，该政策可以促使开发商未来更理性地购买土地，平抑过快上涨的地价。

睡衣经济

编辑者：

bmlllmd　N颗钻石　wuyanpeng

摘要：

　　穿睡衣上街，除了是因为个别人的癖好外，这个现象一度被认为和当下经济息息相关。"一方面，那些在繁荣时期业务繁忙的人们清闲了，他们有更多时间呆在家里，包括整天窝在家中的自由职业者也在增加，他们可不想邋遢地过日子，一件豪华版睡衣显然是个好主意。"一位时尚圈资深编辑表示自己正有打算购置一套睡衣，给"睡衣经济"做个表率，"不能呆在床上，至少呆在能在床上穿的东西里面。"甚至有评论认为，这是人们希望远离经济萧条的愿望，同时，大家更注重家居生活的安全感和舒适感。而当一套睡衣的价格昂贵到可以购买不错的成衣时，很多人是很乐意展示的。

睡衣经济 – 起源

　　穿着睡衣上街一直以来被大家认为是最煞风景的一幕，裹着红红绿绿的棉睡衣，外搭一双棉拖鞋，公然在街头出没，甚至拎着购物袋扎堆聊天，更有甚者，骑着自行车出了"远门"。这样的一幕幕时有发生。当我们还来不及感慨时，街拍以及派对照片中的名人们也纷纷裹着睡衣出现了，这样的流行多少有点让人吃惊。

　　2008年春天，普拉达推出新艺术风格印花"睡衣"套装，下一季D&G就发布了波点款式，睡衣迎来了好时光。这不仅仅是过去那种常在私密卧房里卖弄的功能性套服，而是豪华的休闲款式。它们是那样精美，穿在里面实在是糟蹋了。

睡衣经济－睡衣时尚

　　大牌纷纷把视线转到了这些以往不怎么入时尚之流的单品，Alberta Ferretti 也推出粉色缎子包裹式女式睡衣，这股风潮还带给了男装，D&G 和 Veronique Branquinho 的 2009 春夏男装系列中，都能见到拉带式睡裤，大家都不约而同地跟起了这个潮流。据说伯明翰足球俱乐部董事总经理 Karren Brady 最近也买了一套洛杉矶睡服品牌 Jonquil 的斜裁缎子女式睡衣，并打算把它"当成礼服穿"。

　　这股潮流当然也得有名人的支持，比如某媒体大亨在公开场合除了睡衣和睡袍几乎就没穿过其他衣服，而艺术家兼电影制作人 Julian Schnabel 在过去的一年中展示了一系列奇特的睡衣，并认为自己穿着睡衣时，看上去就像穿西装一样。

　　这背后多少也说明了一个现象——大牌扭转时尚的能力，春运期间在火车站非常显眼的蛇皮袋一旦到了 LV 之手，就成了时尚之作，同样的是 CK 的布鞋，以及 Dior 的水貂边开司米袜裤，这种质地类似中国传统毛线裤的单品一直以来处于"失传"的边缘，基本已经被一代代年轻人摒弃。所以也一再有时尚人士呼吁，想要拯救"秋裤"（即棉毛裤）的唯一办法就是请大牌们先做表率。这和其他任何不入流的时尚火起来一样。

口红效应

编辑者：

卡通勇士　王小泡　wuyanpeng　下自成奚

摘要：

　　一种有趣的经济现象，在美国，每当在经济不景气时，口红的销量反而会直线上升。人们认为口红是一种比较廉价的消费品，在经济不景气的情况下，人们仍然会有强烈的消费欲望，所以会转而购买比较廉价的商品。口红作为一种"廉价的非必要之物"，可以对消费者起到一种"安慰"的作用，尤其是当柔软润泽的口红接触嘴唇的那一刻。另一方面，经济的衰退会让一些低收入者，改变他们攒钱买房、买车、出国旅游等计划，反而能腾出一些"小闲钱"，去买一些"廉价的非必要之物"。

口红效应 – 产生

　　"口红效应"源自海外对某些消费现象的描述。每当经济不景气，人们的消费就会转向购买廉价商品，而口红虽非生活必需品，却兼具廉价和粉饰的作用，能给消费者带来心理慰藉。经济危机之下，消费者的购物心理和消费行为等都发生了变化，普通消费者个个都变成了砍价高手，经济危机也使得如口红这类的廉价化妆品和文化类的产品出现了大卖。20世纪30年代美国经济大萧条时期首次提出了"口红效应"经济理论。

口红效应 – 现状

　　2008年的世界性经济金融危机，给"口红"带来了市场。美国媒体称，口红、面膜的销量开始上升，而做头发、做按摩等"放松消费"也很有人气，这与其他大宗商品和奢侈品的低迷销量呈现出鲜明的对比。全球几大化妆品巨头的销售额证实了这一观点，其中包括法国欧莱雅公司、德国拜尔斯多尔夫股份公司以及日本资生堂公司等。欧莱雅公司2008年上半年销售额逆市增长5.3%。"口红效应"开始显现，而"口红效应"这一20世纪30年代提出的理论也在海外媒体上不断亮相。

　　在中国国内，"口红效应"一词的走红，源自中国电影行业的一场讨论。世界经济金融危机，很容易让人联想起上世纪二三十年代的经济危机。那时几乎所有的行业都沉寂趋冷，好莱坞的电影却乘势腾飞，热闹的歌舞片大行其道，给观众带来欢乐和

希望，还让秀兰·邓波儿成为家喻户晓的明星。有人因此认为，中国电影也可借"口红效应"，找到一次逆境上扬的机会。同时也有学者指出，由电影借"口红效应"推广开去，其他文化娱乐产业也可以从"口红效应"中获益。

口红效应－收益行业

1.化妆品行业

美国1929年至1933年工业产值减半，但化妆品销售增加；1990年至2001年经济衰退时化妆品行业工人数量增加；2001年遭受9·11袭击后，口红销售额翻倍。

2.电影产业

口红效应受益者：美国电影一直是"口红效应"的受益者之一，20世纪二三十年代经济危机时期正是好莱坞的腾飞期，而2008年的经济衰退也都伴随着电影票房的攀升。同年12月公映的冯小刚电影《非诚勿扰》首周票房就超过了8000万元。

货币幻觉

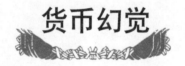

编辑者：

宁静的心　thinker　一心两翼　psp2000　鸿翔

摘要：

　　货币幻觉，是美国经济学家欧文·费雪(IrvingFisher)于1928年提出来的，是货币政策的通货膨胀效应。它是指人们只是对货币的名义价值做出反应，而忽视其实际购买力变化的一种心理错觉。他告诉人们，理财的时候不应该只把眼睛盯在哪种商品价格降或是升了，花的钱多了还是少了，而应把大脑用在研究"钱"的购买力、"钱"的潜在价值还有哪些等方面，只有这样，才能真正做到精打细算。否则，在"货币幻觉"的影响下，"如意算盘"打到最后却发现自己其实是吃亏了。

货币幻觉－作用

目前的宏观政策有意识地保持货币幻觉，在货币供应量增长的同时，投资趋热，在这一过程中，生产资料价格最先上涨。一般地，货币政策的作用有两方面：一是产出效应，另一是价格效应。如果扩张性货币政策是以通货膨胀来换取产出增长，我们说这种政策有着暂时的"货币幻觉"。货币幻觉一旦消失，就全部转化为通货膨胀。

投资者没有考虑上市公司的盈利可能受到通货膨胀的影响，具体一点儿说，就是公司在计算净利润时扣减的利息成本和折旧等都是以历史成本计量的，而收入却是包含了通胀的因素，它给人一种公司盈利加速的错觉，刺激人们加大对股票的投资。可见一旦市场形成通货膨胀预期，货币政策就盯不住了。不让市场形成通货膨胀预期，必须事先采取主动措施。显然1986年那次调控偏热，1993年那次调控又偏冷。目前针对部分行业、企业采取"点控"措施，没有提息而是限制贷款数量、抑制投资规模，就是吸取了前两次调控的经验教训，既要抑制总需求，又要防止再度陷入通货紧缩。

货币幻觉－实例分析

无数的科学家都在研究为什么世界经济衰退得如此迅速和剧烈，其中行为经济学家的研究受到了越来越多的关注，他们主要将人们决策时的心理行为作为研究对象。脑科学家对腹内侧前额叶皮层及颅内其他区域进行扫描，检测结果也支持行为经济学家的观点。值得注意的是，2009年3月《美国国家科学院院刊》报道，德国波恩大学和美国加州理工学院的研究者通过大脑扫描仪，观察到人脑部分决策回路有发生货币幻觉的迹象。如果受试者获得一笔金额更大的钱，即使因为物价上涨，多出来的这部分钱并没有带来更大的购买力，腹内侧前额叶皮层部分区域的活动也会异常明显，反映在大脑扫描图上，就是这部分区域被点亮了。

脑部扫描图中前额后方出现的亮点告诉我们，人错误判断了货币的价值，也就是出现了货币幻觉。这只是一个例子，一系列日趋复杂的研究还显示，大脑中枢跟恐惧（受脑部杏仁核控制）和贪婪（受脑部伏隔核控制，该部位或许也是产生性欲的地方）这两种与投资相关的原始动机有关。一项把神经影像跟行为心理学和经济学融合的高

科技，为研究个人和整个经济体的运作为什么会误入歧途提供了线索。同时，这些研究还试图解释，尽管金融系统已经实施了常规危机预防措施，为什么还是无法逃脱经济崩溃的悲惨命运。这些研究的部分成果已被奥巴马政府采纳，作为稳定银行业和房地产部门的政策指导。

股瘾

编辑者：

微微可口　wuyanpeng　下自成奚　LinkC　寒烟123　陨落UFO

摘要：

股瘾，即炒股上瘾，症状包括长时间坐在电脑前盯着显示器看大盘，不停计算是赔是赚，心情跟随股市起落等等，目前，心理专家还未将股瘾归入心理疾患的范畴。1980年，美国心理学会正式认定炒股成瘾是一种冲动控制的失调，并且将它与其他成瘾归为同类。除了"追求"输钱之外，用来界定炒股成瘾的标准在许多方面与界定物品滥用（酗酒和吸毒）的标准相似。炒股成瘾者只有在不断增加炒股规模和频率的条件下方能达到兴奋，当炒股遭禁时，其情绪和行为就会出现紊乱。

股瘾－诊断标准

美国心理学会曾就炒股成瘾制定10条诊断标准。如果一个人符合这些标准中的5条或5条以上，那么他或她就可以被诊断为炒股成瘾者。

(1)为炒股而出神。例如，为想方设法搞到钱来炒股而出神。

(2)资金逐步升级，借此追求兴奋。

(3)不断尝试过控制炒股或停止炒股，但最终未获成功。

(4)控制炒股时出现躁动或易怒。

(5)把炒股作为摆脱问题或减弱不适情绪（如内疚、焦虑、抑郁）的方式。

(6)炒输后迫切等待第二天回到炒台上去想翻本（即"追求"输钱效应）。

(7)对家人、朋友或其他人撒谎，隐瞒自己参炒的程度。

(8)从事违法活动，例如伪造、偷盗等，以便搞到钱来炒股。

(9)因炒股而削弱或丧失了重要的人际关系，甚至坐失工作、教育机会。

(10)用各种方式骗取钱财，借以缓解因炒股而导致的经济拮据处境。

股瘾－社会问题

现在，网络成瘾被正式纳入精神病诊断范畴，很多网友曾热议"上网一夜之间成了精神病"。还有专家初步认定，每周上网40小时以上即可认为是网瘾。不过心理专家认为，目前在心理学上还没有将炒股上瘾定义为心理疾病，或者可以说股瘾这个问题还远没有引起心理学界的重视。行为经济学认为这就是炒股上瘾，而且会和毒瘾、网瘾一样影响人们正常的生活。

一位网友在自己的博客中称，为啥股瘾不被重视而网瘾却是全民关注，一是全世界只注意到青少年问题，而忽略成年人问题。二是因为这是成年人掌权的世界，因为掌权的人不可能出问题，要出问题也是个体问题，不可能是群体性问题，因此世界上的群体性问题对于成年人的世界来说，就是青少年问题和老年人问题。更不要提让炒股成瘾的成年人戒股瘾了。该网友还认为，既然能定义出网瘾，也就可以定义出股瘾。也完全可以让那些患有股瘾的成年人去试试"电击疗法"。

猴市

编辑者：

Summer123 李小倩 wenzhi guixingjia

摘要：

　　猴市，形容股市的大幅振荡的情况，股市上涨叫牛市，下跌叫熊市，把这二者之间的运作状态称之为猴市，也就是说从大盘来看没有一个明确的上涨或下跌方向，市场分化比较严重，展开的波段也较多，反复的大幅震荡，所以就用它来比喻股市的大幅振荡。猴市是中国股票市场独特的形态。猴市的形成情况比较复杂，就个股而言，当庄家洗盘时会形成震仓猴市；庄家高位清仓时会形成出货猴市。就大盘股指而言，当各种对证券市场影响重大的消息或政策密集出台时，会导致股指猴性大发；当指数经历过长时间、大幅度的上涨或下跌后，也容易形成猴市。

猴市－特点

　　善于创造名词的人们把介于熊市和牛市之间的运作状态称之为猴市，也就是说从大盘来看没有一个明确的上涨或下跌方向，市场分化比较严重，展开的波段也较多，反复的大幅震荡，猴子总是蹦蹦跳跳的，所以就用它来比喻股市的大幅振荡。股市并非仅仅只有牛熊之分，还有上窜下跳、剧烈振荡的猴市和窄幅波动、温和整理的羊市。在猴市中，总是憧憬着大牛市的投资者，往往屡次被套在阶段性顶部；而念念不忘熊市的投资者，也常常错失一次次波段行情的机会。

猴市－影响因素

大小非解禁

股权分置改革从制度上已经完成了，但是落实市场层面的全流通则还有一个过程。

创业板

创业板实际上是风险板，适时推出对解决中国中小企业发展融资难是有帮助的，对于中国经济可持续发展同样是有推动的。但是，创业板的推出对于资金也是有要求的。

印花税

2007 年的印花税高达 2005 亿，足够两个创业板的融资金额。同样的资金，去向不同，作用完全不一样，前者加大投资成本，后者助推经济发展。宏观经济不支持熊市，融资取向不支持牛市，中国股市也就只能选择猴市了。

征信

编辑者：

小彦　王小泡　星玉baby　陨落UFO

互联网 ★ 扶贫书

摘要：

　　征信就是专业化的、独立的第三方机构为个人建立信用档案，依法采集、客观记录其信用信息，并依法对外提供信用信息服务的一种活动，它为专业化的授信机构提供了一个信用信息共享的平台。征信记录了个人过去的信用行为，这些行为将影响个人未来的经济活动，这些行为体现在个人信用报告中，就是人们常说的"信用记录"。目前中国现行的法律体系中还没有一项法律法规为征信业务活动提供直接依据。国务院法制办 2009 年 10 月全文公布《征信管理条例（征求意见稿）》，就征信管理条例征求社会各界意见。

征信 – 来源

　　征信在中国是个古老的词汇，《左传》中就有"君子之言，信而有征"的说法，意思是说一个人说话是否算数，是可以得到验证的。随着现代征信系统的发展，从事经济活动的个人有了除居民身份证外又一个"经济身份证"，也就是个人信用报告。

　　征信能够从制度上约束企业和个人行为，有利于形成良好的社会信用环境。而我国自古以来就崇尚诚实守信这一美德，并通过道德意义上的批判促进诚信观念的形成。诚信是一种社会公德，一种为人处事的基本准则。

征信 – 好处

　　1.节省时间。银行需要了解的很多信息都在您的信用报告里了，所以就不用再花那么多时间去调查核实您在借款申请表上填报信息的真实性了。所以，征信的第一个好处就是给您节省时间，帮您更快速地获得借款。

　　2.借款便利。俗话说好借好还，再借不难。如果您的信用报告反映您是一个按时还款、认真履约的人，银行肯定喜欢您，不但能提供贷款、信用卡等信贷服务，还可能在金额、利率上给予优惠。

　　3.信用提醒。如果信用报告中记载您曾经借钱不还，银行在考虑是否给您提供贷款时必然要慎重对待。银行极有可能让您提供抵押、担保，或降低贷款额度，或提高贷款利率，或者拒绝给您贷款。如果信用报告中反映您已经借了很多钱，银行也会很慎重，担心您负债过多难以承担，可能会拒绝再给您提供贷款。由此提醒您珍惜自己的信用记录，自觉积累自己的信用财富。

4.公平信贷。征信对您还有一大好处是，帮助您获得更公平的信贷机会。征信中心提供给银行的是您信用历史的客观记录，让事实说话，减少了信贷员的主观感受个人情绪等因素对您贷款信用卡申请结果的影响，让您得到更公平的信贷机会。

征信－意义

中国的法制建设逐步走向成熟，各种法律法规随着社会发展和经济建设需要应运而生，但征信立法工作仍然滞后，《条例》的出台将填补中国征信立法的空白，而且对于推动中国征信业健康发展具有重要意义。有网民提出，《征信管理条例》一旦立法通过，其内容和规定就可成为法院判决的法律依据，这表明我国征信立法进入了快车道。

被增长

编辑者：

超级小胖　黄菲红　勇敢的季节－Amy　无端锦色　lclnl

摘要：

因对国家统计局最新公布的居民收入增长数据表示不解，2009年7月29日，一位叫"夏余才"的网友在某大网站的博客上，发明了一个"被增长"的新词。意指实际收入并未增加却在国家统计局那里"被增长"了。使我们都被统计数字"幸福"地笼罩着。

被增长－出处

一位叫"夏余才"的网友在博客中写道：国家统计局最新公布，对6.5万户城镇居民家庭抽样调查资料显示，上半年城镇居民人均可支配收入8856元，同比增长9.8%，扣除价格因素，实际增长11.2%。该网友对此不解：为何我的收入和国家统计局的数字总是大相径庭呢？"我甚至开始怀疑自己是不是在'城镇居民'之列。"网友称："相比去年，我的工资收入没有任何增长。物价却在上涨。油价涨了、气价涨了，就是水价也要涨了。""既然物价涨了、工资没有涨，而我的收入怎么在统计部门那里就增长了呢？""掰着指头算来算去，上半年我的可支配收入无论如何也达不到8856元。可是统计局既然能将数字精确到如此程度，可见是下了一番功夫的。况且，其背后还有6.5万户城镇居民家庭在那里作证，所得数据岂能有假？"该网友称："只能说如我这般城镇居民，不在国家统计局调查的6.5万户城镇居民之列。这6.5万户城镇居民，可能不是一般的城镇居民家庭。在这6.5万户城镇居民家庭的'证实'下，我们都被统计数字'幸福'地笼罩着，而我们的实际收入，却也在国家统计局那里'被增长'了！"

被增长－专家解释

北京师范大学经济与工商管理学院教授李实认为，国家统计局公布的只是城镇居民收入的平均数，无法从结构上分析。

专家称，我国城镇居民人均收入地区差异较大，高收入地区城镇居民收入增长较快，很可能掩盖中西部地区城镇居民收入放缓。而从平均水平来看，全国城镇居民收入增长依然保持稳定。

其实，国家统计局的数据已表述得很清楚：中国城镇居民的所有收入包含四块，工资性收入是主要来源；其次是转移性收入，占24%，另外还有家庭经营性收入和财产性收入。

2009年上半年，城镇居民家庭人均总收入中，转移性收入增长最快。而转移性收入快速增长的一个主要原因是，上半年养老金支付水平得到提高、覆盖范围扩大，因而明显带动城镇居民人均收入增长。

人力资源和社会保障部劳动工资研究所研究员狄煌说，城乡职工总共4.1亿，而纳入上述统计范围的职工只有 1.1 亿。不仅是私营企业和个体工商户，农民工也没有统计在内。"这种统计方法已经不能反映真正的社会平均工资。" 狄煌认为，工资差距一直没有有效的措施来稳定。有的行业在资源和政策上具有先天优势，这种优势必然传导到工资上。"不能简单地看成工资差距，这是工资背后的资源占有、准入制度和行业结构的问题。

迪士尼效应

编辑者：

大笨虎　亚芯　卡通勇士

摘要：

迪士尼效应，是指迪士尼乐园从意向到建成以后，对周边地区的经济影响，以及上市公司的股价影响。通过美国的案例和迪士尼项目落地上海获国家核准，由此又引发人们对相关企业的高度期盼，并对此项的操作进行了研究与分析。

迪士尼效应 - 背景

2008 年 11 月 18 日，上海银监局召开"促增长、防风险"工作座谈会，要求上海银行业金融机构参与和支持市一级重大项目和重点工程建设。会上透露，上周上海市政府和市发改委召开金融机构座谈会，表示上海地方政府接下来将重点跟进已上报中央但还未被审批的项目，包括上海迪士尼主题公园建设规划方案。迪士尼概念只是稍有风声，就在资本市场引来异动，同年 11 月 19 日，敏感的 A 股市场投资者发现了上海迪士尼主题公园建设项目的消息，一举将上海迪士尼概念股推向涨停板。界龙实业、陆家嘴、天宸股份、上海外高桥等全线涨停，其中既有地块资源涉及迪士尼选址地的

房地产企业，也包括可能参与迪士尼工程建设和经营的国企巨头。

迪士尼效应－分析

经过一阵的言论后，资本市场内外热热闹闹，一个话题连接"股里股外"。如"迪士尼"概念股轮番表演。而股市之外则在谈论"米老鼠"，谈论上海，谈论由主题公园生发的"千般风景"。迪士尼落户上海，意义深远，有人估算，迪士尼项目建成后，每年带来的服务业产值将达 500 亿元，餐饮酒店、商业零售、交通运输行业将直接从中受益，领军企业的作用可见一斑。因为领军企业对区域经济的拉动确实十分明显，它是带动其他产业而发展，但根据地域性的区别，在此方面似乎显得"孱弱"。

对于中国这些年每年都有相应政策和措施，扶持和鼓励"五十强企业"和成长型企业的发展壮大，取得了明显成效，一些企业也走在了领军的路上。但有关人士提出，要站在更高层面审视，培育力度仍需加大。

各行各业都有"米老鼠"，关键是如何增强"磁力"，把他们吸引过来。企业是"谋利"的，当然看重环境，看重发展前景。这就需要全社会的投入，政策瓶颈的突破，服务效率与质量的提升，社会舆论的优化等等。只要"洼地"真正成了，"米老鼠"们才会来。领军企业多了，也就热闹了，优秀的人才和先进的管理纷纷进来，第三产业会再度提升，综合实力自然也会上升。"迪士尼"效应的背后值得研究。

迪士尼效应－展望

当"迪士尼"效应成为商业地产和服务业的助燃剂之后，既不是无限制的"疯狂扩张"，更不能求一时之快，能"斩一刀"就"斩一刀"，"迪士尼"效应所蕴含的实质是一种服务、一种诚心的经营，绝不是短期效益。东京"迪士尼"值得上海"迪士尼"借鉴的、而且也是以后"迪士尼"商业及其服务应该衍生和提倡的，这就是"优秀的品牌经营"、"完善的服务"、"独特的体验式产品"、"坚持不懈的产品创新"、"符合大众化游客的合理定价"、"优秀的营销理念"，东京"迪士尼"正是遵循"以人为本、以诚经营"的理念，让迪士尼衍生的服务业成为全球迪士尼的楷模。

同工同酬

编辑者：

Katsu 我爱飞 大笨虎 tom?tong

摘要：

同工同酬，是劳动法规定的工资分配应当遵循按劳分配原则，实行"同工同酬"的若干规定。2009年10月，人力资源和社会保障部透露将出台工资支付条例。该条例将解决两方面问题：一是包括劳务派遣工在内，只要工作的岗位、职级、内容相同，应做到"同工同酬"——不仅工资待遇相同，社保、福利等也应一视同仁。"所谓'同工同酬'并非要求他们的工资数额一样，而是允许在同一工资区间内进行浮动。人力资源和社会保障部正在研究制定工资支付相关法规，"同工同酬"将首次作为立法内容。无论正式工还是劳务派遣工，只要从事相同内容工作，应当获同级别工资待遇。

同工同酬－法律定义

中国《劳动法》第四十六条规定：工资分配应当遵循按劳分配原则，实行"同工同酬"。同工同酬是指用人单位对于技术和劳动熟练程度相同的劳动者在从事同种工作时，不分性别、年龄、民族、区域等差别，只要提供相同的劳动量，就获得相同的劳动报酬。

同工同酬体现着两个价值取向：确保贯彻按劳分配这个大原则，即付出了同等的劳动应得到同等的劳动报酬；防止工资分配中的歧视行为，即要求在同一单位，对同样劳动岗位、在同样劳动条件下，不同性别、不同身份、不同户籍或不同用工形式的劳动者之间，只要提供的劳动数量和劳动质量相同，就应给予同等的劳动报酬。

2009年10月底，中国人力资源和社会保障部正在研究制定工资支付统一立法。其中主要解决两大问题，一是工资的内涵。此前各项工资有关法规中，工资都等于货币。而今后将加入例如期权等内容的相关规定；二是同工同酬将写入法规。此前工资有关法规规定了按劳分配，今后将加入同工同酬。这表示，事实劳动关系形成后，企业的非正式合同工即劳务派遣工等，与正式工从事相同内容的工作，付出等量劳动，并且取得相同劳动业绩的，都应获得同等的劳动报酬，即报酬在同一工资区间内浮动。任何用人单位都应该执行。

同工同酬－条件

1.劳动者的工作岗位，工作内容相同。

2.在相同的工作岗位上付出了与别人同样的劳动工作量。

3.同样的工作量取得了相同的工作业绩。

同工同酬－内容

1.男女同工同酬。在劳动报酬分配上的性别歧视由来已久，而且难以根除。

2.不同种族、民族、身份的人同工同酬。直至今天，某些国家和地区也还存在这种分配歧视。我国自解放以来，基本消除了这种歧视现象。

3.地区、行业、部门间的同工同酬。由于各地的经济水平与生活水平差异很大，各个行业、部门的特点也都有所不同。因此，存在着地区、行业、部门间"同工不同酬"的现象。

4.企业内部的同工同酬。这是同工同酬中最重要的内容，在同一企业中从事相同工作，付出等量劳动且取得相同劳动业绩的劳动者，有权利获得同等的劳动报酬。

专属经济区

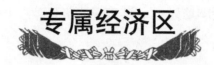

编辑者：

X0yun 俞大侠 机智的爱 肥爷 ywcn

摘要：

专属经济区指领海以外并邻接领海的一个区域。是国际公法中为解决国家或地区之间的因领海争端而提出的一个区域概念。专属经济区所属国家具有勘探、开发、使用、养护、管理海床和底土及其上覆水域自然资源的权利，对人工设施的建造使用、科研、环保等的权利。其他国家仍然享有航行和飞越的自由，以及与这些自由有关的其他符合国际法的用途（铺设海底电缆、管道等）。

专属经济区－发展历史

专属经济区制度是一项在逐步形成中的法律制度。促成这项制度的原因是：各国对邻近其海岸的海床及其底土和海水中的资源开发日益重视，对保护沿海渔业资源和保护海洋环境，日益感到迫切需要。这个制度可以回溯到40年代和50年代一些拉丁美洲国家为保护其沿海资源所做的努力。

例如，1946年阿根廷提出对"大陆外缘海"的主权主张；1947年智利提出对邻近其海岸的海域的主权主张；1952年，智利、厄瓜多尔和秘鲁在《关于领海的圣地亚哥宣言》中宣布，各该国对其沿海宽至200海里的海域拥有专属的主权和管辖权。但是专属经济区概念的形成和提出是在1972年，当时中美和加勒比海的一些国家通过《圣多明各宣言》，宣布沿岸不超过200海里的海域为"承袭海"，受各沿海国的管辖。同年，非洲国家关于海洋法的讨论会在喀麦隆首都雅温得举行，会上提出的"经济区"

概念，得到了与会各国的支持。肯尼亚在1972年向联合国海底委员会正式提出经济区条款草案，并规定200海里为专属经济区的最大宽度。

1974年在委内瑞拉首都加拉加斯举行的第3次联合国海洋法会议上，出现了赞成200海里专属经济区的明显趋势。以后，专属经济区作为一种新制度被订入1982年的《联合国海洋法公约》。

专属经济区－权利义务

《联合国海洋法公约》的第56条，对沿海国在专属经济区中的权利进行了规定。内容主要包括三个方面。即：1）为开发海床、底土及其上覆水域的生物和非生物资源行使主权；2）对区域内的人工岛屿、设施和科学研究及海洋环境保护的管辖权利；3）公约所规定的其他权利。这对于沿海国在其近海200海里的区域内维护资源和进行管辖是一种非常大的便利。而这种便利在近些年有进一步发展的趋势。

专属经济区－法律地位

1957年《非正式单一协商案文》中关于"公海"的定义中规定公海一词所指的海域不包括一国的专属经济区，反映了广大发展中国家的合理主张。尽管苏、美等国在后续的会议上仍然唱反调，要求经济区在主要方面保持公海性质，但是在各期案文中，都没有改变原来的提法。所以，目前较主导地位看法是专属经济区既非领海也非公海，其地位是自成一类的。

在《海洋法公约》第55条"专属经济区特定法律制度"中规定："专属经济区是领海以外并邻接领海的一个区域，受本部分规定的特定法律制度制约，在这个制度下，沿海国的权利和管辖权以及其他国家的权利的自由均受公约有关规定的支配。"

东亚共同体

编辑者：

s_shome　九纺龙　IT 石头　N 颗钻石　summer_123

摘要：

　　东亚共同体（又称亚洲共同体），是地理邻近的东亚各国希望通过长期的相互合作和一体化进程而形成的一个紧密整体。它建立在共同利益和地区认同的基础上，并非一个排他性的集团，也不针对任何区域外国家。"东亚共同体"应以区域经济一体化为基石，通过自由贸易区、经济共同体、货币联盟等形式，由低级到高级，形成一种你中有我、我中有你、利益交织、相互联结而成一体的关系状态，并由此进一步发展为安全共同体和社会共同体。

东亚共同体－概念演变

　　"东亚共同体"这一概念最早由马来西亚前总理马哈蒂尔在 1990 年提出，但当时遭到美国的严重抗议。

　　1994 年，东盟地区论坛（ARF）成立；

　　1996 年，首届亚欧首脑会议召开；

　　1997年，亚洲金融危机爆发，同年，首届东盟10国与中日韩3国领导人会议（10+3）召开；

　　2002 年，"10+3"领导人会议通过了东亚研究小组提出的建立"东亚共同体"报告。

　　2003 年底，日本和东盟举行特别首脑会议，会后发表的《东京宣言》也确认了建

立"东亚共同体"这一目标。目前，东亚各国已经确定了以建立"东亚共同体"为东亚合作的长远目标。

2005 年 12 月 14 日，首届东亚首脑会议在马来西亚开幕。但日中两国在会议共同宣言的起草上出现了较大分歧。中国认为讨论建立未来东亚共同体的场合应该是"10＋3"会议，但日本主张应该是包括"10＋3"成员以及印度、澳大利亚和新西兰在内的东亚首脑会议。简单来说，日中两国对立的焦点就是"东亚共同体"的母体是"10＋3"会议还是东亚首脑会议。

东亚共同体－成员推测

如果其成员国是依照东亚峰会成员的话，则其潜在成员包括：

中华人民共和国、印度、印度尼西亚、日本、菲律宾、越南、泰国、缅甸、韩国、马来西亚、澳大利亚、柬埔寨、老挝、新加坡、新西兰、文莱

东盟成员国候选国：东帝汶

2007 年 5 月 24 日在日本的日经会议上，菲律宾总统阿罗约列出了 17 个潜在的成员国，在这份名单上用俄罗斯代替了东帝汶。俄罗斯作为观察员出席了首届东亚峰会。而后来阿罗约在第 40 届东盟部长级会议中的主题演讲中只列出了 16 个国家。

东亚共同体－中国态度

日本首相鸠山由纪夫在美国与中国国家主席胡锦涛会晤时，提出了按照欧盟的形式，建立一个东亚共同体的构想。这个设想的提出使人们对未来东亚国家的合作充满想象。东亚国家，特别是中、日、韩三国文化交往悠久，经济合作紧密，政治上也在不断增进互信。在全球化和区域化不断深化的今天，东亚国家一体化的构想早有酝酿。但是，东亚国家有别于欧洲国家，无论政治制度、经济发展水平都相互存在较大差距。所以，东亚国家一体化不会简单化，具体形式还需要进一步商榷。不过，国家间加强合作是大势所趋。

大股饭

编辑者：

连生 guixingjia

摘要：

　　一些企业搞股份制改造，人人购股，原来的领导班子改称为董事会，原来的厂长改称董事长兼总经理。除了干部的股份略高一些外，职工股基本相同，如果效益好，年终分红，比利息略高，比年终奖少，跟福利差不多，你有我有大家有。企业的机制并没有得到真正改善，企业的效益也不会因为这样的改制而带来大的变化，大锅饭照吃。于是有人把这种人人参股、风险极小的股份制改造现象命名为吃"大股饭"。

大股饭－简介

　　通过产权制度改革，拉开了寻找和界定"产权主体"的序幕。但是，两个产权主体依然不是"人格化"（即落实到人）的主体，而只是概念上的集体资产代表者，但这也是这次改革取得的最大成绩，为以后的改制铺平了道路，尽管做法不尽规范，但在当时的宏观环境下，这又正是遵循了从实际情况出发，不超越历史阶段，循序渐进的稳妥策略。这个以职工持股协会为载体，人人参股，基本平均的改制模式，使入股成为一项新的福利措施，逐渐变味成了企业内部新的"大股饭"，激励措施没有产生应有的效应，责任与风险不成比例，暴露出了不少问题。

大股饭－存在问题

　　第一，因职工参股金额低，与自身责任、利益、风险关联度不大，主人翁责任感

125

和风险利益约束机制得不到充分体现；

第二，公司决策、监督、经营三个关键层以持股比例大小仅占 2.62%，他们所承担的责任与利益不成比例，尤其是关系到企业自下而上与发展的中高级管理人员、科技开发、市场营销骨干，未能在企业改制中作为骨干持股群体出现在股权结构中，缺乏一荣俱荣、一损俱损的利益驱动关系，难以起到激励骨干员工队伍的作用；

第三，大部分会员把参股看成是一种集资行为，他们对企业经营业绩并不关心，倒是十分关心年终分红多少，甚至在企业遇到风险时要求退股。这种现象表明，人人参股的第一次改制不但没有达以预期的目的，而且在一定程度上挫伤了广大骨干员工的积极性。

大股饭－解决途径

将国有企业整体改制为职工持股会控股、经营者持大股、国有资本参股的有限公司。建立风险共担机制，通过股份制改造，杭州已建立了规范的法人治理结构，为寻求企业上市、拓展融资渠道奠定了基础。

改制在高中层经营技术管理骨干中视责任和风险大小进行增资扩股，解决人人持股的"大股饭"问题。通过改制，能优化公司股权结构，克服了人人持股的弊端，强化公司核心层的决策权，进入持续发展期。主要是解决如何增强经营管理骨干责任心和风险意识、进一步调动员工积极性的问题。建立了风险共担机制，职工持股真正成为了企业的主人，打破了"铁饭碗"、"大锅饭"。

金融鸦片

编辑者：

卡通勇士　小彦　璀璨光芒　江湖百晓生　goodbaby

摘要:

金融鸦片，是对带有对赌性质的高风险金融衍生品的总称。对于"金融鸦片"这一概念的提出者暂不知，但这些所谓的"金融鸦片"，绝大多数都是华尔街的国际投行设计出来。另外，这类带有对赌性质的高风险金融衍生品在美国是禁售品。

金融鸦片 − 介绍

金融鸦片，其实就是利用一系列的金融名词或者创新的虚有概念，来迷惑一些企业，使之陷入金融圈套不能自拔，只能不断地吸食这种上瘾的金融鸦片。

表面看来，这种金融衍生品是低风险的，特别是在资产价格在上涨的背景之下，这种衍生品确实可以对冲一些利空，但这种产品有巨大的向下风险，往上给投资者的回报是很小、很有限制的，但是往下的风险可以几十几百倍，因此你要是让投资者签这种合约，导致巨额亏损，投行在美国会承担极大的法律责任，因此，投行分析来分析去决定不敢在美国销售这种产品。

金融鸦片 − 功能和作用

金融衍生品的功能原本非常简单，就是为了帮助企业消除未来可能存在的风险，那些复杂金融衍生品所起到的作用却恰恰相反。

简单和复杂，按对一个衍生产品的定价、风险、计算它的数学复杂程度来区分，那么简单的有初中数学水平就能搞定的，比方说期货、互换那是绝对简单的，还有用诺贝尔奖理论才能定价，就期权，最简单的期权，比诺贝尔奖理论能定价的简单期权之上的，都称为复杂的，那都得靠几百几千行的计算机程序，一个非常懂的往往是物理博士、数学博士出身的人，来给它定价分析，才能把它给算清楚的，这一类都算是复杂的。

金融鸦片 − 发展原因

在中国发展的原因:

一来是被骗了。一个大学老师骗一个小学生何其容易？更何况人家在提示风险的时候用很小的字，而谈收益时都是很大的字呢？

二是盲目崇拜。因为我们还是学生，对于有学问的人自然很是仰视。我们的社会，对国际大的投行，有迷信有盲目的崇拜，把他们当成精英，把他们当成独立的专家，而事实上国际投行是一个追求利润最大化的商业体系，你不能把商人当成一个独立的专家，我们的企业经常犯这种错误。

三是自身的贪欲。贪欲下，无知者的无畏更加彻底。现在我们会说西方银行或者投行没有向我们的投资者完全披露这种衍生品的高风险性，但是要再问一句，人家告诉你这些风险的时候，你就真的不愿意做这个合约了吗？刺激啊、也有高回报啊……

这么容易得手，反倒是卖"鸦片"人心中有了不忍。央视镜头捕捉到一位曾经负责某著名国际投行在亚洲区兜售复杂衍生品的人士的不安："经常有负罪感，到企业去销售衍生产品，觉得就像是给人扔了一个炸弹后扭头就跑了的感觉，我们兜售的复杂衍生产品，将摧毁这个企业的价值。"

金融鸦片－中国反应

（一）鸦片给中国人留下的是一段屈辱的历史和无尽的伤痛，而被专家斥为"金融鸦片"的金融衍生品又让众多的中国企业和投资者遍体鳞伤。这种带有对赌性质的高风险金融衍生品之所以在美国不敢卖，是因为他们有严格的法律，一旦他们胆敢销售，美国的法律可能会让他们倾家荡产。而他们敢卖给中国，就是因为他们觉得，卖给中国，他们没有多大风险。

（二）他们能够大行其道的另一个原因是国内投资者对国际投行的盲目信任，在美国，投行的经济学家、高管很少有机会在公共媒体上发表自己的声音，因为他们的观点、声音背后是自身的利益，但是在中国国内，很多国际投行的经济学家经常出席大型的活动，他们的观点也充斥着媒体，成为主流的声音。

（三）在国际投行看来，那些对金融业务不太熟悉的国家和地区，无疑是最理想的传递对象。在这场赤裸裸的金钱游戏中，所谓价值和专业都是投行的精美包装，只有风险和收益才是决定一切的筹码。

（四）中国企业身上出现的金融衍生品巨亏风潮已经引起了国家有关部门的高度关注，相应的监管措施也在近期密集出台。中国国内的投资者不仅要提高对金融衍生品的风险意识，更重要的是看清这些"金融鸦片"背后的贪婪和虚妄以及国际市场严酷的游戏规则，不应该再轻信打着华丽招牌的陷阱。

金融鸦片 - 专家观点

对一些中国企业来说，国际金融危机爆发带来的最直接的冲击还不是需求萎缩，而是在金融衍生品交易上出现了巨额损失。美国康奈尔大学金融学教授黄明称："从某种意义上来说，这有点像，不是我发明的词，有人发明的叫'金融鸦片'。"

黄明，美国康奈尔大学金融学终身教授，同时兼任上海财经大学金融学院院长，长江管理学院教授、学术副院长，也是最早提醒中国政府与企业要警惕金融衍生品过度膨胀的学者之一。被称为"金融鸦片"的这些复杂的金融衍生品，绝大多数都是华尔街的国际投行设计出来。然而，这些最终销售给中国企业的金融衍生品，在美国本土市场上却难觅踪影。

1994年，曾经是美国十大金融机构之一的信孚银行被推上了被告席。起诉信孚银行的，是著名的宝洁公司。宝洁指控信孚银行通过欺诈手段对其销售极其复杂的金融衍生产品，导致宝洁公司亏损1.02亿美元。信孚银行最终被法庭判定有欺诈嫌疑，在信誉崩溃之后被德意志银行收购。黄明认为，正是这种法律威慑，让华尔街的投行不敢在美国国内销售复杂衍生品，但却转而向新兴市场发起了进攻。

在香港销售金融衍生产品的银行有10家左右，大部分是美资银行，这些投行银行严禁把这些复杂的金融衍生产品出售给美国的投资者。

这种衍生工具产品是不可以售卖给美国的投资者的，在条文里面很清楚的列明，美国的投资者可能是涉及到税务方面的问题，所以这种衍生工具是不可以售卖给美国。

经历过多次危机的美国金融界对衍生品交易一直不敢掉以轻心，股神巴菲特就曾经把衍生品称作大规模杀伤性武器，奥巴马政府2009年5月13日还刚刚推出了一个加强监管的新框架，一些场外交易的衍生品将被强制要求在交易所上市交易。

国家广告

编辑者：

柳溪　下自成奚　小彦

摘要：

国家广告是以塑造"国家品牌"为目的的广告。国家广告实质是推广国家品牌的公关策略，这一策略的基本核心就是将国家视作一种商业品牌，在宣传中突出其与别国的不同之处，并在国际范围内加以推广。通过"国家广告"打造和推广国家品牌，不仅能够帮助某一国家实现贸易、投资、旅游方面的目标，还能提升国家地位，影响主要大国的相关决策。

国家广告－起源

"国家广告"策略的创造者，是美国一家名为"东西方传播"公关咨询公司的两位主要负责人托马斯·克伦威尔和萨瓦斯·基里亚库。21世纪初，他们发表了《国家品牌的概念和收益》和《公司战略与国家成功》两篇文章，首先提出了以通过媒体广告推广国家品牌的公关策略。这一策略的基本核心就是将国家视作一种商业品牌，在宣传中突出其与别国的不同之处，并在国际范围内加以推广。通过"国家广告"打造和推广国家品牌，不仅能够帮助某一国家实现贸易、投资、旅游方面的目标，还能提升国家地位，影响主要大国的相关决策。

2001年，克伦威尔还在美国决策圈内颇有影响的《外交事务》双月刊上连续发表《国家品牌为何对旅游业很重要》及《品牌国家的兴起》两篇文章，在学术界和商界引起很大的关注。

国家广告－发展情况

"国家广告"的目的是推广"国家品牌"，而"国家品牌"作为一种公共外交战略，美、英等老牌发达国家都运用过类似的策略提升国际形象。实际上，"公共外交"就是从这种策略当中诞生的。成功塑造出自己的"国家品牌"能够吸引外国投资者和旅游者，从而加速经济发展。反过来，经济的发展又能帮助增强一个国家的政治影响力并且促进该国企业的发展。

克罗地亚就是一个明显的例子。西欧人常把克罗地亚与第二次世界大战中纳粹同谋的形象联系在一起。而克罗地亚希望得到欧洲发达国家认同，就不得不重新打造出一个崭新的"国家品牌"。安霍尔特为克罗地亚开出的药方是，要让世人了解它便宜的劳动力、适合居住的城市、提供英语教学的学校、芭蕾舞、剧院和当代艺术。

通过推广优质产品塑造国家品牌也是一种行之有效的方法。日本和韩国就是突出的例子。在二战之后，日本的名字曾与质量低下的产品联系在一起，但在20世纪80年代，随着一些成功的日本企业如丰田、索尼和本田的出现，日本的名字成了质量和技术的同义词。日本的"国家品牌"也自此树立起来；韩国的国家品牌形象，在很大程度上也是依靠"三星"等一批著名产品的知名度树立起来的；新加坡之所以能够迅速进入新兴工业国家行列，与前领导人李光耀成功实施"国家品牌"战略密不可分，是一个以品牌战略提升国家形象的典型案例。

国家广告－案例

效益明显

2006年4月，马其顿政府在CNN电视台播放宣传广告，内容为该国自然风光和名胜的介绍。30万欧元广告费，播出253次，换来的是马其顿显著增长的旅游收入。类似的甜头克罗地亚也曾尝到，该国的广告在CNN播出后，旅游人数增长了40%。

广告"中国制造"

美国有线新闻网(CNN)2009年11月30日起开始在亚洲市场播出一则30秒的商业广告，内容是宣传在全球化大背景下，"中国制造"产品其实也是世界上各个贸易体共同分工协作、盈利共享的事实。当然，该广告也有利于重新打造与巩固"中国制造"

在全球市场上的声誉。通过观看视频，可以发现这则30秒的广告围绕"中国制造，世界合作"这一中心主题，强调中国企业为生产高质量的产品，正不断与海外各国公司加强合作。

该广告被认为是中国政府的首个品牌宣传活动，除了在亚洲播出外，接下来还计划在包括北美、欧洲等中国的主要贸易对象地区播出。

这一广告攻势的主要诉求是竭力在海外宣传中国品牌，提升外国人对中国制造产品的认知度，使他们不再仅仅将中国看成一个成本低廉的市场。商务部目前已购买了为期6周的广告时段，一些国际主流媒体如CNN(美国有线电视网)将是重点投放对象。

国家广告－社会观点

对于商务部启动"中国制造"海外宣传一事，国务院发展研究中心产业经济研究部副部长石耀东博士认为是好事。石耀东说："商务部这一行为，体现了我国政府的一种战略关切，展现了中国制造的软实力。但我们同时也要意识到，一次广告宣传可能会换来品牌的关注度，但品牌忠诚度的培养则是一个长期的过程。"

知名品牌专家曾朝晖认为，在面临新的世界形势之际，中国的这一宣传举措，对建立良好的国家形象，无疑具有积极的意义。

也有观点认为：国家品牌的塑造要比企业形象塑造复杂得多，是一个多方面的系统工程，不光是做几个"国家广告"就能够解决问题的。许多专家认为，树立一个"国家品牌"，通常需要长达10到20年的时间才能见效。更重要的是，形象毕竟只是表象，终究还是需要以实力为后盾。只有实力提升了，"国家品牌"才能真正树立起来，从而与国家实力形成良性互促关系。

男色消费

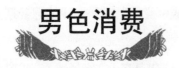

编辑者：

下自成奚　璀璨光芒　N 颗钻石　王小泡

摘要：

男色消费，被认为是社会发展到一定阶段，女性地位达到一定程度时自然产生的社会现象。广大大众对"男色消费"主要有两种的理解：一是理解为出卖身体出卖尊严去换取金钱，另外一种则没有将"色"往色情方面想，而纯粹地理解为出众的外形和内涵带来的美感。

男色消费－概述

从古到今，从国内到国外，"美色"在很长一段时间内完全等同于"女色"。可随着影视圈中类似陈坤等"花样美男"，李俊基等"比女人还美的男人"的受宠，郭富城、胡兵等身材"有料"的男星接踵拍摄性感写真，哈利·波特扮演者丹尼尔也迫不及待一脱惊人，演唱会、明星见面会上动辄出现"露肉"秀，各种各样的"先生"、"男儿"选秀层出不穷，"男色"这个概念已悄悄出现在我们身边。

2006年国内的选秀节目里，莱卡与东方卫视合作搞起的国内第一档纯男性选秀节目——"加油！好男儿"赢得了成功。随着竞争的形势越来越激烈，剩下的选手越来越英俊，这档节目的知名度也越来越高。几大帅男各自的"粉丝团"队伍暴增，论坛上随时有热心网友点评赛事，甚至为了喜爱的选手互相攻击。节目播完后，"好男儿"们出唱片、拍电视剧、出席各种晚会，简直红透了半边天。

无怪乎有网友半调侃地说：现在不仅演戏的要长得帅，唱歌的要长得帅，模特也

要长得帅。只要有张好看的脸，走到哪笑一笑，啥也不用干就能红透半边天。

"加油！好男儿"最红火的时候，南都周刊发表了一篇文章——《男色大拍卖你够胆消费吗？》，通过不同身份的女性给五位好男儿选手开列了"价格"，公开"叫卖"。文内写道："他们或深情、或娇羞、或妩媚……男色已经摆上了货架，你，准备好消费了吗？"

此文引起了轩然大波，关键就在于文章捅破了一层窗户纸，将"男色消费"公然摆在了台面上，明码标价地去"消费"、去"购买"。

有网友表示：男色消费这一提法没什么不好，既然可以有美女经济，也就可以存在男色消费。不管是黑猫白猫，能抓老鼠的都是好猫，当然是在合法的前提下。可以被称为男色消费的男人首先就说明此人有出众的长相，既然长的好看就应该发挥这一长处，不分性别的。

男色消费－商业化

当前，女性在社会上的作用越来越重要。调查表明，美国双薪家庭中妇女所挣的钱与男士相当或是超过男人的已经占到45%，而英国酒店行业如果不针对女性服务，就会失去大约40%的客源。 女人有很明显的情感特征，因此消费行为具有不确定性，很容易产生情绪化的和被诱导的"凭感觉消费"、"冲动型消费"。

正因为女性地位和经济实力的提升，同时又具有非理性消费的特点，商家自然瞄准了这一庞大的市场。"为她服务"已经成为西方服务行业流行的经营策略，国内同样也流传着这样一句话：女人的钱最好赚。

一篇文章里曾写道："帅哥们温言款款，用像说情话一样的语气，向我们介绍特色菜式，为我们挑选合适的衣服，做发型时手指不经意地轻轻触碰到我们的耳际，手把手教会我们游泳打网球……也许就是为了那一点点的心动，我们总是去那家餐馆吃饭，总是去那家店买衣服，每次剪头发，点名要某位长得最帅说话最温柔的发型师——其实这只不过成了习惯，一种正当消费，男性在这里成为我们日常消费的一种点缀。"

"男色"，已经成为商家抓住女性消费者的重要武器。

男色消费－评论

从欣赏女色到欣赏男色，从女色消费到男色消费。在过去的十年里，大众的审美和消费倾向竟然发生了如此大的变化。"男色"一词的出现，并非是最新的潮流，自古就有美男被女人们供奉，作为梦中情人聊以解忧。"男色消费"才是近年来一石激起千层浪的生猛时尚。在这个审美权习惯被男权控制的世界里，让男人以姿色博得名利，获得女人们赐予的消费利益，无疑才是让女人们拍手称快的革命性事件。

近年来，时尚潮流也大跟这股美男风，不仅有"好男儿"、"世界先生"等各种男色选秀活动让女人们充分掌握评判权与话语权，《男人帮》《时尚健康》等时尚杂志更是会定期让一位裸露半身的当红男星登上封面大秀肌肉。"美男经济"与"男色消费"成为风头最劲的话题。

商人是追求利益最大化的，当"男色"掉入了过度商业化的旋涡，就有可能"失控"。现代社会生活方式过快，选择太多，人心浮躁，在消费中很少人会有耐心去慢慢思考比较，连眼球都没抓住，更别说抓住钱包了。因此商家想尽各种办法欲刺激消费者的感官，无论是妙招损招，甚至无论会否触碰道德底线，先要将人吸引过来再说。

在过度商业化推动下，男色消费很有可能被商业行为异化成为与"情色"沾边的，追求感官刺激的不正常状态，"男色消费"也将被扭曲了。

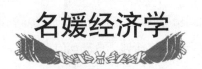

名媛经济学

编辑者：

吴彦鹏 xiaonaonao

摘要：

　　名媛经济学是指名门闺秀们告别遮遮掩掩，走进商业社会从而形成的一门新兴产业。她们在社会上创立了一种独门绝学——"名媛经济学"。名媛经济学的核心，就是名门闺秀们从"大门不出，二门不迈"的旧时代，昂首阔步走进商业代言的新经济圈，用漂亮创造自己的生活哲学。

名媛经济学－背景

　　在台湾有这样一群"天之娇女"，她们出身豪门旺族、有着天使的面孔、魔鬼的身材，在海外受过高等教育，她们优雅的仪态和优越的生活吸引了很多人的注意，令她们成为了公众的焦点。

　　在过去，名门闺秀讲究"大门不出，二门不迈。"可近年来，台湾岛内刮起了一阵"名媛风"，富家千金纷纷抛头露脸，穿梭于各种社交场所。在她们身上，天地世界始于迈出闺门的那一刻，经常出没在光鲜时尚的社交场所。她们一方面乐得抢攻下各大媒体的版面，另一方面也因商业代言赚得盆满钵满。名媛们的代言为商家门带来了惊人的营业额，岛内媒体由此高呼，这股风潮创造了所谓的"名媛经济学"。

名媛经济学－商业价值

　　集显赫家世、明星容貌、良好教养于一身的名媛，给老百姓的感觉"更真实、更自然"，不像明星、名模那样商业味太浓，而她们的身份对消费者更有说服力。于是名媛们开始丢掉矜持，走出闺房替商家"摇旗呐喊"，但她们不用那么露骨，只需在派对现场对着镜头细数身上的行头值多少钱，自己如何喜爱云云。其实这是一场商家与名媛合演的"名媛营销术"，因为她们身上的服装、佩饰，多数是商家免费提供，另外还附上大笔代言费。

　　名门淑媛商业代言的新时代现在已经完全形成。来自名门望族的代言，为商家带来了惊人的营业额和普通代言人选难以企及的品牌影响力。同时，也就引得台湾那些精力充沛、时间大把的电视节目和生活杂志，耐心细致地归档整理，制作出一个个头

头是道的名媛排行榜，还会根据名媛们的举动，名次不断更新，颇有趣味。

名媛经济学 – 代表人物

最有名的名媛，便是台湾前太电董事长孙道存的次女、现微风百货广场的少奶奶孙芸芸。她从小就被家人捧在手心里，无论上哪儿都有用人、司机跟随，12岁时就拥有了LV的皮包。

凭着优越的家庭背景加上自己保养的好身材，孙芸芸拿到了"台湾第一名媛"的光环。虽然是两个孩子的妈妈，孙芸芸仍成为商家的新宠，甚至抢走了"台湾第一名模"林志玲的几个代言。

测试：和情侣逛商场，测试对于爱情你够忠诚吗？

相关词条：口红效应、睡衣经济

经济不景气，企业裁员，你和你的伴侣都成了"受益者"，双双在家修养。有了时间却没有钱，外出旅行是不可能的了，那就在家过甜蜜的爱情生活吧，从你们的生活细节，看看你对于爱情够不够忠诚。

1.你的伴侣约你外出逛街，你会精心准备吗？

A.当然会，要提前2小时沐浴、更衣、打扮，光鲜亮丽的出现在他面前。 to 2

B.不会，都"老夫老妻"了，长啥样，想忘都忘不了，没必要"伪装"了。 to 3

2.在商场里发现物价飞涨，你数了数钱包中的钱，只够追随一把口红效应了，在挑口红的时候有三款颜色你和伴侣都很喜欢，你会怎么办

A.都买了，反正口红这个东西买多了也不会浪费过期。 to 3

B.买一个，其他的下次再说，这样可以获得多次满足。 to 4

3.购买口红是可以试用的，试用完毕后，你会擦掉或要求伴侣擦掉吗？

A.不会，反正买了也是涂成这样，没必要擦了。 to 4

B.会，要涂也买了之后，涂自己买的。 to 5

4.你发现很多人购买了口红，你知道商场有一个活动，购买超过 10 只口红，就能午餐的代金券，你会怎么办？

A.什么都不做，10 只口红太多了，不可能买那么多。　to 5

B.主动帮助其他购买口红的人去付款，获得午餐代金券。　to 6

5.很幸运，你付款的时候，抽中了大奖，可以再商场中随意拿走价格在千元的商品，不用付款，你会怎么办？

A.要求直接兑现，不要商品，打个 9 折也行。　to 7

B.好久没给伴侣买礼物了，就用这次机会购买吧。　to 8

6.你们决定先吃饭再继续逛，在商场的餐馆吃完了午餐，你会主动付款吗？

A.不会，每次都是 TA 付款。　to 8

B.会，你们是轮流付款，或者都是你付款。　to 7

7.你的伴侣很喜欢一套情侣睡衣，它不仅能在家里穿，出门穿也能接受，你的伴侣说这是睡衣经济的产物，你为他会购买吗？

A.不会，睡衣就是在家穿的，所以好不好看不重要，更不能这么贵。　to 8

B.会，既然伴侣喜欢，又很实用，那就买给他吧。　to 9

8.你的伴侣很喜欢一套情侣睡衣，它不仅能在家里穿，出门穿也能接受，但是因为你没有为他购买睡衣，你们吵架了，气氛很不愉快，你会怎么办？

A.立即走开，这个人简直是无法理解。　A 类

B.争论到底，向他讲明道理，他这样是不对的。　to 10

9.没有你们穿的号码了，你会怎么办？

A.那就不买了，反正只是一套睡衣。　B 类

B.去其他商场看看有没有货，实在不行就买一套稍大的，反正是睡衣。　D 类

139

10. 你们吵的不可开交，伴侣甚至开始骂人，你会怎么办？

A. 找一个没人的地方继续吵，这个事情一定要沟通好。　　C类

B. 对伴侣很失望，他怎么能这样呢。　　A类

答案：

A. 忠诚指数：无

恭喜，你的词典里根本就没有对爱情忠诚的概念，这并不是说你不渴望一段美好的爱情，而是你太经不起诱惑，又不能克服任何困难。当你感觉到轻微的寂寞时，当你发现另一半些许缺陷时，当你遇见看起来更好的伴侣时，你就会短暂犹豫，然后立即和现在的爱情说拜拜，去追求你看起来更合适的爱情了，但是这个世界上根本就没有完美的事情，爱情也不可能总是一帆风顺。

B. 忠诚指数：★★

每段爱情开始的时候，你都向往着天荒地老，可是却又总如烟花般短暂，你觉得不是你的错，而是随着了解的深入，你逐渐发现，你的另一半不是你开始认识的那个TA了，从天使到凡人的转变，让你对TA的爱也消失了。要知道世界上并没有永远当天使的人，无论外表多么光鲜亮丽的人，都需要吃饭睡觉，如果你始终抱着寻找天使的心态去维系爱情，那么你只能背负花心的名头了。

C. 忠诚指数：★★★

相比之下，你并不是一个对爱情随意的人，不到万不得已，你不会对已经拥有的爱情说拜拜，可是你万不得已的标准却比别人低一些。所以你情感生活一旦发生了不如意的情况，你就开始犹豫，对爱情的信心逐渐减淡，并最终放弃了你的爱情。但总的来说，你是一个被动的人，你不会主动做出对爱情不忠的事情，就算分手也多是你的另一半做了什么对不起的你的事情。

D.　忠诚指数：★★★★★

　　你就是传说中的"安心"牌伴侣，一旦你和另一半确认关系后，抱定了永结百年之后的心态，你本着爱情最大的信念去战胜一切困难，同时你对另一半也有绝对的隐忍，在这样的心态下，什么性格不合，什么父母反对，甚至伴侣偶尔的外遇，你都能通通忍了，真是新经济中最难得的人物。可是这样就真的能换来生生世世吗？太多的放纵，很容易惯坏了你的伴侣，让他得寸进尺，你要注意啊。

新经济

新社会

向前！向前！向前！

性别革命

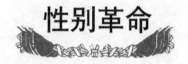

编辑者：

陨落UFO　王小泡　江湖百晓生　小彦

摘要：

　　性别革命指的是在当前金融危机的背景下，美国女性逐渐展现出在家庭和社会中的主导地位，更多的参与到社会公共事业中来，相对而言男性则在部分领域逐渐萎缩。

性别革命－基本简介

　　金融危机来袭之后，美国男性的失业人数大增，而女性就业状况却相对乐观。危机不仅改变了许多美国人的命运，也令女性的社会角色更加突出。事实上，美国正在悄悄地发生一场"性别革命"。美国女性的地位在不断上升，她们正成为养家糊口的主力军。预计到今年年底，美国历史上将首次出现女性职工占大多数的情况。

　　美国四十多年前，如果你是一名美国女性，那么，当购买一本《时代》周刊的杂志时，你很可能需要丈夫来付钱；在进行选举投票时，你选择的很可能就是丈夫支持的人；你通常只将男孩送去上大学，而女孩子则不行；如果你有工作，老板支付的工资可能很少，因为他会认为你工作只是为了零花钱。然而，人们今天欣喜地发现，事情正在悄然发生变化。为评估个人在美国性别问题中所起的作用，《时代》杂志与洛克菲勒基金会共同联合发起了一项调查。

　　调查结果发现，无论男女，大多数人都认为事情已经发生变化，在男性主导模式遭重创后，女性终于开始崛起。实际上，美国正在悄悄地发生一场"性别革命"。就家庭而言，夫妻双方开始共同承受生活压力。1987 年，三成美国人认为女性应该承担传统社会角色、充当全职家庭主妇；2007 年初，不足两成接受调查者抱这一想法。

性别革命－女性主力

在美国大选中，涌现出许多女性公众人物，比如希拉里、佩林、蒂娜·菲等，她们不再是配角。尽管在一些教授俱乐部、立法机构以及专业领域，男性依然占据优势，但女性占了土木工程师总数的 10%、医生的 1/3、幼儿园老师和牙医助手的 98%。

美国劳工统计局发布的 2000~2005 年统计报告显示，这 5 年间薪资水平在中等以上的净增就业岗位中，被女性获得的有 170 万个，而被男性获得的仅为 22 万个。到 2009 年年底，美国历史上将首次出现女性职工占大多数的情况，尽管很大原因是经济衰退重创男性。这是二三年内发生的一次非同寻常的变化，而且这一趋势越来越明显。

性别革命－矮胖忧虑

人类还在继续进化，未来的女性将变得更矮更胖，但更健康。到 2409 年，女性将平均比现在的女性矮 2 厘米，重 1 公斤。这是美国科学家的最新研究成果。英国媒体报道，发表在最新一期《新科学家》杂志的一篇科学论文称，未来的女性除了在体型上变得更矮更胖之外，将拥有比现在更健康的心脏，体内胆固醇值将更低，而且绝经期会延后。

耶鲁大学的进化生物学家斯蒂芬·斯特恩斯和他带领的研究小组对医学界常使用的"弗雷明汉心脏研究"资料进行了仔细的分析。这个资料库是科学家自 1948 年起，跟踪马萨诸塞州弗雷明汉地区 14000 人的疾病史建立的。研究小组共查看了 2238 名已经绝经的中老年妇女的医学记录，并测量了她们的体重、身高、血压、胆固醇值以及其他与生育孩子数量相关的特征。即便将教育和收入水平以及健康程度等因素考虑在内，研究人员还是发现，可以遗传的家族特征跟家庭成员的规模大小关系紧密。

研究者发现，更矮更重的女性比更高体重更轻的女性更容易多生育后代。同样，那些血压和胆固醇值更低的女性往往拥有更大的家庭规模。同样的情况也适用于那些年龄很小就做了母亲或者绝经时间较晚的女性。

400年后矮2厘米，研究者称，如果这一趋势继续传递十代，那么400年后，到了2409年，未来的女性将平均比现在的女性矮2厘米，重1公斤。而且，跟当今的女性相比，未来的女性平均早5个月生育第一胎，晚10个月进入绝经期。

性别革命－影响地位

尽管地位越来越高，但压力变大，许多美国女性实际上可能过得并不幸福。因为她们要与男性应对同样的压力，这些压力曾让男性们痛苦不堪。在全球经济中，现代生活变得压力更大，特别是对女性，她们工作的时间更长。

经济危机也让女性受到严重挫折。民调显示，女性比男性更担心家庭财产安全。在大多数人工资下降时，女性收入下降了2%，是男性的2倍。女性抵押的可能性比男性高32%，她们更容易受到房贷危机的影响。

欺实马

编辑者：

落不凡　会游泳的鱼　Smalt　红娉　qishima.cn　卡通勇士　N颗钻石
璀璨光芒

摘要：

　　欺实马，也称欺世马，是互动百科网友杜撰出来的一个新物种，以此表示对于杭州2009年5月7日晚杭州富家子弟胡斌驾驶三菱跑车撞死浙大学生谭卓事件的不满。该词汇本意是指车辆行驶速度70码。

欺实马 – 网友杜撰版本

传说古代钱塘今浙江杭州有一口古井，叫作交井，相传此井下压着被封印的一些不知名妖孽。当时的钱塘富贾中流行着一种风俗，每每遇到灾祸，富贾们都将家中宝物钱财投入此井，以求消灾避祸，少则几万，多则几吨。奇怪的是此井被没有因此而变浅，终年寒气逼人。当地百姓甚为恐惧。

公元 2009 年 5 月，被尘封了几千年的无名妖孽终于冲开了封印，冲出交井，再度祸害人间。经过砖家和教兽的一致认定，把此妖孽取名为欺实马（欺世马）。

欺实马者，或称"欺世马"。昔者帝禹再封恶蛟于交井，淮夷水患遂除。然则其身虽破，其魄尚存。其时，淮夷（今安徽山东一带）之地里，河蟹横行，其性甚踞，世所未见与之短长者。行至交井，蛟魄乃得其身。历二千有三年，恶蛟遂仿神驹以复成其形，梦告天下以惑民心。然神兽终究天成，恶蛟虽得其形甚，而玄牝不分，得名"欺实马"；又以其性烈，藏于井下而引八方震动，遂称"欺世马"。 ——《戏说千年史·钱塘地志考》

欺实马，必杀技就是伪装，主要通过各种途径，不择手段获取猎物信任，然后一击必杀，反咬一口，让敌人防不胜防，已经给列入 21 世纪人类的首号天敌。欺实马，喜欢利用伪装色，博得人类的怜悯，混淆视听，扭曲事实，制造混乱，实乃万恶之首。

欺实马 – 事件原委

2009 年 5 月 7 日晚 8 时 5 分左右，杭州青年男子胡某驾驶浙 A608Z 号三菱牌小型跑车，在文二西路由东向西行驶至南都德迦西区门口时，撞到横过马路的男青年谭卓，造成谭受伤经浙江省立同德医院抢救无效死亡。

警方公布事故调查进展情况，引来众多质疑，根据当事人胡某及相关证人陈述，案发时肇事车辆速度为 70 码左右，而肇事发生地路段限速 50 公里／小时。此报告一出，立即引起现场众多媒体和当事人同事的质疑。类似于"为了你我的生命安全，请大家以 70 码的速度顶贴顶起 5 米高 20 米远"网络流行语迅速流行于网络。暴露网友对此事的处理极度愤慨和不满。

可以说，杭州市相关部门一开始根本没料到一起交通事故会引起如此大的反响，

在舆论的推动下，才由西湖交警大队匆匆举行了新闻发布会，抛出了一些模棱两可的结论，比如肇事车辆速度为70码，暂不能认定为改装，没有逆向行驶，不能认定死者是否走在斑马线等等。其实，在事件不断升温、群情激愤的情况下，交警作为权威部门，必须经过极为细致的工作，在有强有力证据支持的情况下才做结论，不然效果还不如不发言，反而加剧了公众对政府不信任的结果。比如对于被公众认为最离谱的"70码"说法，警方表示事故路段没有探头，没有测速装置，而目击群众的目测也不能作为证据。既然如此，就大可不必片面采信肇事方的说法，以至于"70码"俨然已成了官方与民众之间分歧的关键点。

面对质疑和分歧，作为一个负责任的政府，决不能总是落在公众舆论之后，更不能让民众对于官方的不信任继续发酵，必须从更高层面、从更深层次分析此事、应对此事，及时拿出更有力的证据，更果断的措施，更重要的是对此事进行公开公正的处理，消除人们对此事的疑点，消弭"权钱交易"的传言，从而不让"70码"成为又一个网络热词，成为网络上杭州的另一个代名词，随后欺实马开始成为社会网络热词。

欺实马－研究

从物理学的角度，70码的速度是无法将人顶起5米高20米远。用微积分的方式可以算出该车行车速度。

欺实马，已经成为一种欺骗民众，强奸民意的形象代言人。欺实马经杂交改良，已经逐步走入高层社会人群，成为有钱、有权、有势的上层社会的家养宠物，在珠光宝气的金钱社会温床下，其繁殖能力特强，其范围已经遍及世界各个角落。欺实马最大的特点就是任人唯亲，极度拜金主义，最擅长见风使舵，是个不错的舵手，能够在不胜寒的高处，虽然天寒地冻，但其却游刃有余，其生存能力可见一斑。欺实马，生存秘诀就是欺上瞒下，瞒天过海。

躲猫猫

编辑者：

落不凡　小彦　会游泳的鱼　Smalt　红娉 qishima.cn

摘要：

躲猫猫，原意为捉迷藏，属南方方言，北方则称作"藏猫猫"，现为网络流行语。2009年2月，云南青年李乔明(也有媒体写作李荞明)死在看守所，警方称其"躲猫猫"时撞墙。很快，躲猫猫也火了起来。网友们一边讨论躲猫猫这个游戏的危险性，一边大量发帖"躲猫猫"。

躲猫猫－由来

"今天，你'躲猫猫'了吗？"这句看似无厘头的话，是一条社会新闻后面的网友评论。一个因盗伐林木被关进看守所的青年，2009年2月8日在看守所内受伤，被送进医院，2月12日死亡。警方称其受伤的原因是放风时和狱友躲猫猫撞在墙上。

据《云南信息报》2月14日报道，24岁的玉溪北城镇男子李乔明因盗伐林木被刑拘，1月30日进入看守所，2月8日下午受伤住院，4天后在医院死亡，死因是"重度颅脑损伤"。

晋宁县公安机关给出的答案是，当天李乔明受伤，是由于其与同监室的狱友在看守所天井里玩"躲猫猫"游戏时，遭到狱友踢打并不小心撞到墙壁而导致。当地另一家媒体报道称，警方调查结果显示李乔明"躲猫猫"时眼部被蒙，所以"不慎撞到墙壁受伤"。

此后，"躲猫猫"一词频出在各种媒体上……

躲猫猫－发展历程

2009 年 1 月 28 日，李乔明因涉嫌盗伐林木罪被刑事拘留，羁押于晋宁县看守所。羁押期间，同监室在押人员张厚华、张涛等人以李乔明是新进所人员等各种借口，多次用拳头、拖鞋等对其进行殴打，致使其头部、胸部多处受伤。

2009 年 2 月 8 日 17 时许，张涛、普华永等人又以玩游戏为名，用布条将李乔明眼睛蒙上，对其进行殴打，其间，李乔明被普华永猛击头部一拳，致其头部撞击墙面后倒地昏迷。经送医院抢救无效，李乔明于 2 月 12 日死亡。案发后，张厚华、张涛、普华永等人为逃避罪责，共谋编造了李乔明是在玩游戏过程中，不慎头部撞墙致死的虚假事实。

2009 年 2 月 13 日，媒体报道称，云南玉溪北城镇 24 岁男子李乔明因盗伐林木被刑拘，在看守所度过十余天后，"重度颅脑损伤"身亡。警察称其与狱友玩"躲猫猫"游戏时撞到墙壁重伤。为此，网络舆论表示强烈质疑。

2009 年 2 月 19 日，云南省委宣传部发布公告，邀请网民代表参加调查躲猫猫真相。

2009 年 2 月 20 日，网友调查团赴晋宁县看守所调查，可是结果令人失望，他们称自己无法介入到事件核心，并对晋宁县警方的做法表示质疑。

2009 年 2 月 25 日，案件移交昆明市人民检察院主办、云南省人民检察院督办，最高人民检察院派员前往云南指导调查，进一步的侦查工作全面展开。

2009 年 2 月 27 日，调查结果正式公布：李乔明系牢头狱霸以玩游戏为名，殴打致死。

云南省公安厅认为，这起案件暴露出晋宁县公安机关特别是看守所在队伍建设和执法管理工作中存在的突出问题，根据目前掌握的情况，依照有关规定，对相关责任人做出如下处理决定：

对晋宁县公安局局长达琪明予以行政记大过处分；

对晋宁县公安局分管看守所工作的副局长闫国栋予以行政记大过处分，并免去晋宁县公安局副局长职务；

对负有直接领导责任的晋宁县看守所所长余成江予以行政撤职处分；

对晋宁县看守所分管管教工作的副所长蒋瑛予以行政撤职处分；

对负有直接责任的晋宁县看守所民警李东明(负责管理李乔明所在监室)予以辞退处理。

躲猫猫－网友释义

该新闻在网上引发热议，在腾讯该新闻有 35000 多条网友评论，其中很大一部分都在谈论"躲猫猫"。

网友许晖写了一篇博客《躲猫猫释义》。"'躲猫猫'意为捉迷藏，属南方方言，北方则称作'藏猫猫'。不管'躲'还是'藏'，这种游戏显然来自于猫和老鼠捉与被捉的游戏。伴随着一条年轻的、身强力壮的生命的离去，'躲猫猫'这一游戏在展示普宁县看守所的人情味儿之外，同时雄辩地证明了一个道理：游戏也可以杀人。"

躲猫猫－网络运用

"我以为是畏罪自杀撞墙撞死了，没想到是'躲猫猫'死了！完全超出我的想象力了。""虽然躲猫猫没有做俯卧撑累，但还是死人了！请问天底下还有安全的游戏和健身方法吗？"

天涯网友更是发挥其一向的搞笑风格，甚至有人很快就注册了"躲猫猫游"、"大家都来躲猫猫"等 ID，转载新闻的主帖下面的评论更是如此："以后家里有小孩的可不能教他们再玩躲猫猫了！多危险呐！""俯卧撑、打酱油、躲猫猫———中国武林三大顶尖绝学。""在看守所里能玩躲猫猫？犯人都躲猫猫了，警察去哪里找他们？""应该给那个发明躲猫猫的人最佳创意奖。""楼主说错了！我当时在场，明明是那堵墙跑过去把那男子给撞了！那男子一开始站在那里从没动过！这堵墙撞人后就跑了。"

"manca1222"发布了"躲猫猫注意事项"："1.请勿和墙玩，否则墙会在捉到你的那一瞬间 ko 你；2.如必须进行，请确保有足够的安全防护措施，如安全帽、防弹衣等等。"

在网友的语言里，"躲猫猫"已经成为一特定词组加以运用。"早晨起床时做了几

个俯卧撑，然后被家里支去打酱油，打完酱油后与小朋友一起玩躲猫猫……"；"珍爱生命不躲猫猫"；"以后可以这样骂人：躲猫猫躲死你！"

躲猫猫－调查

据《云南信息报》报道，2009年2月12日晚，警方通报了最新的调查情况："由于死者(玩躲猫猫时)抓到同监狱友普某某，而引起普某某不满，最终两人发生争执。争执中普某某先踢了死者一脚，随后又朝其头部击打一拳，死者由于重心不稳摔倒后，头部与墙壁与门框夹角碰撞，最终受伤。"

有网友认为摔倒应该不会有这么严重的伤，但也有网友指出碰到头确实可能导致死亡。

网友"COCO研"猜测，"躲猫猫"会不会不是我们普通理解的游戏，而是看守所里的游戏，狱友间玩起来可能不那么简单。

还有网友提出不知道看守所内躲猫猫是在哪里躲，有没有录像监控，呼吁警方公布更多的调查资料。

网友"cos222"认为，躲猫猫受伤这个说法看起来荒谬，但正因为此所以肯定是真的，警方完全没有必要自找麻烦。

警方还在进一步调查，而"躲猫猫"继续在网上传播，很多网友认为，躲猫猫有望在"这事儿不能说太细"之后，成为2009年又一个网络流行语。

中共云南省委宣传部在网络上发布公告，邀请网友和社会人士参与"躲猫猫"事件调查。至此，"躲猫猫"这一和"俯卧撑"、"打酱油"类似的舆论事件，在网民的关注下出现了新的转机，这一举动也被网民认为是"具有开创意义的举动"。

躲猫猫－网络流行语

"风起于青萍之末，舞于松柏之下。"一个本身并不具备太多内涵和外延的用语，为何在网友的传播与运用之下，风生水起，蕴味无穷，陡然而有既可意会又可言传的神奇效果？其实，网友之所以具备如此化腐朽为神奇的能力，只不过是因为网友善于借力打力而已，因此，躲猫猫一夜之间成为网络流行语，我们除了叹服网友的机智与机敏，便不得不叹息相关部门的机械与愚鲁。一个"甚至连感冒都没有"的年青人，猝然非正常死亡，警方回应死者家属称，通过他们的初步调查，发现李乔明受伤是由于其在放风时间，与同监室的狱友在看守所天井中玩"躲猫猫"游戏时，由于眼部被蒙而不慎撞到墙壁受伤。死者家属难以置信，网友也瞠乎其后，满怀狐疑。不信又能如何？网友不可能像古代侠客一样替天行道，于是他们在选择"我不相信"之余，便开始做俯卧撑，然后，把键盘当作"武器"，将寻常的躲猫猫焕然生发出无穷的旨意，借以一浇胸中之块垒。

浏览这些诙谐与讽喻意味极浓的诠释，让人会意一笑之余，则不免悲从中来。表面看，这是网友的无厘头，写满了嘲弄和讽刺，但实际上又寄托了网友多么强烈的控诉和鞭笞？真相不明，无能为力，无法将真相呈现于天下，但又不甘心做一个旁观者，内心的正义感和强烈的公民意识，驱使着网友从侧面介入，绝不能选择袖手旁观，一笑了之。在这种情况下，他们便必然会"指桑骂槐"，借躲猫猫而抒发内心之大不平。由躲猫猫成为网络流行语，不能不提俯卧撑。历史何其相似。一名14岁的少女溺水身亡，一时传言四起，舆论哗然，死者家属悲愤难抑，然而，当地相关部门在新闻发布会称，在李树芬溺水之前，与其同玩的刘言超曾制止过其跳河行为，见李心情平静下来。刘"便开始在桥上做俯卧撑，当刘言超做到第三个俯卧撑的时候，听到李树芬大声说'我走了'，便跳下河中"。这一暧昧的表达再度让舆论哗然，并引发了巨大的群体性事件。遗憾的是，权力不长记性，有此殷鉴在前，云南晋宁警方依然出语模糊，以躲猫猫来打发死者家属，当这一颇雷人颇滑稽的轻浮回应一经公开，自然引得网友哗然。

躲猫猫－意义

在"躲猫猫"的背后，深含着吊诡的语义，有关机关一定在掩饰着什么真相，伴随这个流行词，民众对公权机关将失去信任，甚至导致执法机构声誉的岌岌可危。

一个公民在"躲猫猫"中死去，真相尚未大白，我们尽可期待，但是，有关部门别想用"躲猫猫"这样低级的托辞来做挡箭牌、免责牌，只有让有关责任人受到应有的查处，让执法部门借此弥补上制度和管理上的漏洞，李乔明才不会白死。

《学习时报》刊文《县域突发公共事件的处置》称，在处置(突发公共事件)中，应对的办法应当是以"公"对"公"，以"法律之公正"对"事件之公开"，依法处置，秉公执法，才能有效解决问题。笔者认为，此处的公，既包括法律公正，也应包括公开透明。应该说，相对于以往权力的封闭运行，一些地方已经有所懂得逐渐公开处理公共事件，但遗憾的是，不少部门仍然没有做到最大程度的公开透明，比如回应舆论质疑时，含混不情；披露细节时，过于疏漏，甚至难以自圆其说，被敏感而机智的网友一再抓住漏洞，一击即中。当然，还有一种情况，相关部门之所以大而化之，不敢披露详情，乃是心中有鬼。在一个公民意识蓬勃生长的时代里，在一个网友才智喷薄而出的网络时代里，任何的风吹草动，任何的细节硬伤，都难以躲避网友的火眼金睛，那种意图用只言片语就想蒙混过关的思维行不通了。要经得起检验和考验，要取信于民，最明智的途径就是和盘托出事情的全部真相。不如此，类似躲猫猫、俯卧撑之类的流行语便不会消止，因为人心自有一杆秤。

不管是"躲猫猫"还是"俯卧撑"，公众需要的是事实，他们不需要小题大做，但执法者不能"小事"化了——一条人命还能算小事吗？！如果执法者失去了诚信，公众还可以信什么呢？如果执法者在遮掩什么，那是不是也算在犯法？而且不应该把尊重生命丢在一边，不应该把公众看得太简单，那么容易忽悠！如果事实确是李某纯粹的躲猫猫把命给躲没了，那这事情……基本上可以上个吉尼斯世界纪录什么之类的了——但愿事情就是那么简单——那样的话，李某的家人也不会有太多的想法，"躲猫猫"这个词语也就不会有那么流行了！

临时性强奸

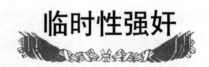

编辑者：

夕雾　小猪piglets　会游泳的鱼　x0yun

摘要:

　　临时性强奸，是2009年11月初出现的一个新词，该词缘于浙江省南浔发生的一起强奸案。该词意为：临时性强奸属于临时性的即意犯罪，犯罪前并无商谋，且罪犯犯罪后主动自首，并取得被害人谅解。临时性强奸一出即被传得沸沸扬扬，成为人们讨论的热点话题。

临时性强奸 – 概述

　　浙江南浔两协警在宾馆趁一女子醉酒不省人事之时对其实施强奸，南浔法院根据犯罪事实，考虑到两人属临时性即意犯罪，事前并无商谋，且事后主动自首，并取得了被害人的谅解，给予酌情从轻处罚，判决两被告有期徒刑三年。

　　一时"临时性的即意犯罪"这一说法在网上引起热议，网民纷纷猜测这一既无法律来源又无条款依据的新名词，是为了给两名协警脱罪而特意编织的说法。

临时性强奸 – 事件经过

　　2009年6月10日晚，两名协警邱某与蔡某带领刚参加完高考的陈某与沈某一同出去吃饭。席间，四人都喝了很多酒，陈某不胜酒力，待晚饭结束后已醉得不省人事了。为了给她醒酒，蔡某驾驶自己的现代轿车带大家到练市一宾馆内开房间。到房间后，两人趁陈某醉酒没有意识、无力反抗之机，先后强行与她发生性关系。待陈某酒醒有意识后，发现自己躺在宾馆房间内的床上，下身赤裸。

　　南浔法院根据犯罪事实，考虑到两人属临时性的即意犯罪，且事后主动自首，并取得被害人谅解，给予酌情从轻处罚，判决两被告各入狱三年。两被告身为执法人员却知法犯法，最终自食其果。

临时性强奸 – 网民质疑

　　南浔法院根据犯罪事实，给两个强奸犯定的属"临时性的即意犯罪"，这是个啥概念？搜遍了网络，也没找到"临时性的即意犯罪"的来源和条款依据。"临时"即是

新社会

非正式的和短时间的行为，难道强奸犯罪还有"非正式"和时间的长短之分？这个"临时性的即意犯罪"应是个新名词，可以说为中国的司法界又填补了一项创造性的空白，可喜可贺。

搞不明白，犯罪还有临时、固定、长期之分？在被害人不清醒的情况下，两人轮番实施强奸，为什么不是轮奸？难道就是因为得到了被害人的谅解？这个谅解是怎么得到的？相信"金钱封嘴"是肯定的。如果这个判决能成为一个新的榜样，那以后再出现这样的"临时性的即意犯罪"，是否也要得到"从轻处罚"呢？要是再这样，可以在全国推而广之，以便广大犯罪分子都去进行"临时性的即意犯罪"。

将女灌醉，然后带她去开房，强奸了她，明显就是有预谋的犯罪，什么是"临时性"？就是临时发生性关系。临时性的犯罪就可以"从轻判决"？那哪个罪犯不是"临时性"的？是否都可以轻判？其犯罪算是"临时性的即意犯罪"，那判了3年，笔者想也应该是"临时性的即意判决"。

协警，就是协助警察执法，可以叫作"临时性"协助执法，但犯了罪咋还能变成"临时性"犯法呢。

"事前并无商谋，且事后主动自首。"真是一个好榜样的强奸犯，不愧是协警出身，被害人不报案不追究，自己就去主动投案自首，这样的强奸犯真的天上难找、地下难寻。对他们根本都不用判刑，理应树为投案自首的楷模进行宣传，还要发点奖金为好，以资鼓励。要是判刑，也应该是判三缓二，这样才显出我们的人性化判决。

临时性强奸 – 评论

绝对相信这"临时性的即意犯罪"很快就能与"躲猫猫"、"俯卧撑"、"70码"等等，成为网络流行词语。

看看女人都能判罪，这两个人同时强奸一个女人的案件，却判了一个"临时性的即意犯罪"，实在是高。按此"临时性"，以后也可以出现"临时性打死人"、"临时性踢死人"、"临时性被自杀"、"临时性行贿受贿"、"临时性醉驾"、"临时性抢劫"、"临时性盗窃"，一切犯罪行为都用"临时性"为借口来减轻刑罚，可以想象，我们一个"临时性"的时代就要到来了。

临时性强奸 - 法院解释

南浔法院有关人士做出解释，"临时性的即意犯罪"的说法，来自辩护人提出意见时的原文表述，而不是法官创造出来的新名词，"它不是法律专用词语，是辩护人自己归纳出来的。"

判决书上的那段表述，在他看来，法院采纳的是关于被告人具有自首、"临时性的即意犯罪"、被害人谅解等法定和酌情从轻处罚情节的辩护意见，而不是说把"临时性的即意犯罪"作为一个严格的法律概念来运用。

按他的理解，辩护人想要表达的本意是，被告人是无预谋的、临时起意的犯罪。

至于网友质疑的量刑问题，也是上级法院调卷审查的一个原因，"具体还得看审查结果。"

临时性强奸 - 临时性观点

1.事情的真相只有被害人最清楚。所以是不是有预谋的，准确点儿说是难以确定。醒酒有很多方法，为什么非要开房？这个是不是临时性决定？

2.取得被害人谅解？一个花季学生妹，就这样被轮奸了，难道就那么容易谅解施暴者吗？她能谅解，她的父母也能谅解？她的亲人也能谅解？是真的得到了谅解，还是因为"沟通"的好、沟通的方法"得当"而导致"被谅解"呢？就算是真的得到了谅解，也是临时性谅解吧？

3.事前并无商谋。就算事前没有商谋，那么在即将执行强奸那一刻，两个人是不是意识到自己的行为是犯罪呢？难道两个人不约而同的默默进行强奸，就不谈话，比如互相说说：我们不能这样哦，这样是犯罪啊！如果他们虽然进行了谈话（此时仍是事前），但是还是进行了强奸，那算什么？是不是应该算故意犯罪？可能是酒能壮胆吧，他们明明知道是犯罪，但是仍然坚持临时性强奸。

4.法院的这一判决，是不是一个临时性判决呢？不管这个女生以及她的家人是不是真的谅解了施暴者，这种事情、这种性质，如果是这个判决结果，那这个法官会不会成为临时性法官呢？

杞人忧钴

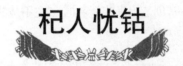

编辑者：

大笨虎 连生 科技顽童 wuyanpeng N颗钻石 一心两翼

摘要：

　　杞人忧钴一词源于 2009 年 7 月 17 日，河南开封杞县流传钴 60 将爆炸的谣言。由于担心和恐慌，许多群众逃离家乡，政府工作人员前往附近县市"避难"。当地警方已抓获事件造谣者 5 名，其中 1 人被刑事拘留，4 人被治安处罚。

杞人忧钴－起因

　　2009 年 7 月 10 日开始，一则题为《开封杞县钴 60 泄漏》的帖子在各大网络论坛流传，称当地一家辐照厂的"放射源使用后无法放进深层地下冷却水，裸露在空气中，造成钴 60 泄漏直接辐射"，瞬时成为网民关注的焦点。

　　网帖称，事故发生在 6 月 12 日前后。帖主介绍说，利民辐照厂是利用原子能高新科技来辐射储存大蒜的企业，事发当日，"因为操作失误，货物倒塌砸坏了放射源存放时所用的管道，使放射源使用后无法放进深层地下冷却水，裸露在空气中，造成钴 60 泄漏直接辐射"，"有关目击者称，辐射直接导致周围货物失火！"

　　帖子还介绍称，钴 60 是一种穿透力极强的核辐射元素，并表示"到目前为止杞县人民政府仍未向周边居民说明任何关于此次钴 60 泄漏事件的情况"，以此对当地政府部门提出质疑。

杞人忧钴 - 影响

2009年7月17日，许多群众逃离家乡，前往附近县市"避难"，汽车、拖拉机、三轮车等各种车辆堵满了该县通往周边县市的道路。当地政府紧急应对，采取各种方式辟谣。截至18日凌晨3时，杞县外出的绝大部分群众已经返回家中，杞县社会秩序稳定。7月18日，开封警方宣布"抓获杞县钴60事件5名造谣者"，其中一名曾经传播虚假消息的网友被拘留。

造成"杞人忧钴"的事件是因为发生"卡源"事故，而当地政府没有及时公开信息。开封市环保局的解释是：一方面是因为情况不严重，没有辐射和污染；一方面是"为了避免引起恐慌"。以"避免恐慌"为不公开的借口，未免太低估了公众的智商。常识告诉人们，恐慌往往来源于未知。举凡人类一度所恐惧的甲流、艾滋病等，其根源也正在于人类对这些病症还有太多的未知。

杞人忧钴 - 澄清

2009年7月16日，环保部发布通告，确认当地环境未发现辐射污染现象。下午5时许，开封市环保局联合杞县人民政府率先发布辟谣消息，表示"杞县钴60辐射源处在控制状态，没有危险，请大家不要相信谣言，要保持安定。"16日晚8时后，开封电视台开始播放"故障现场探视活动"，杞县县长李明哲在节目中再次澄清，"谣言不属实，钴60未泄漏"。当晚9时，开封市政府再次就"卡源"故障召开新闻发布会，环保部专家陈凌在会上重申放射源处于安全状态。

杞人忧钴 - 事故分析

事故发生在2009年6月7日，因货物落在存放放射盒的铅井口上，导致装有放射源钴60的放射盒无法正常回到铅井内，结果使放射源一直处于工作状态之中。对于辐射导致货物失火的说法，是因为辐射温度过高导致货物发焦，但即使是1300℃的环境，放射源也是安全的。

2009年7月12日，开封市政府就杞县利民辐照厂卡源故障举行新闻发布会。据

开封市环保局局长李凤刚在发布会上介绍，2009年6月7日2时，该厂在完成辐照辣椒粉作业后进行降源时，发现放射源无法降入放射源井内，造成卡源故障。企业负责人已立即将卡源情况上报给省环保局、市环保局及环保部北方核与辐射安全监督站。李凤刚通报称，根据原国家环保总局有关辐射事故分级的规定，该卡源情况不属于辐射事故。

杞人忧钴－侦破处理

开封市市长周以忠要求公安部门对造谣者立案侦查，迅速查清谣言源头及传播途径，对犯罪嫌疑人要绳之以法，并在媒体上曝光。18日赶到现场的河南省副省长秦玉海也提出类似要求。当日，开封警方宣布成功"抓获杞县钴60事件5名造谣者"。其中，开封县居民张某7月14日从腾讯论坛转到天涯论坛的一个帖子，内容为"……现在科学家已经没有办法了，许多外国的科学家都过来了，可还只是坐以待毙！都没有招了……"在张某承认后，"开封县公安局以涉嫌编造、故意传播虚假恐怖信息罪将张某刑事拘留"。"另外4名传播虚假信息者分别被公安机关根据《治安管理处罚法》给予治安处罚。"

5人中被惩罚最严厉的张某，能够查询到的"造谣"行为就是转载了一个虚假的帖子。记者查询发现，最晚在7月10日该帖就已经出现在天涯论坛，并在不同论坛被多位网友转载。帖子的内容与17日引发恐慌的"钴60将爆炸"的谣言看不出明显的关系。这个帖子在网上流传至少4天后张某进行了转载，然后张某成为了惟一被拘留的网民。

杞人忧钴－排除故障

2009年7月17日环保部专家组来到现场利用机器人探查情况。次日，开封市环保局副局长李春生表示争取8月底前解决故障。李春生说，发生卡源故障后，辐照室内的剂量较大，人不能直接进入辐照室内进行相关操作，这就给处理卡源故障带来了很多技术难题。由于这项工作专业性强、技术难度高，处置卡源方案的制定、论证以及加工针对该厂卡源故障的机器人，都需要一定的时间。为此，预计8月底前可在加

快机器人改造进度的前提下完成处置工作。李春生说，这次卡源故障就是在放射源正常工作后未能降到正常的贮存状态，可看作是正常工作状态的延续。

钓鱼执法

编辑者：

宁静的心　小彦　大笨虎　王小泡　N 颗钻石

摘要：

　　钓鱼执法，就是指侦查机关以实施对嫌疑人而言有利可图的行为为诱饵，暗示或诱使其实施犯罪，待犯罪行为实施后将其抓捕的执法方式。侦查机关采取"钓鱼式"、"引诱性"手段，此时实质上已成为一种选择性执法，这既是一种执法权力，也是一种执法自由。不可忽视，选择性执法，尽管有较大的自由裁量权，但缺乏足够的监督机制来约束，容易产生公权力滥用的弊端。2009 年 10 月 22 日媒体报道，随着多起被"钓鱼"的当事人公开喊冤，当地市民普遍怀疑上海市各区的城市交通执法大队正在通过"钓鱼执法"的方式查处黑车，致使部分好心载客的司机成为受害者。而政府在初步调查后，否认存在"钓鱼执法"行为。但这一说法并未消除公众的广泛质疑，各方对最终结论拭目以待。

钓鱼执法－概述

　　钓鱼执法，英美叫执法圈套 (entrapment)，这是英美法系的专门概念，它和正当防卫等一样，都是当事人无罪免责的理由。从法理上分析，当事人原本没有违法意图，在执法人员的引诱之下，才从事了违法活动，国家当然不应该惩罚这种行为。这种行为如果运用不当将致人犯罪，诱发严重社会问题。钓鱼执法是政德摧毁道德的必然表

现。

行政领域的钓鱼执法，最早来自刑事侦查中的诱惑侦查。所谓诱惑侦查，就是指侦查机关以实施对嫌疑人而言有利可图的行为为诱饵，暗示或诱使其实施犯罪，待犯罪行为实施后将其抓捕。

钓鱼执法－常见方式

第一种方式我们可以称作"显露式"。就是当事人本身有违法或犯罪的企图，且已经实施，但是尚未显露出来。

第二种方式我们可以称作"勾引式"。就是当事人本身没有任何的违法或犯罪意图，而执法部门采取行动勾引当事人产生违法、犯罪意图。

第三种方式我们可称为"陷害式"。

诱惑侦查也叫警察圈套，是刑事诉讼中的一种特殊手段。诱惑侦查如果运用不当将致人犯罪，诱发严重社会问题，但"诱捕"有着严格的控制要求，第一，诱捕对象是犯罪嫌疑人；第二，已经掌握其部分证据；第三，诱捕时的事实不作为犯罪证据。也就是说，所设之套本身，不能成为违法犯罪的证据。据悉英美法系中专门有执法圈套（entrapment）概念，它和正当防卫等一样，都是当事人无罪免责的理由。大陆法系国家对此也有严格限制，日本法律禁止执法者为了取证，诱惑当事人产生违法意图，因为这是国家公权侵犯了当事人的人格自律权。

钓鱼执法－产生原因

1.在执法经济的利益诱惑之下（比如查处毒品按数额奖励、查处黑车和卖淫嫖娼、赌博等按罚没款提成等等），我们的"钓鱼执法"大有在行政执法和刑事侦查领域泛滥成灾之势。眼前发生的问题，不算最严重的。仅就查处黑车而言，2008年3月上海奉贤区一位"黑车"司机被所谓"女协查员"带入"执法伏击区"之后，当着执法人员的面在车内用刀捅死"女协查员"，以前上海还发生过黑车司机为泄愤绑架所谓"倒钩"的事件。早些年，媒体还披露过在甘肃省，在短短一年时间里，三个不同公安机关的部分干警与同一个毒贩合作，分别制造了三起"贩毒案"，导致两人一审被判死

刑、一人一审被判死缓的令人即使在大白天也毛骨悚然的极端恶性案件。

2.个别执法部门和执法人员怀着极其肮脏的利益目的，用尽手段引诱守法公民"违法"，并把所设之套作为守法公民违法犯罪的证据，不仅破坏了法律的严肃与公正，破坏了社会对法治的信仰，而且严重败坏社会风气，撕裂了社会成员间基本的和谐与互信，使社会公德每况愈下，人们的善良、同情、友爱之心被迫穿上了重重自我保护的盔甲，使那些社会上的弱者再也得不到人们的同情和帮助。同时，还有可能随时随地陷公民于危险和不安、甚至生命安全都得不到保障的境地！

3.在执法经济的利益驱动下，"钓鱼执法"呈不断向社会扩充"执法力量"之势，提成机制让有关部门公然在社会上"招聘"大量"钩子"，也就是所谓的"协查员"乃至"有正义感的社会人士"。他们败坏了"正义"和"正义感"的名声，使社会诞生出大量不从事生产性、创造性劳动的寄生虫，也使法律、公权力的公信陷于崩溃的危险边缘。

4.个案维权有可能局部讨回被放逐的公正，但撼动不了"钓鱼执法"被权力滥用的根。要对"钓鱼执法"斩草除根，必须先从源头上宣判"执法经济"的死刑，并且严格限制公权力机关以各种方式在社会上"聘用"各种社会人员。一方面，法律规定国家公务员非考勿进、非有编制勿进；另一方面，任何执法机关都是由纳税人供养，没有任何理由像公司一样"按业绩提成"。

钓鱼执法－诱惑侦查

各国都不约而同地对诱惑侦查进行在法律上做了严格的限制。被限定只用于诸如毒品犯罪、网络赌博犯罪等取证困难、危害严重的特定犯罪。在我国刑事诉讼法中，相关法律明确规定对犯罪嫌疑人讯问时，不得采取诱导、欺骗、威胁的方式。诱惑侦查带"诱导取证"痕迹，在中国并无适用法律依据。而在行政执法方式上，世界上并无任何国家允许诱惑执法。行政执法不能追求以金钱量化，否则公权力捞钱太容易了。

中国正在制定的行政强制法初稿已经过三审，对此类做法也有严格限定。钓鱼式执法可能扼杀互相友爱精神，还损害了执法机关公信力，为打击黑车创造这种执法方式，付出成本太大，得不偿失。"钓鱼执法"本质上就是"公权碰瓷"。"碰瓷"是指故

意制造事端，借以敲诈勒索。对于现实中发生的"碰瓷"勒索钱财的行为，多以敲诈勒索罪追究"碰瓷"者的刑事责任。应松年教授认为，此类有预谋、有组织的强制性取财值得警惕，已超出了行政违法范围，涉嫌犯罪。

钓鱼执法－专家质疑

"钓鱼"执法的行为本身也被法学家们质疑，北京大学法学院行政法专家姜明安教授认为：行政执法要符合国务院2004年颁布的依法行政原则，合法、合理、程序适当、诚实守信、权责统一，不能采取预谋设圈套方式执法。人民大学法学教授杨建顺认为，行政法强调取证的正当性，要求客观、全面调查，调查取证的手段要注意合法。依据国家税制要求，打黑车有其合理性，但打黑车采取"以恶治恶"方法不可取，"打击时要将打击黑车和'好意搭乘'严格区别开"。

中国法学会行政法学研究会会长应松年教授质疑，对"非法运营"法律上无明确界定。而在西方国家，为节省能源，政府还推广拼车行为。如果帮助路人也算"非法运营"，以后有病求救谁还敢停车。应松年教授认为"钩子拔钥匙"行为是一种强制行为，强制行为须有法律授权。他似乎在配合执法，但若无法律授权，那与抢劫有何区别？协管人员和钩子似乎都参与了执法，需要明确执法主体。中国政法大学副校长马怀德教授认为群众可以取证、录音、举报，但拔车钥匙等采取行政强制措施行为一定要有合法的行政授权，不能随意委托别人去做，更不能以市场方式，协助抓一个车给多少钱。

钓鱼执法－程序违法

尽管执法者找出了诸多的理由以示执法的正当性，但却掩盖不了实质上和程序上的违法性，以及背后的利益驱动。沪上私家车车主张先生因为恻隐之心竟然引来"非法营运"的横祸。张先生在上班途中，因路人"胃疼"，动了恻隐之心搭其上路，结果，"搭客"拔了他的钥匙，车外七八个身着制服的人将张拖出车外，还被双手反扣，卡住脖子，搜去驾驶证和行驶证。对方告诉张，他们是城市交通执法大队的，要他交钱才能拿回车，在各种压力下，最后张交了1万元才取回车。

执法部门"钓鱼"让普通公民成为"违法者"而进行处罚的案件层出不穷，上海甚至发生过司机杀死"钩子"的事。尽管执法者找出了诸多的理由以示执法的正当性，但却掩盖不了实质上和程序上的违法性，以及背后的利益驱动。回顾类似行为造成的结果，发现在"鱼钩"上晃荡着的，除了当事人，还有更大的"鱼"———那就是法律、道德和人们的善良之心。

钓鱼执法－执法动机

行政执法中的"钓鱼执法"，应当是源于刑事侦查中的"设套抓捕"，即在掌握一定证据的同时，为了抓获已知犯罪嫌疑人，而通过"诱惑"方式，以利引之，使其落网。"诱捕"有着严格的控制要求，具体说来，有以下几个条件：第一，诱捕对象是犯罪嫌疑人；第二，已经掌握其部分证据；第三，诱捕时的事实不作为犯罪证据。但刑侦中的设套，是为了抓住已有犯罪嫌疑之行为人，而所设之套本身，也不能成为证据。但是，行政执法中的"钓鱼"，却是引诱守法公民"违法"，并把所设之套作为定性的证据。这种取证的方式本身显然就是违法的。

从动机上来看，行政执法机构的违法执法有两种情况，一是为了遏制部分违法行为的泛滥趋势而采取的过激方式；一种是为了某种利益而进行的理性选择。第一种在一定程度上可以理解，但很遗憾，各地所暴露出的违法执法行为，基本上属于第二种类型——执法者清楚地知道自己在做的与自己的利益有关，并可能为此进行相应的理性策划。

钓鱼执法－法治秩序

法治秩序的建立，不是一朝一夕的事，在建立法治秩序的过程中，执法者的行为备受公众关注，也最有可能影响公众的法治观念。执法者严格、公正的执法行为，所树立起的不仅是执法者的权威和形象，更是法律的权威和形象。当一个执法部门为了私利而"执法"时，特别是引诱守法者"违法"时，社会对法律就会产生强烈的质疑。而执法者所影响的也不仅仅是这一部门的形象，更影响了法律的形象，动摇了人们心中的法治观念和信心。行政执法中的"钓鱼"行为，不但会让公众在守法与违法的困

惑之中，模糊守法与违法之间的界限，更是对社会道德釜底抽薪般的打击。当"钓鱼"成为常态，社会的信任危机也自然会加重，互助友爱的美德将在"钓鱼"中失去生存的土壤。执法者的"钓鱼"，守法者固然是那条鱼，法律、道德也同样是那条鱼。

比基尼考

编辑者：

大笨虎　卡通勇士　江湖百晓生　N颗钻石　一心两翼　小彦

摘要：

比基尼考，就是比裸考多一点点。只经过简单的复习就参加考试。或者来不及准备只好硬着头皮临阵磨枪。中国公务员考试越来越像比基尼考试，大部分考生因为没有时间复习，而临阵磨枪参加考试。2010年国家公务员考试中，越来越多考生选择临阵磨枪，练练手、工作忙没时间看书。公布了真题与参考答案，估分后"悲鸣"的考生不少，其中有不少是所谓的"比基尼考生"。

比基尼考－简介

2010年国家公务员考试公共科目笔试部分于2009年11月29日举行，为夺"金饭碗"，全国"百万雄师"进行了一场笔尖的较量，江苏也有6万考生加入战局。11月30日一些门户网站公布了真题与参考答案，估分后"悲鸣"的考生不少，其中有不少是所谓的"比基尼考生"。在笔试结束后回顾国家公务员考试，发现近年来准备一两个月就参加考试的"比基尼"考生越来越多。2009年加大的笔试难度也刺激了这些考生的神经，准备的效用有多少，考生和公考辅导专家都持不同意见。

比基尼考 – 现状

相对于"裸考"（即未做任何复习准备就参加考试），"比基尼考"这个词要略微陌生些，不过百度百科已经收录了这个词条——"比基尼考"，就是比"裸考"多准备了一点点，经过简单复习就上场拼了；或者考试来不及准备只好硬着头皮临阵磨枪就参加考试。近两年公务员考试中，"比基尼考生"越来越多，国家公务员考试似乎正迎来"比基尼考时代"。

和应届生不一样，很多在职考生是"裸着裸着就成了比基尼"。在南京白下区一家网站工作的林小姐表示，她工作两年，几乎每年国家公务员、江苏省公务员考试都会参加，工作忙，看书的时间根本不多，但参加完几次考试也就都知道一点点了。

比基尼考 – 考生想法

与往年的公务员考试相比，2009年的国家公务员考试难度增加了不少，一些题目还考"呆"了考生，特别是常识部分题目更是"五花八门"："四书五经"中的四书指的是哪四书？从科威特到大连最短的航行路线是什么？阅兵式哪种战机是国产的？苏格拉底和柏拉图谁是谁的老师？"百科全书"般的考题让考生也有点无所适从。一些门户网站的公考频道也挂出一些公务员辅导机构提供的真题与答案，估分后有自我感觉良好的，也有一些考生感慨"眼泪哗哗的"，后一类考生中不少就是"比基尼考生"。不过相比较认真准备而感觉失利的考生，"比基尼考生"的伤心要弱了一分。于是对国家公务员考试中准备究竟有多少效用，考生也是分了两派。一些考生认为加大的难度"宣布"了"裸考也能考上"越来越不靠谱，而另一些考生则认为很多考题复习也复习不到，准不准备一个样，还不如"裸考"轻松上阵来得干脆。

比基尼考 – 提醒

考生需要明确，从2009年的考题来看依旧是考得比较"正"，即使常识部分难以复习，所占的比重也不算大。如果考生对几类题型的解题规律了解得比较透彻，并且训练有素，做题速度肯定能加快，准确率也能提高，依旧有优势。

按照以往国家公务员的考试日程，面试将在 2010 年的 1 月中下旬至 3 月份进行。从笔试结果的公布到面试的时间一般在一个半月左右，如果考生等收到面试通知后再做准备，势必造成被动。因此考生在笔试之后不能有半点的松懈，尤其是那些笔试感觉比较好的考生。

笔试结束后，考生要有意识地进行一些必要的训练和基本知识的积累。其中，最重要的是关注时事政治和社会热点问题。

比基尼考 - 相关介绍

"裸考"是指不进行任何复习就参加考试，使用场合常为大学期间的考试如四六级等。即指在不进行复习，或者虽然看书了，但没有复习进去，而仅凭平时所掌握的内容或干脆临场发挥状态下参加的考试。裸考是不作弊的。

"裸考"也有另一意思，就是指什么加分都没有，仅凭考试成绩报考高一级的学校。

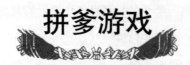

拼爹游戏

编辑者：

池中玉　　小彦　　王小泡　　柒哥训练营

摘要：

拼爹游戏就是指贫二代的一种心态，他们认为现在这个社会就是比拼老爹，学得好不如有个好爸爸。在贫富差距越来越明显的社会，子女的贫富意识也越来越明显，这就造成了子女比拼各自的父母，例如：经济能力、社会地位等等，这些人认为自己学得好，有能力，不如有个"成功"的老爸。这个词和富二代、穷二代这两个词紧密相连。

拼爹游戏 – 概述

"拼爹游戏"，它不是一种游戏，而是指当今青年在上学、找工作、买房子等方面比拼的不是自己的能力，拼的是各自父母。这个社会到处都是游戏，拼爹游戏只是其中一个社会游戏规则，也是一个人的资源。不用去抱怨自己的家庭背景不够好，假如你觉得你现在去参加这个游戏还不够格，那就试着以后让自己的儿子能去参加这个游戏。贫二代没有后台基础，那么在自己的过程就要去建立社会人脉，积累这个财富，如果不去积累，那么你家世世代代都只能看着别人做游戏，而你在旁边做一个贫穷的过客。当前都说："70后的有存款，80后的有贷款，90后的有老爸。"相信这就是这个社会游戏的一个注解。

拼爹游戏 – 本质

由"贫二代"大学毕业生找工作的辛酸经历所引发的"拼爹游戏"，是近来的社会热点问题，然而这个游戏早已不仅仅是找工作的大学生在玩了，而实际上是整个社会都在参与。"拼爹游戏"也早已跟另一家喻户晓的新名词——"潜规则"紧密挂钩，因为，此"爹"非彼"爹"，是指中国人一直隐晦如深的"关系"，而"拼爹游戏"实质就是一门博大精深的关系学。

按照一般人的理论，除非你是含着金匙银匙出生的世家子女，否则关系的积累只能从身边人开始，一点点地扩大你的关系网。并且，很多时候，即使你有钱，也不一定买的来"关系"。然而，随着没有时空界限的互联网的出现，现实世界的游戏规则正在发生改变，就如那句经典的广告语一样：一切皆有可能。

拼爹游戏成网络热词也算是有着它独特的时代背景，先让我们来看看"拼爹游戏"的社会学背景吧。拼爹游戏的本质，其实应该是表明了这个人有着深厚的"关系"，或者叫人脉资源，处在了雄厚的社会资源体系中。在国外的社会学研究中，有个专有名词是用拼音"guanxi"来表述的，是因为在其他语言中，根本找不到能与之相匹配和媲美的词汇。关系这个最具中国特色的一个简单词汇，包含着无穷尽的社会含义，有点儿只可意会不可言传的感觉。

拼爹游戏－国外解释

美国社会学家莫顿借用《圣经》里的故事，提出了"马太效应"值得让人警惕的现象，他将之归纳为：任何个体、群体或地区，一旦在某一个方面（如金钱、名誉、地位等）获得成功和进步，就会产生一种积累优势，就会有更多的机会取得更大的成功和进步。而享受着这种效应的人，犹如在进行着一场社会资源的饕餮盛宴，而在这个盛宴之外的人，连残羹冷炙都争取不到。

拼爹游戏－社会影响

在日常生活中，"关系"又与所有人都发生紧密的联系，是每个人无法脱离于其中的一个社会网络。其实，这些"关系"本身并不可怕，可怕的却是关系的世袭，它将带来无法估计的社会破坏力。在这个的差异下，穷似乎是一种宿命，不是仅仅有自强不息和奋斗就能够达到的，贫二代很容易受制于先赋资源匮乏，及后天竞争力不足，延续着代际贫穷的恶性循环。于是，每次这种"关系"发挥了重要功效后，都让这个拼关系过程中失利的一方，心生严重的失衡。

拼爹游戏使得人们进入拼爹时代。遏制马太效应，不让贫者愈贫，富者愈富，赢家通吃现象肆意横行，提供一个最大限度是由个人能力竞争，而不是靠社会关系资源比拼的平台。让穷人能够通过自身奋斗改变命运，这其实反映的是一个社会流动现象。社会流动分为向上和向下流动，一个充满生机的社会，必然要有合理的双向的社会流动，穷人可以凭自身实力，不用太费力可实现向上流动，而纨绔子弟也会因为个人能力不足自然地向下流动。至少，奋斗改变命运，应该成为一种社会公理，只有如此，这样的社会资源世袭盛宴才会越来越少，社会的公平和正义才能得以实现。

拼爹游戏－社会反映

有网友说，不过只是社会游戏规则，不用去抱怨自己的家庭背景不够好，假如你觉得你现在去参加这个游戏还不够格，那就试着以后让自己的儿子能去参加这个游戏。

网友"李沐阳"认为，社会畸形的"拼爹游戏"最直接的影响是，决定了"贫二代"应聘者的工作境遇。

"拼爹实际上就是赤裸裸的就业歧视，就是赤裸裸的利益交换。"网友"燕归来"认为，应该好好杀一杀这种攀比风气。

武汉大学社会学系教授认为，"拼爹游戏"网络名词背后是一个强大复杂的关系社会，"再完美的社会都有不公平，再不公平的社会也有穷人出头。既然不具备'拼爹游戏'胜出的筹码，不如努力成为'拼二代'。'拼二代'群体越来越多，'拼爹游戏'自然会逐渐退出"。

网友们对"拼爹游戏"的态度，并没有像对"富二代"等词一样愤怒，相反不少网友对其均处之泰然，认为其是当前社会发展的必然产物，并认为"贫二代"要通过自身不断的努力和奋斗去摆脱"贫二代"的称谓，"人从出生开始就不是公平的，贫二代只有学会吃苦、奋斗，而这过程中不公平的事情会更多，其中坎坷也随时打击自己的信心，但是没办法的，改变不了就只有接受。我们只有变得更坚强。"

GPS 虚拟监狱

编辑者：

果果　下自成奚　卡通勇士　N 颗钻石

摘要：

　　GPS 虚拟监狱，仰赖全球定位系统 GPS 这一技术，在西班牙、比利时和美国一些地方，尝试用一只 GPS 定位腕表来代替传统的监狱。这种方式除了能节省高昂的监狱开支外，还能使一些迷途的羔羊获得接触社会的机会。

GPS 虚拟监狱 – 工作原理

　　这种GPS监狱的原理是通过囚犯佩戴的手铐或者脚铐来卫星定位他的位置，如此

可避免囚犯在假释期间去骚扰曾经的受害者。囚犯身上佩带的手铐能发射一种特殊频率的电磁波，而受害者本人也会佩戴一个电磁感应装置。电磁手铐可以计算出两个装置之间的距离，一旦距离超过预设的警戒距离则电磁感应器会立即向警方报警。

GPS 虚拟监狱 – 技术改进

2008 年 11 月，西班牙马德里就发生了一起"GPS越狱"事件，一名家庭暴力罪犯在假释出狱后擅自摘掉了"GPS脚铐"，与此同时，监狱监控部门正遇上技术故障，没能及时发现囚犯的"GPS越狱"警报。不幸的是，这名犯人实施"GPS越狱"不为别的，就是去找过去的受害者想要实施报复，结果这名罪犯在其家中杀死了前妻的一名女伴，前妻则躲过一劫。

事发之后，西班牙国内舆论开始对这种"GPS监狱"系统表示怀疑，质疑声不绝于耳。西班牙的马德里孔普陆东大学和塞维利亚大学分别提供了两套改进方案，前者认为警戒半径应该不小于 3 公里，并提高电磁手铐的准确性；后者则设计了一套智能定位报警设备，充分利用公共场所和私人监控报警系统的作用，提高"GPS监狱"的工作效率。

GPS 虚拟监狱 – 关押方式

GPS监狱的关押方式就是给犯人戴上一种定位手铐。带上这种手铐的犯人，即被看作关进了"监狱"。按照当地执法机关的规定，囚犯可以像普通人那样工作，在工作时间内及上班路上的2小时里，囚犯的活动相对自由一些，但除此之外，他们必须"蹲"在家里闭门思过，没有娱乐活动时间。

囚犯的活动时间、路线其实都是虚拟监狱的监控系统事先预知的，他们必须知道，自己时刻处于执法机关的严密监控之下，不可越雷池半步。

拆迁富

编辑者：

小猪 piglets

摘要：

拆迁富是指因拆迁而突然暴富。在许多特殊情况下，比如城中村、开发区、靠近大型企业或者工厂的地方，当人们的房屋或者土地被征收之后，会获得一笔可观的收入，这种现象被称为"拆迁富"。

拆迁富 – 简介

电影《贫民窟里的百万富翁》中，主人公通过参加有奖电视节目闯关致富。而近年来，在一些旧房拆迁改造中，一些居民通过拆迁补偿也实现了一夜暴富的梦想。有人戏称这些"拆迁户"为"拆迁富"。

拆迁富 – 评论

根据宪法规定，中国的土地实行国有制，农村土地属于村集体所有，实际上最终还是归国家所有。农民手里的土地只是拥有承包使用权，而不是所有权。因此，农村土地的征地补偿，相当部分应该归村集体支配，并用于村集体和全体村民的公共事业和社会保障支出，而不能简单地分给农民，使村集体丧失持续发展的能力。而城市郊区农村土地的价值，即级差地租的形成，相当部分来自于全国范围内的农民和农民工的劳动积累。

因此，城市郊区的土地收入，应该主要由归中央和地方政府并主要用于全国农村

的开发和补助。否则，将土地收入主要给了占全国总人口极少数的城市郊区拆迁户，则是对其他地区的人民的严重剥削，实质上是开发商、地方政府和拆迁户联合起来剥削其他群众包括广大高价买房的"房奴"，这是巨大的不公平，是违背社会主义分配原则的。

说这些，不是要损害广大拆迁户的利益，因为他们也是绝对的弱势群体。必须要妥善保护好他们的切实利益，安置好他们的就业和生活。同时，又要防止事情走向另外一个极端，就是按照土地私有化的原则，把城市郊区土地的征地补偿主要给了少数的拆迁户。毕竟，中国是社会主义国家，城市土地的价值主要来自全国人民的艰苦劳动，而不仅是占人口极少数的城市郊区拆迁户创造的。

啃老房

编辑者：

xoyun

摘要：

啃老房就是依靠父母买房子，甚至花光了父母毕生的积蓄。因此也产生了一系列的社会问题，引起很大争议。不啃老就买不起房，对很多年轻人来说这也是摆在眼前的事实。年薪在5万元左右的人，现在买房将面临巨大压力。现在办理按揭的购房者中，有相当一部分是工作不到3年的年轻人，他们有的在首付时已经是东挪西借了，又向银行贷款三四十万元，如果薪水不太充裕，稍有风吹草动，他们能否还上贷款就很难说了。

啃老房－现状

以前是父母帮子女买房子，现在是父母帮着付首付，以后，估计父母只能帮着还利息了。房价上涨之快，让父母们一辈子的积蓄迅速地显得杯水车薪。但即便如此，还是有数不清的父母愿意帮子女分担这沉重的担子，哪怕是倾其所有。

年轻人往往没有什么积蓄，月收入也不高，但他们总希望自己有一套房子，而且是大房子。这样的心态造成的结果无非两种，一是充当啃老族，花父母的养老积蓄；二是沦为房奴，以后的日子疲于奔命。现在有不少到销售现场看房子的都是二十多岁的年轻人，这些年轻人收入不高却盲目买房，这不是好事。

啃老房－原因

中国消费者协会7月3日发布的12城市商品住房消费者满意度调查报告显示，房价水平远高于消费者期望。这12个城市是北京、天津、上海、重庆、大连、青岛、厦门、深圳、杭州、武汉、成都和西安。

当前房地产市场的突出矛盾是，部分城市住房价格上涨过快，中低收入家庭难以承受。为此，报告建议政府有关部门加快完善调控政策，调整供应结构，增加有效供给，抑制过旺需求，建立符合中国特点的住房建设和消费模式，规范市场秩序，稳定住房价格。同时，强化政府责任，加强住房保障，逐步解决无力通过房地产市场解决住房问题的低收入家庭的住房困难。

啃老房－危害

一、降低老人的生活质量。

二、影响老人的健康。

三、令老人的情绪长期处于压抑的状态。

四、影响自己与家人的关系。

五、降低家庭应对突发事件的能力。

六、打击自己的自信心。

七、影响自己人脉的积累。

八、不利于个人事业的发展。

九、不利于对投资机会的把握。

啃老房－专家观点

有不少网友认为：买房"啃老"不孝顺，也不道德。社会学家顾骏反驳："不管自己买房还是靠父母支援，关键要让父母开心。这才是判断孩子是否孝顺的标准。只要父母给得开心，子女拿得安心，局外人又何必多心？更不要随便扣上'不道德、不孝顺'的帽子。"

啃老房－符合传统

父母辛苦一辈子，都在为子女打造安乐窝。顾骏认为，这是中国自古以来的传统。如今，父母不能亲手为孩子在城市造新房，但传统仍在，只是形式换成了支援买房。在中国的文化传统里，买房"啃老"，很正常。"有人喜欢拿西方年轻人的经济独立、租房结婚举例，却忽略了中西方截然不同的文化传统。不要随便把西方的亲子关系来判断我们的亲子关系。"顾骏说。

啃老房－现实所迫

除了符合传统文化，顾骏还提到了现实压力。一方面，房价始终居高不下，尤其是增长幅度太快，导致人心惶惶。"现在不买，怕以后更买不起。"另一方面，租房完全市场化，房价贵，租金也不便宜。再加上年轻人刚刚工作没几年，就该谈婚论嫁了。"两个人收入加起来，距离房款首付还差一大截。"顾骏说，"迫不得已，只好向父母求助。"

啃老房－反对强讨

顾骏认为买房"啃老"无可非议，但他同时指出，具体操作时要量力而行，"反对孩子不顾家庭条件，向父母强讨硬要。"

裸体烟

编辑者：

一心两翼　哼着小曲揽月　科技顽童

摘要：

　　裸体烟，是指网络上盛传的一种实事现状：在一些地方官员会议期间，将香烟的包装完全去除，用盘子或者其他容器来摆放香烟，使其无法分辨香烟品牌。对于此种行为，网友在网上多以批判、讽刺的语言来指责。

裸体烟－事件背景

　　2008 年末的周久耕，因为《南京市江宁区房产管理局局长抽烟 1500 元／条》的帖子爆发了"香烟门"事件，最终牵扯出其他问题而被处罚。现在，29 岁的周森锋市长，在公开场合摆放高档香烟的照片被网络再次曝光，使本来就备受关注的他引发了更多争议。领导、开会、香烟的话题似乎在这个网络时代成为了众网友对官员最直接的监督。同时，由于网友们细致的监督，现在有些官员开会，香烟摆放有了"新讲究"。

裸体烟－网友议论

　　帖子《官员都变聪明了，现在开会全上裸体烟》，这个话题又引来跟帖无数。两张照片，照片显示的是某市官员开会，桌上一个盘子内放着数支香烟供享用。没有了豪华包装，几支烟整齐地摆放在盘子里，即使相机把镜头拉得再近，还是看不出这些烟是什么牌子。　图后还有一句网友自己加上的调侃："你猜，你猜，你猜猜猜！俺吸的是什么烟？"其意思就是网民眼睛再雪亮目光再尖锐，也不知这是什么烟，更不能

说他们抽高档烟了。

网友"腊梅"表示了对拍照片网友的佩服："这个照相的网友心真细，这个细节他也能注意到。"网友"无间道"一针见血地指出："你以为脱了马夹我就认不出来了？我照样认得！"网友"无风无影"说："你们都没见过世面，这是正规接待的基本做法，多少年前就是这样了，你们才知道？而且领导的烟至少要几十元一盒的，谁敢放个两三块钱的烟，立马就让你卷铺盖走人。"网友"天使之翼"则略带讽刺地说："看看那个打火机，五毛钱的！这才是人民的好公仆，好节省啊。"网友"飞花逐月"则分析得最为透彻："人是趋利避害的高级动物，为官更是一门走钢丝的艺术，做人为官的智慧就是要及时吸取教训，亡羊补牢。自从南京出了个周久耕，在网民的强力搜索下，周局长被掀落下马(还被其他官员嘲笑运气不好)。别的官员自然要自查自纠，哪里还有不到之处要及时更正，不在同一个地方犯同样的错误，达到上有政策，下有对策。万一有一天拍照的人用超高清晰的相机照出了裸烟上的烟名，是不是烟厂要特制供应没有任何标识也没有烟名的真正裸烟？"

裸体烟－专家说法

中国社会科学院社会学所研究员、最高人民检察院专家咨询委员会委员邵道生先生说："作为一个网络事件，我觉得网友中可能存在一定的作秀成分，因为周久耕的事件，网友觉得这个事和那个类似，而且好玩就发帖了；如果从官员的角度来说，首先是看出了他们想避嫌，毕竟高价烟在开会时抽出现影响很不好，其次我觉得是他们通过此举表示对网络监督的不满，因为他们认为抽烟这个事是比较私人的行为，自己抽烟不应该受约束。最后，我总觉得这个事件寿命不会很长，作秀成分大些，成为不了什么热点。"中国人民大学社会学系教授周孝正表示，官员开会把这个裸烟放在桌上是一种掩饰，掩盖例如周久耕开会时抽高价烟的问题，避免后来出现一系列对其不利的局面。官员们在现实生活中开始考虑是否会受网络监督，这是网络监督的一个成功。我国现在的腐败现象仍然比较严重，像抽高价烟和喝高价酒可能是其中最轻的，还有很多更严重的，这就需要网络监督的力量。

摸风

编辑者：

大笨虎　王小泡

摘要：

　　摸风，是盗窃团伙的行业用语，指像候鸟一样迁徙作案，摸风是存在于中国个别地区的极少数行为。"摸风"嫌犯大多是亲戚，或是夫妻或是兄弟，根据气候变化而辗转到不同城市作案。摸风一般都由两人或三人同时作案，一人望风和转移赃物，一人入室或进单位，如果被人发觉，就假装找人或假装自己是做小姐的。

摸风－简介

　　摸风也就是盗窃，偷的意思，是一种犯罪行为。在一些贫困地区把摸风当作一种职业，有许多人从事这个行业，甚至于有的地方，一个村的人都在外摸风，他们挣钱来的快，被公安部门打击过，也有很多人为此而蹲了监狱。

　　"摸风"嫌犯大多是亲戚，或是夫妻或是兄弟，根据气候变化而辗转到不同城市作案。每抵达一个城市后，就买一份地图。摸风一般分为两种，一种是搞单位，手提公文包，走单位，主要是找现金、笔记本电脑等贵重物品。另一种是上早班，早晨三四点钟起床，跑旅馆、宾馆，以及住宅区、出租区。主要偷现金、手机、首饰等，特别是在夏天，天气热燥，有的人家门未上锁，这就为他们摸风提供了便利。

摸风－摸风帮

　　"摸风"，本来是一种在白纸上变出字的小把戏，流传在安徽省枞阳县民间。先用白蜡在白纸上写出想要的字，然后用香灰揉擦，就能把原来写的字显示出来。这本来

是一个很好玩的游戏，但有人却将游戏变为犯罪的手段。

"摸风帮"内部人员分工明确，成员之间呈"金字塔"结构，其中具体实施入室盗窃的为"下线"，"下线"横向彼此有联系；负责带领"下线"到各地作案，且向"下线"收购所盗物品的为"上线"，不同城区犯罪团伙的"上线"从别的团伙"下线"手中收购赃物，彼此之间会出现"价格战"；从"上线"手中再行收购所盗物品，并通过物流、邮寄等方式将赃物销往二手市场或上海后，中转至深圳、东莞、苏州、西安等地的为更高一级头目。

摸风－作案特点

"摸风帮"作案区域广泛，不仅有"季节性"，而且有"集中流窜徙迁"的特征，一般说来，会根据气候的变化确定作案的区域和城市。通常根据气候变化，具体划分国内各地最佳作案时间，然后辗转各地作案。

"摸风帮"还有一个特点就是犯罪手段多样。比如穿着不好、形象较差的案犯，通常大多到都市村庄住户实施盗窃，而穿着相对得体的案犯，经常出入宾馆等场所盗窃。

"摸风帮"在作案形式上有以下特点：一是两人组合，互有分工。一般为夫妻、姐妹、兄弟、亲戚组合搭配，其中夫妻组合较为普遍，男的望风，女的下手，如被发现便谎称走错门，如家中无人，便作案。二是巧掩饰，伺机下手。往往是以上门推销生活用品或介绍卖淫小姐、送水等为借口，一旦时机恰当，便迅速下手，实施盗窃。三是采用欺诈、连骗带偷的手段。比如乔装成和尚或尼姑，以化缘、算命、看风水为借口，寻机作案。

人格证书

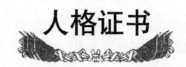

编辑者：

亚芯 小彦 katsu

摘要：

　　人格证书，是上海交大拟定颁发给毕业生的证书之一，是通过评审学生的心理素质、基本价值观及人际关系三个方面，其目的是为给用人单位提供参考，使他们能全面了解学生的基本状态。

人格证书 – 评审措施

　　人格证书的细则尚在拟定中，但不可能出现"85"或"100"这样具体的量化分数，有可能采取等级制，如"优秀"、"良好"等，也有可能采取"五分"、"四分"这样区间性的打分制，或者是合格或不合格这样的表现形式。由于对准确描述学生"人格"的困难性，所以学校会经过多层论证及检验，最终出台考核方案。并在一定人群中进行测试，最终被认可才能推行。

人格证书 – 评审过程

　　班级考核：班委会考评，或者学生"互评"及"自评"

　　初步评定：学生所在学院、社团来给出初评意见

　　最终评定：由学校成立的专门委员会来审核

人格证书 – 填补空白

　　目前大学颁发的"学业证书"和"能力拓展证书"只是对学生状况的一个表象评

定，而思想及人格的反映则没有表现，所以上海交大酝酿出台"人格证书"，给用人单位提供参考，使他们能全面了解学生的基本状态。

人格证书－引发质疑

是不是各科都是 A 的毕业生就是优秀人才？动手能力、实践能力、创新能力怎样彰显？人格素养是否也很 OK？这一切，能不能让人一下子都看到？人格有高下之分，这点毋庸置疑；较之于成绩等显性指标，人格更着重于对人精神价值层面的考量，对人言行举止的塑造自然也更为重要。但对交大提出的此设想引起了众人的质疑。

首先，"人格"是什么？答案见仁见智。它的概念模糊不清，并与时变迁，可定性而不易定量。即使将考察指标分层、分类细化，化抽象为具象，也可能失之科学规范，标准存在欠缺、多余或不当；即便较为精确，它也难免因"公理婆理"而引起非议，难服众口。

其次，人格与内心修养等密切相关，有的人极善"化妆"，表面光鲜内心败絮，评价者怎么去识别？都说"人心隔肚皮"，有的人阿谀奉承、善说好话，有的人为人耿直、沉默寡言，考评者交往不深或识别有误，考核结果能做到公平吗？

更可怕的，是"人格考核"可能又异化为学生的"应试任务"，成为新的"语数外试卷"。为了拿高分，有些人投机钻营，只做表面工作；还有的人钻后门，临近考核期大做手脚等等。这样，形式化的作风潜滋暗长，没造成学生人品提升，反使"校格"沦落，只怕是意与愿违。

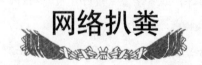

网络扒粪

编辑者：

璀璨光芒

摘要：

网络扒粪，指由网友发起的反腐热潮一浪高过一浪，而且成效显著。从曝"公费出国考察"到县委书记戴昂贵手表，周久耕的天价烟，城管的霸王餐致人脑震荡事件，着实让很多从官场潜规则里走出来的官员大伤脑筋，还有如挤牙膏般的"躲猫猫"调查，网友的这种揭露事实的现象被称作网络扒粪。

网络扒粪－起源

19世纪下半叶，美国的商品经济得到高度发展，将资本主义的自由竞争走向了垄断。百来个经济巨头控制了美国的经济命脉，他们为了巩固这种垄断地位，对内根本无视员工的利益，对外以迫害公众利益作为赚钱的重要手段，奉行所谓"只有我能发财，让公众利益见鬼去吧"的经营哲学，引起了社会公众舆论的强烈不满和抨击，出现了2000多篇揭露实业界丑闻的文章，形成了近代美国史上著名的"扒粪运动"。美国总统西奥多·罗斯福把当时从事揭露新闻写作的记者们挖苦为"扒粪男子"，记者们却把它接收下来，自称"黑幕揭发者"(muckraker，直译为扒粪的人)。这也是这场运动之名的由来。当时的揭黑幕推动了美国政府的一系列改革，给后世留下深远的影响。众多记者、编辑仍遵循着先驱的脚步，为改良这个社会不懈地努力着。

网络扒粪－社会影响

在网络和传统媒体的轮番"攻击"下，也有即使出面做澄清但最终还是倒下的腐败分子，这类官员为了跟舆论对峙，什么东西都敢当作武器，比如他们手下的警察，直接派出去抓人，更有甚者乔装打扮，搞得人家还以为是遭到抢劫了。这样的事情发生在媒体记者身上的要多一些，也有某人因在网络论坛上发帖子说谁谁谁有问题，后来就因"诽谤罪"而遭遇牢狱之灾，用现在流行的说法，这叫"滥用公权力"打击舆论监督。

但是即使很可能有失去人身自由的危险，网民的揭发行动依然前赴后继，不怕危险的人越来越多。被网民揭发的官员最后的结局都不好，有的被"双规"，有的被"双

开",有的被上级勒令自省检查最后道歉,于是这样的官员形象不再光辉。

网络反腐

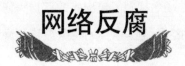

编辑者:

王小泡 微微可口 N 颗钻石

摘要:

网络反腐,是互联网时代的一种群众监督新形式,借互联网人多力量大的特点,携方便快捷、低成本、低风险的技术优势,成为行政监督和司法监督的有力补充。作为互联网在反腐败中的作用得到中国执政者认可的一个重要标志,中央党校出版社2009年出版发行的《中共党建辞典》收录了"网络反腐"的词条。

网络反腐 - 简介

网络反腐,即通过网络技术及所引起的社会舆论效应对执政行为的监督和对权力的约束,从而达到有效预防、遏制、惩戒腐败行为的一种全新方式,是反腐败事业的新方式。

网络反腐之所以能够成为一个内涵明确的概念,就在于它在本质意义上整合了三方面的内容,即网络、民意、执政能力。网络以其独有的特征,一方面吸纳了民意表达,有效整合了民众的智慧和意见,形成了一个良性互动的社会民主环境,从而对执政、施政行为产生了无所不在的监督和约束。

网络反腐 - 特征

1.快捷性与广泛性。这一点是基于网络技术及其应用的特点。网络技术应用的一个最直接的优势就是，信息资源的瞬间共享和传播。这就为民众提供了高速高效、畅通无阻的反馈渠道，极大的便利了民意的表达，有效缓解了传统信访程序所带来的民怨积压。同时信息的广泛传播也扩大了典型事件的曝光面和曝光力度，从而极大的激发了民众监督的热情。

2.平等性和全民性。网络没有门槛限制，任何人都可以在网上表达意愿，这就形成了官民平等对话、信息及时反馈的良性惯例，有效克服了传统信访方式的那种"门难进、事难办、脸难看"的官僚机制，从而将官民之间的隔阂彻底拆除，有助于民众举报腐败事件的舒畅性。

3.匿名性和透明性。这是网络最吸引人之处，也是网络反腐最引以自豪的特征之一。匿名表达使得网民获得前所未有的安全感和主体地位，从而能够获得真正的监督热情和自由，一改过去担心打击报复的情况。而执政者也可以通过打造反腐网络来打造透明政府，将执政行为的细节都公布于众，让腐败行为无处遁形。

网络反腐－优势

网络反腐属于媒体反腐的一部分，但是却要远远先进于传统反腐，就在于网络的优势要远胜于传统媒体。腐败问题之所以棘手，一方面是腐败事件往往屏蔽了公众的知情权，在隐秘的层次实现了权钱交易；一方面腐败主体往往掌握着权力，使得制度监督、法律制裁等手段受到约束。而网络作为一种媒体，其独立性很强。网络反腐和网络舆论监督让官员执政向高素质化、公开化、民主化、科学化、法制化靠拢，强大的网络监督氛围和无孔不入的群众监督让官员意识到，"手莫伸，伸手必'上网'"。

网络所形成的巨大的社会舆论监督气场也能够为广大官员保持勤政廉政的作风提供强大的正义氛围。对于那些正蠢蠢欲动的官员形成威慑力而不敢冒险，对于那些处于隐蔽状态的问题官员敲响警钟从而收敛自己的行为，而对于那些腐败分子，网络将最大限度的整合群众提供的信息、言论表达和反馈效应，将腐败事件第一时间、最大范围公布于众，从而对当事人及所在单位乃至上级主管部门形成强大的舆论压力，最终使当事人受到应有的惩罚。

网民人大代表

编辑者：

一心两翼　伯爵

摘要：

作为洛阳网民界市人大代表候选人的'老牛'，在洛阳市西工区召开的人大代表大会上，被选举为洛阳市人大代表，率先发布这一消息的，是网民"奇石顽童"。一星期后，2009 年 1 月 30 日，网民再次爆料：网友"flush"、"爱我洛阳"成为洛阳市政协委员。2 月 9 日，"奇石顽童"又发帖补充，网友"大河"也成为政协委员。这 4 人中，"flush"是洛阳信息港管理员，其他几位都是论坛里的知名网友，担任不同板块的超级版主、版主。

网民人大代表 – 人物简历

老牛，网名，原名张晓理，自由摄影人，洛阳摄影在线网站管理员。

洛阳网络中首次出现"网民人大代表"消息，是在洛阳信息港一位叫"奇石顽童"的网民发布的。其实，在网友发布此消息之前，"老牛"已经得知自己当选"网民人大代表"的官方消息。2009 年 1 月 20 日上午，"老牛"驾车前往四川北川灾区的路上，这是四川汶川大地震后他第三次去灾区，目的是陪灾区群众一起过春节。

当天下午，"老牛"接到洛阳市西工区人大方面的信息，确认他作为洛阳市"网民人大代表"候选人的身份，在洛阳市西工区召开的人大代表大会上，被西工区的人大代表选举为洛阳市人大代表。

网民人大代表 – 网民反应

洛阳网友发帖置顶庆祝："这一天终于来到了，这是网民重大的节日，说明网民已经从电脑屏前走到了真正的政治舞台上，将直接参与我市的重大决策，我们衷心希望这样的机会越来越多。"网友"丽京上空的云"说，这一消息同样也给其他网友带来振奋。在网友"千手观音"看来，网民中走出"一名代表三名委员"，说明网友对社会的贡献得到了认可。更多的网友形容这次政府举动为"民主进程又向前迈进一大步"。

网民人大代表－事件历程

事实上，关于网民代表的建议早有呼声。2007年3月2日，金羊网发表署名为幽壹的《能否实现部分"代表"由网络选举产生？》文章。学者幽壹认为，"网民"已是当今社会一股不可忽视的"力量"。他建议，如果政府真的有心倾听"网民声音"的话，则不如直接赋予"网民"们自己"选代表"、"当代表"的权利，由他们选举出的"代表"直接向"两会"提交各项议案。

鉴于网络的"虚拟性"问题，肯定会有不少人对"网络选举"的安全性产生质疑。学者幽壹觉得，完全可以通过"实名报名"、"政治审查"等形式，对其实行"严格把关、有效控管"，最终让那些符合"条件"的人参与竞选。2008年12月30日，洛阳市成立了全国首个网络发展促进会，洛阳市委常委、市委秘书长尚朝阳等领导亲自为促进会揭牌，省委常委、洛阳市委书记连维良发去贺信，这也被认为是"洛阳网友有了自己的'娘家'"。

会上，"老牛"作为洛阳知名网友，可以说众望所归，他当选为网络发展促进会的会长。据了解，这一组织的诞生无疑是为洛阳网友当人大代表、政协委员铺路搭桥。

洗钱罪

编辑者：

轩尼诗　默存　丫丫　地球男孩　风吹雪猪

摘要:

　　洗钱罪，指明知是毒品犯罪、黑社会性质的组织犯罪、贪污贿赂犯罪、恐怖活动犯罪、走私犯罪、破坏金融管理秩序犯罪、金融诈骗犯罪等违法所得及其收益，为掩饰、隐瞒其来源和性质，通过存入金融机构、投资或者上市流通等手段使非法所得收入合法化的行为。2009 年 11 月 11 日，中国最高人民法院出台了关于审理洗钱等刑事案件具体应用法律若干问题的解释，明确规定洗钱罪新添六种行为。

洗钱罪－背景

　　20 世纪 20 年代美国芝加哥以阿里卡彭、约多里奥和勒基鲁西诺为首的庞大的有组织犯罪集团黑手党，他们利用美国经济中所使用的大规模生产技术，发展自己的犯罪企业，谋求暴利。该组织有一个财务总管购买了一台投币洗衣机，开了一个洗衣店，为顾客洗衣服，并收取现金，然后将这一部分现金收入连同其犯罪收入一起申报纳税，于是非法收入也就成了合法收入。从此，人们将洗钱一词专指那些通过某些方法将犯罪所得赃款合法化变干净的行为，这就是"洗钱"一词的来历。

洗钱罪－构成

　　洗钱作为一种将违法所得资产加以隐瞒掩饰，通过中介机构使之变为合法财产的特殊犯罪形式，在理解上有两种不同的含义，一种将其局限于清洗行为，即掩盖犯罪所得黑钱的犯罪来源，将其换上合法的外衣，这是严格意义上的洗钱；另一种是把经过清洗的钱重新投入到合法或基本合法的经济活动之中，这被称为"再投资"。

洗钱罪－性质

　　从洗钱犯罪的国际立法来看，人们对洗钱犯罪性质的认定并不一致。有的着眼于其对社会经济和被害人财产的侵害，把它规定为侵犯财产罪；有的着眼于它对司法的妨害把它归结为妨害司法罪的一种；有的则着眼于它与为取得黑钱而实施的所谓的"上游犯罪"的密切关系，把它规定在"上游犯罪"的条文之后。

把它作为侵犯财产罪的人从保护经济利益的角度出发，认为洗钱犯罪不但侵害了公平竞争、自由平等的市场经济规则，也严重侵犯了"上游犯罪"被害人的财产所有权；把它归为妨害司法活动罪的人认为，洗钱犯罪的目的是要掩盖、清除并最终改变犯罪所得的性质，是一种犯罪屏障，严重妨碍了司法活动；而主张洗钱犯罪与其"上游犯罪"规定在一起的人则主要考虑两种犯罪之间的因果关系，以避免处罚对一切犯罪的洗钱行为。

洗钱罪－处罚

一、没收实施犯罪的违法所得及其产生的收益，处五年以下有期徒刑或者拘役，并处或者单处洗钱数额5%以上20%以下罚金；

二、情节严重的，没收实施犯罪的违法所得及其产生的收益，处五年以上十年以下有期徒刑，并处洗钱数额5%以上20%以下罚金；

三、单位犯本罪，对单位处罚金，并对其直接负责的主管人员和其他直接责任人员处五年以下有期徒刑或者拘役；情节严重的，处五年以上十年以下有期徒刑。

测试：新社会还是旧社会，
哪个社会更适合你？

相关词条：网络扒粪、ＧＰＳ虚拟监狱、网民人大代表

首先说，本故事纯属虚构，如有雷同纯属巧合，此新社会和旧社会非彼新社会旧社会，要知道世界是不断发展的，新社会的含义也在变化着。想知道哪个社会更适合你么？完成下面的问题吧。

1.你在网上看到了一篇网络扒粪帖，是关于某高官出国旅行的，你发现那个高官竟然是你的领导，你会怎么办？

    A.把链接发给领导看看　　　+1

    B.马上回复，将领导的姓名、年龄、家庭住址、任职单位等一切信息都发出去　+5

    C.当没看见这种事情，还是知道少点好　　+3

    D.发给同事们都看看　　+7

2.你的直属上司因为那篇网络扒粪帖子被罢免了，你怎么看待这件事情？

    A.好事，就是该把这些人暴露出来　　+3

    B.他们都不知道，其实是你发的帖子　　+7

    C.要小心做事了，网络真乱　　　+1

    D.赶紧上网看看，还有什么没爆出来，你去爆料　+5

3.你的领导很幸运，被当作GPS虚拟监狱试点犯人了，你会怎么办？

A.GPS虚拟监狱是啥，上网看看　　　+5

B.向公安部门检举他的其他罪证　　　+1

C.在他关押的屋子外面点火，看他敢不敢出来　　　+7

D.带一群人去参观　　　+3

4.你的领导知道了原来是你举报的他，竟然从GPS虚拟监狱越狱向你报复，你会怎么办？

A.相信科技的力量，GPS虚拟监狱会报警的　　　+3

B.GPS虚拟监狱还是不可靠，还是先躲起来为妙　　　+1

C.好机会，正好可以拍照留念，在网上公布　　　+5

D.把这段经历写成小说，发布在空间中　　　+7

5.你因网络扒粪有功，被选为网民人大代表，你的议题是GPS虚拟监狱的实施，你觉得你会得到支持吗？

A.当然，网民的力量是无限大的　　　+7

B.都是些不靠谱的事情　　　+3

C.相信高科技一定能获得支持　　　+5

D.你绝对不会做出这样的事情的　　　+1

6.如果你被选为网民人大代表，你会提什么建议呢？

A.中国的宽带太窄了，看视频太卡，建议加宽　　　+7

B.网友见光死这个问题一定要好好解决一下　　　+5

C.医疗、养老等社会问题　　　+1

D.难说，没想过　　　+3

答案：

6分—12分，旧社会的古董

就算在旧社会你也是古董级的人物了，你从思维方式，到处事为人都是用旧社会的方式。网络，这个词让你想到恐怕只有人脉、关系网之列的东西。要知道现在可是新社会为主的年代了，偶尔接受一点新事物也是好的，但是对于你来说不必太多，说到底，你的脑子里旧社会已经是根深蒂固了，要慢慢来喽。

13分—25分 旧社会的砥柱

你是旧社会的核心人物哦，你很喜欢并享受着旧社会的生活，但你其实是在担心旧社会被新社会征服，所以也会接受些新社会的事物，并将他们转化成旧社会的内容，所以你虽然是生活在旧社会中，但是你也熟悉新社会的一切，这种能够掌握生活的感觉让你很踏实，请继续保持吧。

26分—35分　新社会的新兵

首先恭喜你，你已经是新社会的人了，你接受新事物的能力很好，能很快适应科技的高速发展，你喜欢网络，并享受这网络，在新社会里有你的娱乐和生活，信息的获取，对潮流的洞悉，你在新社会中快速的适应着，相信你有一天会成为新社会的中流砥柱的，加油哦。

36分以上　新社会的创造者

有了你这样的人才会有新社会，就是千千万万的你创造了新社会的文化，创造了一个个网络的传奇，你相信网络的力量，并为网络创造着力量，是你们让一个虚拟的网络化作现实的存在，最终形成了一个社会，你还在为这个社会不断贡献，你用一种近乎痴迷的状态生活在新社会中，有时也要控制一下啊。

新生活

为了蜗居，奋斗！

奴夫

编辑者：

连生 比目鱼001 亚芯

摘要：

　　奴夫，又称"御夫"，属于一个动名词，即奴役丈夫。有两种含义：一是女人对已婚男人的另类称呼，也就是被女人驾驭的男人；二是女人懂得如何管好老公，让自己的男人（老公）围绕着自己、不会背叛自己（出轨）的手段。从女人角度而言，男人都犯"贱"，不驾驭一下不行，须采取一定的策略将丈夫的精神和身体及钱财牢牢控制住，以其达到心甘情愿为我所有。

奴夫－产生背景

　　恋爱结婚，生儿育女，生活的重担落下来。青春渐离渐远，激情之火减弱，浪漫的迷雾飘散，绚丽归于平淡，夫妻双方的缺点毛病越来越显露出来，真正的考验开始，相处难了。外面的世界既冷酷势利又诱惑缤纷，男人靠不住，女人没安全感。内外交困，婚姻在人性的迷乱中风雨飘摇。于是更多的妻子便想到了使用奴夫术，在心理和精神上加以控制。

奴夫－心理特征

　　奴夫的妻子心理一般有如下特征：

　　1.奴夫需要性格上冷静，淡定，性格坚强，心智成熟，拥有高贵的气质等。

　　2.要有母性。一方面展示出其强攻的性质，另一方面也要有宽大的包容力和母性本能。

3.应该有这个心理年龄所应当有的爱好，比如喜欢喝酒等。

4.要博学智慧。妻子的从容不迫是基于认知非常多之上的。只有知己知彼，方能百战不殆。

5.要有足够的自信。妻子对自己的一切都充满自信，身材，性格，头脑，判断，身手，气质……

奴夫－驾驭手段

一、所谓奴夫十水就是汤水、泪水、醒水、补水、飞水、落水、抽水、制水、覆水、掠水。主张无为而治，从经验总结采取一定的策略。

1.汤水，是温柔的驭夫术，多煲点汤水给丈夫，他有良心的话，自然会循规蹈矩。

2.泪水，是跟他拗不过时才使出的武器，也是以柔制刚。

3.醒水，做妻子的，知情识趣，大家开心。

4.补水，就是不时要增加夫妻间的情趣，为平淡的生活补充水份。

5.飞水，煲汤前将猪肉飞水可以减少油份，而做妻子也要注意自己的体重，不时飞水。

6.落水，就是跟他同甘共苦。

7.抽水，当然是从家用中抽水，保障自己。

8.制水，是防止丈夫有多余的钱去找其他女人。

9.以上几种水也失败，就覆水难收了。

10.一旦覆水难收，女人唯有掠水了。

二、光靠手段只能抑住他的行为，要想心服口服，还需做到以下四个字：疼、乖、服、娇。

三、结婚≠幸福，女人千万不要觉得结婚就是修成正果。有一个真理：好男人是女人调教出来的，要懂得一张一弛，刚柔相济，这样才能牢牢地铐住丈夫，让其成为"奴夫"。

试离婚

编辑者：

寒烟123 江湖百晓生 guixingjia 小彦 王小泡

摘要：

　　试离婚，也称"别居"，是在两个人都同意离婚的情况下，不急于从法律上履行离婚手续，在生活上先真正"离"一段时间，给婚姻一个缓冲区，使双方在远离婚姻生活各种内容的环境下，品尝没有"另一半"的滋味，同时也使双方能够冷静地对婚姻进行反思，对他或她进行再认识。"试离婚"是一种准备性离婚，是对婚姻的一种主动性适应，而不是单纯被动性接受离婚。

试离婚－条件

　　"试离婚"是在国家尚未制定"分居"法规之前，作为民事诉讼中调解婚姻的一种方式，它应当符合以下条件：

　　第一，"试离婚"应是当事人一方或双方向法院申请诉讼离婚的案件，并且属于无过错离婚；

　　第二，夫妻必须是双方出于自愿，而不能违背自愿原则；

　　第三，夫妻必须进行债权债务登记，一旦发现对方有抽逃资金和增加债务行为，应立即通知法院中止"试离婚"；

　　第四，夫妻必须签订分房协议，对双方在"试离婚"期间的权利和义务做出明确的规定，包括夫妻之间的权利义务、对家庭成员的权利和义务等。

试离婚 – 做法

　　"试离婚"的夫妻应签订一个"试离婚合同"。合同规定："试离婚"期限最长不超过 3 个月；夫妻双方经济独立。为防止出轨，夫妻双方还得签署一份委托他人"跟踪监视合同"，若发现有人出轨，或疑似出轨，均算作违约，要对配偶做出补偿。夫妻一般在分居期间都做如下约定：财产分开，互不干扰对方生活、互不联络，和真实离婚没有太大差别。

试离婚 – 问题

　　试离婚是婚姻主体重新冷静反思自己、正确审视对方的有效途径。但是，试离婚也容易被居心叵测的人用来转移财产、制造争端，甚至当作搞婚外恋的借口和保护伞。除此之外，试离婚期间夫妻双方的权利和义务无法界定。

　　分居式离婚在很大程度上反映了一个人心里对另一方的排斥性，但分居时间长了只会让潜在的矛盾加深，并不利于夫妻感情的交流，久而久之感情会因为缺少交流沟通而淡漠。如果这时候恰好有心仪的异性出现，婚外恋的出现就不可避免。分居试离婚不是解决问题的办法，多站在对方的角度考虑问题才能逐渐解决问题。

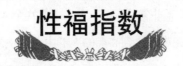

性福指数

编辑者：

katsu　江湖百晓生　下自成奚

摘要:

　　全称为杜蕾斯全球性福指数,始于 2006 年,此后每一年都会发布一次。深入且全方位地开展对性生活幸福感的研究,详细地展示所有调查结果,深入探讨试验性性体验、身体快感、性的情感因素、初次性行为以及性教育等多个主题。

性福指数－调查目标

　　杜蕾斯全球性福指数调查。参与国家（地区）如下:澳大利亚、奥地利、巴西、加拿大、中国、法国、德国、希腊、中国香港、印度、意大利、日本、马来西亚、墨西哥、荷兰、新西兰、尼日利亚、波兰、俄罗斯、新加坡、南非、西班牙、瑞士、泰国、英国和美国。

性福指数－调查过程

　　杜蕾斯全球性福指数调查访问了 26 个国家的普通民众。这项调查总受访人数为 26,032 人,涉及其生活的各主要方面,包括健康状况、总体幸福感、教育程度、信仰、性及情感关系、对性生活的态度以及社会环境等等。

　　在全球范围内经常获得性高潮的人群中有58%的人对于性生活中的情感交流表示满意,而在绝少获得性高潮的人群中这一数字降至 29%。在那些经常享受性爱高潮的人看来,他们同另一半的关系非常稳固。十个人中有八个人(77%)充分享受在性爱过程中与伴侣的亲密交流,而在难以达到高潮的人群中,比例却只有 54%。

　　中国人也在一定程度上享受性高潮,在经常获得性高潮的人群中,86%的人感到性生活轻松自如,但是只有 58%的人对自身的心理健康感到满意。放眼全球,在那些经常获得性高潮的人群中,有48%的香港人、60%的马来西亚人和74%的法国人都保持着心理健康。然而在中国,只有30%的男性几乎总能在性生活中获得性高潮,而中国女性的这一数字则更低——只有 13%的女性达到同种程度的性爱体验。

性福指数－改善措施

1.按摩是行之有效的方法——仅就中国人的调查结果而言，在经常获得性高潮的人中，有82%的人能充分感受性爱过程中进行亲密爱抚的美妙滋味。而在鲜有性高潮的人群中，这一数字只占到总人数的56%。

2.温情缠绵方能渐入佳境，这是决定性高潮质量的重要因素——在那些经常获得性高潮的中国人中，平均花在前戏上的时间要比性爱高潮较为缺乏的人多出6分钟。性健康专家Kevan Wylie博士说："如果你想获得性高潮，很重要的一点就是你要尽情享受这一美妙过程。忘却时间，纵情与伴侣拥抱和爱抚。你和你的伴侣必须要有单独相处的时间，排除其他家庭成员的干扰，并且保证不把工作的烦恼带到卧室。和伴侣交流并且获取彼此的信任也是非常重要的。"

黑色受孕期

编辑者：

株式会 guixingjia 江湖百晓生 katsu

摘要：

　　所谓黑色受孕期是指精子和卵子在人体不良的生理状态下或不良的自然环境下相遇，形成受精卵。这样的受精卵容易受到各种干扰，质量受到影响。

黑色受孕期－产生原因

一、在人体生理节律低潮时间里受孕；

二、在身心不佳或同房次数不恰当时受孕；

三、受孕时不注意让妻子达到性高潮；

四、在不良的自然环境下受孕；

五、在性生活后有阴道出血时受孕；

六、在发生过异位妊娠不久后受孕；

七、高龄受孕后不重视做母血筛查；

八、与丈夫在经期时同房；

九、在准备怀孕时随意使用药物；

十、不积极治疗精索静脉曲张；

黑色受孕期－应对措施

一、找出夫妻双方生理节律高潮时间。体力生理节律周期为23天，情绪为28天，智力为33天。如果夫妻能在3个节律的高潮期时间里受孕，孕育出的孩子往往身体健康，智力较好。

二、准备受孕前几天，夫妻双方一定都要充分注意身体休息，放松心情。同时，最好停止性生活5-7天，以保证精子的活力。准备受孕前，既不要性生活过频，也不要性生活过疏。

三、受孕同房时，可据男性和女性不同的生理特点给予一定刺激。促进男性达到性高潮的最佳刺激是视觉，促进女性达到性高潮的最佳刺激是触觉。这样，都会有助于夫妻共同进入性兴奋状态。

四、避开在太阳黑子高峰年。太阳黑子在爆发时可能会对人体造成很大冲击，甚至导致出生后智力不良。避免在每个月的阴历14-16日时同房受孕。这段时间里月球对地球的引力最大，容易引起人体情绪发生波动。

五、如果在性生活后阴道有出血，一定要及时去医生那里诊治。如果存在以上疾患时，受孕前应积极进行治疗，待病情得到控制或治愈后方可受孕。

六、发生过宫外孕的女性，在彻底治愈后一定要坚持避孕一段时间，不要急于怀孕。受孕前要经过医生检查，待确认一切正常方可取消避孕措施，考虑再次怀孕。

七、要在适宜时间去医院做母血筛查。是目前早期发现先天愚型儿的首选办法，女性受孕后最好在第8-9孕周时去做母血筛查，如果怀疑是先天愚型儿，再经羊水诊断便能确诊，准确率达到 99%，及时终止妊娠。

八、一定要避免在经期与丈夫同房。一旦形成子宫内膜异位症，要积极去医生那里进行治疗，以免受精卵在异位的子宫内膜处着床，引起宫外孕。

九、如果准备怀孕，最好对容易引发不孕或形成不良受精卵的药物加以注意，多做一些了解。如果需要使用药物，必须向医生说明自己当月准备受孕的事情。

情绪中暑

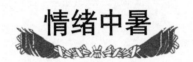

编辑者：

UNUSE34 宁静的心 人生在线 shiqiang

摘要：

所谓"情绪中暑"是指在持续高温期间，人们往往情绪烦躁，思维紊乱，爱发脾气，心境低落，行为失常，并固执地重复一些行为行动。

情绪中暑 – 产生原因

在夏季，由于高温天气影响了人体下丘脑的情绪调节中枢，一些人会出现心烦的表现。有的人即使本身所处环境并不热，也会因为看到窗外强烈的光照等而产生烦躁的情绪。除了气温变化之外，不良情绪还与人出汗较多、睡眠缺乏和饮食不足有关。

这些不良因素会导致人体代谢障碍，影响大脑神经活动，而出现情绪和行为方面的异常。另外，夏季，人的植物神经系统也容易出现紊乱。植物神经系统主管人的消化系统，也影响着内分泌系统，植物神经紊乱会使人多梦，降低人的睡眠质量。

另外，不仅仅有自然高温的原因，还有环境和社会压力的因素。高压力、高速度还是一些大城市的主要生活节奏，高速发展过程中带来的环境、资源和社会问题，在

一段时间内还将存在。

情绪中暑 – 主要症状

情绪中暑的主要症状是心情烦躁、易动肝火、思想紊乱、行为异常、对事物缺少兴趣，不少人常因微不足道的小事与他人闹意见，自己也觉得内心烦躁，不能静下心来思考问题。专家们指出，在正常人群中，约有16%的人在夏季会发生"情绪中暑"，尤其是气温超过35摄氏度、日照时间超过12小时、湿度高于80%时，情绪中暑的比例会急剧上升。

情绪中暑 – 预防发放

一、要重视夏季的饮食起居。大热天时，应尽量增加休息时间。饮食宜清淡，少吃油腻。要多饮水，以调节体温，改善血液循环。多吃"清火"的食物和饮料，如新鲜蔬菜、水果、绿茶、啤酒、咖啡、菊花、金银花等，都有良好的"清火"作用。同时，要少吃辛辣的食物，少饮烈酒，不抽烟。

二、要避免在最炎热的时候外出，同时也不要在封闭的空间中待得过久。居室要注意通风，通风可以迅速散去人体周围的热气及减少空气污染，使人产生"凉快"的感觉。特别是早晚室外气温相对低时，宜打开门窗。中午室外气温高，宜将门窗紧闭，拉上窗帘，启动风扇、空调。

三、还要注意心理调节，在炎炎夏季要"静心、安神、戒躁、息怒"。遇到不顺心的事，要学会情绪转移以"冷处理"。

四、要有一点幽默感。幽默既可给生命带来欢乐，又能淡化矛盾，舒展心绪，消除苦闷，使紧张的神经在幽默的话语中松弛，起到自我宽慰的作用，有利于保持良好的情绪。

慢疲劳

编辑者：

轩尼诗

摘要：

　　越是努力追求着自己的人生目标，就越是感觉压力重重，无缘无故陷入到一种近乎于迷茫的状态。最典型的表现就是明明已经把计划做得相当不错，执行起来却总是难见成效，前进的步伐常常看不到激情。于是对于这种不好不坏、内心感受到一些小折磨的状态称作"慢疲劳"。

慢疲劳 - 表现形式

　　"慢疲劳"在生活中很常见，不仅仅是"累"那么简单，这是一个人在极度疲劳作用下导致的一组身心障碍。主要从以下两个方面来体现：

　　一、心理方面：患者首先感到自己容易疲劳，再像以前那么猛干好像力不从心；再往后，总感到自己记忆力差，以前很容易记住的数字现在爱忘记；又感到注意力不集中，别人说什么总是听得模模糊糊；慢慢地，变得爱发脾气，也变得敏感——轻轻的开门声，远远传来的猫叫声都能放大成烦心的振动和咆哮。由于敏感、焦躁、爱发火，大家都会敬而远之，人际关系变得越来越差。

　　二、身体方面：咽炎、发低热、头痛头晕等一系列症状都出现了，但实际躯体检查又没问题。疲劳综合征常发生在年富力强的中青年身上，学生也可见到。自然，患者持久地工作、学习强度大和不善于劳逸结合是其病因。疲劳综合症轻者伤害身心健康，影响工作、学习效率及人际关系；重者造成猝死。

新生活

慢疲劳－小知识

在日常生活中，由于工作繁忙、生活紧张、学习负担沉重等原因，一些人时常会感到十分疲劳。一般情况下，自感疲劳的病人几天或一周后体力即可恢复。如疲劳超过一个月，可认为是持续疲劳。若疲劳持续半年以上，并伴有肌肉疼痛、头痛、低热、注意力不集中、记忆力下降、情绪低落、夜间盗汗、体重改变、喉部酸痛、多个关节疼痛，即使睡眠充足，体力仍难以恢复，运动后疲劳感持续较长时间等症状，甚至影响自己的工作、学习和日常生活，就可能患上了疲劳综合征或原发性慢性疲劳。

处女病

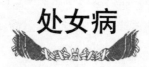

编辑者：

大笨虎　轩尼诗　junasda

摘要：

有一句话这么说："凡是执著于爱情信念的人都是有处女情结的，但有处女情结的人却不一定有爱情信念。"患"处女病"的男人就属于典型的后者。患上"处女病"的男人，他们张嘴闭嘴都爱聊"处女"，并恨不得把"处女"放到神台上供奉。

处女病－基本特征

长相：未知，一般认为大多貌似 WSN

性格：极度膨胀的大男子主义，且极易被任何话题激怒

年龄：一般认为，18 岁≤此群男网友≤30 岁

收入：够呛

婚否：否，但不排除有些已婚的"脑残"人士

人品：用满口的仁义道德来掩饰自己的懦弱与低劣

身高：即使再高大，女人也能看到了他的弱小

宣言："你这个非处，凭什么要这要那"……存在

处女病－心态分析

病因分析一：他们爱的不是处女，是自己！

男人希望女人能按自己的想象和期盼获得性成熟，而非其他人的"调教"和"影响"，他们渴望处于支配地位，塑造真正适合自己需求的伴侣。如果失去了"第一次"的所有权，那种侮辱感和妒嫉感会永远萦绕在他的心底。归根结底，他在乎的是自己的意愿有没有得到尊崇。

病因分析二：骨子里，他们比谁都自卑

"她如果把我们做比较，以前的他是否比我在性方面更出色？！"——有些男人怀疑自己在性方面和情感方面的能力，一个毫无经验的女人可能增强男人的自信心。这些男人在担心比较所带来的失败，处女病越重的人，自卑心越强。

病因分析三：他们崇拜"性"，并高估它的作用

他们潜意识里认为："性"是征服女人的惟一手段。有处女病的男人相信女性的第一次自愿性行为会永远留在她的心中，那种挥之不去的深切怀念会影响双方的感情。导致他们有很深的处女情结。

病因分析四：他们不懂爱

这些病患归根结底，他们没有谈过恋爱，或者说，他们谈的从来都不是真爱。他们不知道，真正爱过的人，他们会被对方的才华吸引，会被对方的一颦一笑一举一动牵动，懂得爱一个人就是互相的欣赏与照顾……绝不是总在惦记她还有没有保存着那张膜。

处女病 - 治疗建议

精神病学科里面有一种病症叫作"强迫症"，此种病症表现为：明知不合理，却无法控制或摆脱，或总不相信自己的能力和行为，觉得一些事情没处理好，因而焦虑和痛苦。表现为强迫怀疑、回忆、联想，强迫情绪，强迫清洗、询问、检查等。 男人们对于"处女膜"由来已久的纠缠不休大抵也可归为"强迫症"的表现形式，建议严重男患者前往医院就诊，或接受心理治疗。

换草运动

编辑者：

pinsedidai 寅春树 天之魂

> **摘要：**
>
> 　换草运动就是一群女白领充分调动身边的一切单身适龄异性资源举办的相亲会。

换草运动 - 由来

由于很多女白领平时都拼命工作，接触最多的就是同事和客户，而身边朋友却很少，更不要说男朋友了，但又不想冒着影响事业发展的风险去与同事和客户"亲密接触"。因此许多白领都被贴上了"剩女"的标签。剩女们窝边草不方便啃，不如交换一下小兔窝边的草草，把自己的帅哥同事互相介绍给姐妹。变换着样式的换草相亲会逐渐增多，参加者也是越来越多。

换草运动 - 规则

同事、朋友，然后相约一起参加小区姐妹组织的活动，大家心照不宣地玩，要是哪个姐妹看上了谁的"草"，就可以私底下找带"草"的姐妹沟通，制造机会继续发展。

换草运动 - 参与人群

前来参加的男士大多年龄在26岁至30岁之间，甚至有已婚男士也都常来凑热闹为同事"觅花"。

苍蝇店

编辑者：

江湖百晓生　池中玉

摘要：

苍蝇店原是指四川话里又脏、又乱的小饭店，由于在小饭店里到处飞着苍蝇，因而得名。但随着社会的发展，公共卫生环境的提高，这样的小饭店越来越少，取而代之的是一些具有独特风味的小饭店，他们既经济又实惠，而且干净卫生，因此备受普通市民的欢迎。

苍蝇店 - 由来

所谓的"苍蝇馆子"里面不一定都有苍蝇，但环境简陋和价格便宜一定是必备的条件，而且最为重要的一点是：苍蝇店的气质，大师级的味道！随便什么人都能吃得起、吃得饱、吃得好，正是苍蝇馆子深受平民喜爱的原因。

爱情备胎

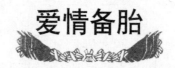

编辑者：

wikiadmin putin24 骑士 段飞猪 小猪piglets

摘要：

　　也叫备胎族，"备胎"已经成为校园男女减压阀，多发生在异地恋上。备胎，顾名思义就是备用轮胎，它的作用在于能让正胎发生意外时把旅途继续下去。在大学生聚集的人人网论坛上，不少大学生把自己称为"爱情备胎"、"后备甜心"等，更有的同学对"感情中的备胎"的解释为后备情人、排行第二的爱人，来定义自己现在的情感生活。备胎这一并不新鲜的社会现象，也已经蔓延到了大学校园。

爱情备胎－调查数据

　　在人人网上对来自全国各地的92名大学生进行了随机调查，其中34.8%的学生对备胎行为表示认可，表示反对和无所谓的分别占33.7%和20.7%，还有10.9%的学生第一次听说这个词，觉得很新鲜。在92名受访学生中，有21人曾有过或正在经历与备胎有关的情感，占总数的22.8%。济南大学的王卢跃在接受采访时称："现在80%的备胎都知道自己是备胎，然后心甘情愿挂人家的车屁股后等着自己哪天能转正。"

　　找备胎是一种自私的表现，总怕别人对自己不负责，却从没想过自己要对别人负责。总怕自己寂寞、受伤害，却又去伤害别人。这类人不仅对于感情如此，在生活中也经常埋怨社会的不完美，而不想着自己该怎样努力。

　　备胎也说明了人与人之间的信用危机，在多变、多元、快餐式的文化中，人们往往追求自己理想的时候，却失去了安全感。总想找一个备胎，为今后破釜沉舟之后还有一个归宿，是对自己的不信任和对对方的不信任。机械中有冗余布置来处理机器失效，表面看只是想安全，其实是在丢失信任后的表现。

爱情备胎－社会评价

有人认为有备胎其实说不上谁对谁错，初恋的时候谁会找备胎呀？都是受过了伤，再次恋爱时出于对自己的保护，才这么做的。

上海中医药大学的陈欣甚至表示，如果大学毕业后谈了四五年的恋人突然分手，年纪大了很难再找到合适的，现实逼人，如果到时候男未婚女未嫁，就相互把备胎"转正"了。不过她也承认，备胎的存在是很无奈的，如果能一辈子在一棵树上吊死，而且那棵树也不倒的话，当然是最好的。

面对这些评论，有过被备胎经历的人认为，最怕的就是被伤害后，对爱情抱无所谓的态度，结果碰到下一个特别爱你的人，会伤害到他。"其实维护一个备胎，远比集中精力经营一份感情要付出更多的心力。况且对于你的备胎，他又会心甘情愿地充当替补队员吗？"

旅拍

编辑者：

连生 Change2009 lemonleaf 夕雾 随编辞典

摘要：

所谓旅拍，是摄影外拍的一种，更引人遐思的是，它专在旅馆房间里进行，拍摄方式是照片或 DV。日本部分 AV 片都是旅拍完成的，而台湾辣妈胡文英就是代表的旅拍红人。

旅拍－ AV 女优旅拍团

遇到不景气，各行各业都要出奇致胜。全球独有的日本 AV 旅拍团，去年底悄悄在台推出，业者打着"女优你指定、姿势由你挑、尺度随你订"的卖点，价格虽是一般日本的两倍，却让好"摄"之徒与 AV 粉丝趋之若鹜。该团打出"梦之女优"的主题，强调是史上首见的绝色日本豪华团，并由日本一线 AV 女优与限量旅客签名、握手，让旅拍团用相机拍照。

但就像看脱衣舞不能"动手"的规定一样，与女优的近距离接触，限定"只能近观、不能亵玩焉"，除非女优主动贴近客人，旅客若忍不住碰触女优身体，或口出不当语言，将马上被一旁保镖架走。

此外，AV 旅拍团行前得先签下保密协议，包括现场禁用手机拍照与录像，拍下的照片与女优透露的个人资料返台后不得对外泄露等。

旅拍－典型红人

台湾辣妈 Paulina(胡文英)每周接 4 次旅拍，从她的无名相簿里即可一窥她的性感撩人——她在床上或坐或卧，吸着手指头，脸上带着娇羞的无辜神情，集熟女与少女的风韵。

厕饭

编辑者：

summer_123 lemonleaf x0yun

摘要：

在日本，有些年轻女孩为了躲避独自吃饭时周围令人痛苦的视线，宁愿躲到厕所解决，并且还衍生出了专有名词"便所饭"，俗称"厕饭"。厕饭在"以学生为中心的年轻人当中蔓延"。称这是为避免被人看到自己独自在食堂吃饭，给打上没有朋友的标签。而到了现在，这种现象蔓延到了上班族。

厕饭 – 产生原因

据说早在 2008 年的时候，东京大学等知名高校的厕所就出现过恶搞式的张贴纸，贴纸上印有兔子和坐式马桶画面，旁边就是打了大叉的饭菜图片。还写着"监视录像拍摄中"、"违反者将处以禁用厕所等处分"。报道出来后在日本成为了话题。但实际上，报道里"正在蔓延"的根据不明，不过也并不是说没有年轻人公开厕饭的。

该贴纸并非大学的正式公告，恶作剧的可能性很高。而朝日新闻却以此为依据，报道厕饭在"以学生为中心的年轻人当中蔓延"。称这是为避免被人看到自己独自在食堂吃饭，给打上没有朋友的标签。还介绍了大学老师 2 年前听学生说的厕饭的事情。

不插电生活

编辑者：

下自成奚　璀璨光芒

摘要：

不插电生活，又称"离网"生活，起源于"离网发电"（off–grid power generation，指采用区域独立发电、分户独立发电的离网供电模式）。这种生活的最大特点就是，不依靠公共供电网电能来驱动生活用品。"不插电"生活方式越来越受到环保主义者的追捧。

不插电生活－概述

不插电，就是"Unplugged"，直译为"拔掉电源插头"。"不插电生活"是指断绝现有的通讯工具联系，不使用高科技电器，回归简单质朴健康环保的生活方式。不插电生活是对高科技的抗拒，对陷溺其中的人群的拯救，当然要做到这些并不容易。像范晓萱唱的《消失》那般："离开我熟悉的桌子，拔掉我身上的电池。"目前世界各地都有人组织"周末不插电"运动，找一个周末，不玩电脑，不看电视，不吹空调，不煲"电话粥"。

不插电生活－生活方式

"不插电生活"这个倡议，让人远离高科技产品，回归简单质朴健康环保的生活方式。某些网友还设计了他们的周末不插电生活：

1. 早晨起来，不吃微波炉食品，给自己煲一锅白米粥配小菜。

2. 关掉手机、电脑、电视、音响、洗衣机。

3. 忘记工作，安心在家。

4. 手洗衣服，整理房间，唱歌给自己听。

5. 手写书信一封，给亲人或朋友。

6. 与爱人去植物园散步晒太阳。

7. 买回蔬菜水果，做一顿绿色健康饭，拒绝烤箱和微波炉。

8. 发一会儿呆，不想任何心事，让大脑好好休息。

9. 静坐读书，直至夜幕低垂。

10. 点上美丽的蜡烛，光晕摇曳，为家人做晚饭。

11. 沐浴更衣，让身体发肤自然风干。

12. 与爱人亲密谈心，握爱人手安然睡去。

不插电生活－创意设计

功率仅 20 瓦的 Aleutia 小型电脑

"不插电"生活并非意味着要远离尘世与世隔绝。整个装置由一个处理器、内存、键盘、鼠标和12英寸显示器组成，只要一块小型单片太阳能电池板就足够为其供电。

手摇充电式电动剃须刀

居住在丹麦萨姆索岛的居民们成功实现了用风力发电取代火力发电，大大减少了二氧化碳的排放量。在这座岛上的每一个居民都拥有属于自己的风力涡轮发电机，除了满足自需外，他们还为欧洲其他地方提供电量。这里是地球上最大的碳中性住宅区，这种自给自足又环保的方式为世界其他地区树立了很好的榜样。

裸色

编辑者：

宁静的心

摘要：

其色调来源于感性的嘴唇、脸庞与身体，与肤色接近的颜色轻薄且透明，在不经意间流露出含蓄的性感魅力。像肉色、米白、淡粉等单纯清新的颜色都属裸色之列。

裸色－概述

裸色，裸色色调来源于感性的嘴唇、脸庞与身体，与肤色接近的颜色轻薄且透明，在不经意间流露出含蓄的性感魅力。像肉色、米白、淡粉等单纯清新的颜色都属裸色之列。语不惊人誓不休。每一年，在时尚潮流之中总会出现那么几个时髦的词语，脍炙人口，这已经是时尚界多年来的老传统了。恰巧近一两年来，时尚界流行一场"时尚的颜色口号"，于是裸色与糖果色一起，作为风靡国际时尚T台的流行色隆重登场。

裸色－时尚潮流

2009的夏天，裸字当头，裸色无处不在，从唇妆延伸到指甲，再从妆容蔓延到时装。那种似有若无的裸露，总给人一种欲语还休的性感。纵观近来T台上的潮流风尚，我们轻易就能够看清从成熟走向年轻，从生活走向梦幻的裸色演变之路。但是无论怎样演变，裸色最让人青睐的还是它那种若隐若现夹杂诱惑的本来面目，所以说爱上裸色，就是爱上自己。

裸色－流行主题

淡粉色

淡粉色对人的肤色有很好的包装作用，皮肤偏白的人穿淡粉色，肤色会更加白皙粉嫩；皮肤偏黑的人穿淡粉色，肤色会表现得尤为健康。穿淡粉色时装，一定要搭配同色调鞋子，否则任何偏深或偏浅色的鞋子都会让整体失色，有失协调。

肉色

与肤色十分接近的肉色，呈现淡淡的金色蜜感，尤其是与蕾丝的结合，增添百分百性感。肉色也适合皮肤白皙以及身材娇小、曲线玲珑的女性穿着。如果担心肉色时装与皮肤靠色，可以选择细节设计夸张的款式，或佩戴红色、金色、白色等配饰，形成强烈的视觉对比。

米白色

米白色是万金油，米白色比白色更浪漫、雅致，比亮色更怀旧。质感上的华贵可以提升米白色时装的贵族气质，相反，质朴的面料也让米白色变得柔和、年轻。米白色的时装与肉色一样只适合肤色白净的女性，对身材的要求却没有肉色那么苛刻。如果你身材姣好，可以选择轻薄的雪纺面料，如果身材微胖，则可以选择米白色风衣或相对硬挺的面料。

粉红色

粉红色要避免艳俗印象，粉红色可以表现十足的女人味。如果你感到气色欠佳时，可以考虑选粉红色，你的妆容要与之和谐，出落得温婉大方。在粉红色的时装上搭配白色项链，则更加时尚。要注意的是，尽量避免除白色、粉红之外的第三种颜色，这样就有效地避免了粉红色的艳俗印象。

裸色 – 风格特点

1、设计精致的衣服，比如领口装饰丝巾的衬衫与蕾丝吊带，与铅笔裙或铅笔裤搭配就很到位。

2、配饰的外形保持经典，在细节处寻求变化和幽默感，例如高光泽感的质地就很不错。

3、面料丰富、突出身材的风格要点剪裁和舒适的线条，就是简单但绝对精致的决定。

家务骰子

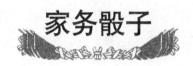

编辑者：

亚芯 lotus–lemon

摘要：

　　家务骰子是和普通骰子的大小无异，只是用塑料制成的一种骰子，只是在上面刻着：买菜、做饭、洗衣、洗碗、擦地等家务活，是盛行于80后对家务分担的一种采取措施。

家务骰子 – 概念

　　家务骰子(英文翻译：Housework Dice)是近来在80后小夫妻中很流行的一种用来决定家务活儿谁做的骰子。这种骰子的六面分别是买菜、做饭、洗衣、洗碗、擦地、

发呆。买家一般都是女孩子，她们在考虑如何把家务活儿全部转到老公手中去。这种骰子销路很好，深得80后女子喜欢。所以在80后小夫妻中很流行，在淘宝网上就有1000多家店铺。

家务骰子－作用

骰子变相检测家庭和谐度

家务骰子让有些不做家务的丈夫开始做家务了，也有些丈夫任你骰子怎么转，依然继续打着甩手看你做——其实这之间的差异，正好能反映出这个家庭的和谐程度，因为这种家务骰子具有娱乐性却没有强制性，掷点结束，不管嘴上如何抱怨，但依然能心甘情愿的按骰子做家务，也恰好反映出二人遵守并维护家庭的和谐的意愿。

家务骰子－已婚男子的噩梦

而记者在淘宝网上也看到，有一千多家店铺都有这种骰子出售，记者联系上曾在一周前购买过1个骰子的重庆买家"雨打芭蕉"，28岁的她是一位收银员，她说，以前和老公协议家务分工时，经常闹别扭，现在家务全靠"家务骰子"来决定，一切都靠运气，谁都别想耍赖。

"完全是噩梦的开始"，买家"牛仔不忙"，是一位33岁的已婚男子，他说，一个月前，在老婆的要求下，网购了一个骰子，这个骰子到来的结果就是，终结了自己吃完饭便能跷脚看电视的幸福时光，还要慎重其事的拿着这个不起眼的骰子决定做什么家务，而老婆总能掷到"发呆"，这一点让他非常窝火但又无可奈何。

家务骰子－对男人的影响

1.线上

不怕老婆搓麻就怕买骰子

"有人说，沉迷麻将的女人很可怕，不打麻将还要买骰子的女人更可怕。"这个骰子让80后"莫莫"顿时感到无力与命运抗争，在博客中将该骰子起名为"黯然销魂骰"，同时也代表了大部分80后男人的心声。

2.线下

买家大多是 80 后女子

这种 5 元钱一个的骰子销路很好，一般都是女孩子买，深得 80 后女子喜欢。在她们认为，购买这种骰子主要是如何让家务活儿全部转到老公手中去。

家务骰子 – 专家分析

重庆新思维心理专家关老师认为，因为洗衣、打扫这些家务事在中国传统观念里都是女人份内的事情，但随着男女逐渐平等的今天，家务活儿也在走向平等。家务骰子的出现让年轻女孩们找到了宣告这种平等的借口。

一方面，可以理解这些"始作俑者"的她们。"男主外，女主内"虽然本来就是大家的共识；然而，无独有偶，"男女平等"的呼声也渐渐扩张。所以，用甩骰子来分配买菜、做饭、洗衣、洗碗、擦地、发呆等绝大部分家务活儿也是十分新鲜，许多年轻妻子就是用这样的东西来建立她们与他们的和谐家庭，和谐就在骰子里。

与此同时，和谐，也就成为"琐碎婚姻"的赌本。赢了就有家庭和睦，输了就可能再次签字盖章散伙，80 后的小夫妻俨然就成了这场无声赌博的常客，对这种生活模式似乎也乐此不彼。

婚姻是人生中的必需品；不是不结，只是时候未到而已；但赌博却是奢侈消费，要是没有周润发的赌神气派与能力，就千万别尝试，婚姻更不是值得贱卖的赌本，一旦输了，连挽回的余地都没有。

可是，年轻的一代，往往草率"了结(了结结婚的心愿)"，"闪婚"、"隐婚"等词语也是为他们所专用，频繁出现的问题仍然需要社会来为他们分担，更是引起大家街头巷尾的热议。人们在茶余饭后从来不缺话题，这一次的话题载体就成了：骰子。

婚姻绝对可以摆脱"婚姻是爱情的坟墓"的诅咒的，但绝对不是依靠"家务骰子"能够达到的。 小插曲，永远是美满婚姻的催化剂；小赌怡情，但愿骰子只是一个美妙的插曲而已。

宅生活

编辑者：

江湖百晓生

摘要：

　　宅生活，特指宅男、宅女一族成天呆在家里，足不出户，他们通过网上购物、网上聊天、网上订餐、网上影院等等的生活方式。如今，网络的普及成就了特殊的生活方式——"宅生活"。

宅生活－口号

　　"能不出门就不出门！"——这是他们的口号。

　　通过网络，同样可以让生活有滋有味。他们就是时下流行的"宅男宅女"一族。

宅生活－特点

　　网络普及成就"宅生活"

　　对于宅男、宅女一族，小小的一间宿舍就是他们的"活动范围"，"衣食住行"都不越出这个"圈子"。一台笔记本电脑，可以让他们一坐就是几个小时，一连几天足不出户。

宅生活－宅男宅女观点

　　"只要有网络，我生活得很好，很快乐。'宅女'的生活挺适合我的，暂时还没有打算换一种生活方式。"小曹说。上网"冲浪"，看看娱乐新闻、奇闻轶事，逛"淘宝"，借鉴别人的购买经验，上优酷，看视频，挂QQ……在小曹眼中，一天"猫"在宿舍，可做的事很多，网络世界乐不思蜀。饿了，简单地煮碗面；无聊了，就在QQ上"认养"电子宠物企鹅。

如今，像小曹这样的"宅人"已不是个别。论坛的一项"大家最长多久没出家门"调查，跟帖的"宅人"中连续7天、10天不跨出家门的比比皆是，半年"出山"一次也不是新鲜事。网友"DF望"称，自己已经11个月没出过门，另一位网友则有规律地过上"宅生活"——一个月才出门一次。

宅生活－社会议点

是时尚，还是逃避？

"宅男宅女"们自得其乐之时，他们的父母往往满心担忧。

（一）网络"宅人""fucia"说："要不是老妈会踢我出去，真希望可以在家里老死。""宅女"小叶每天一下班就"窝"在电脑前，双休日更是生活在自己的网络世界。小叶的妈妈看着女儿交际面越来越窄，和父母很少说话，也不肯出去结交男朋友，十分担心她会憋出病来。

（二）心理咨询师万红认为，这是社会多元化的表现，是新时期出现的一种新的生活状态。只要不影响他人，不损害自己的身心健康，都是无可厚非的，关键是不要为了逃避生活而退缩在虚拟世界。现在，一些年轻人将"宅生活"延伸为网上创业，不少人成为网上颇有名气的自由撰稿人、短信写手、外贸SOHO(在家办公)、或是网店掌柜等，这也不失为一种新的工作和生活方式。

（三）也有专家认为，人的心理、性格、能力是在社会生活中不断完善提高的。"大门不出，二门不迈"的"宅生活"对于年轻人的成长肯定不利。长时间沉浸在虚拟世界，缺乏与人的交往，会导致个人基本社交能力的退化。而且大部分"宅男宅女"对于上学、上班存在倦怠心情，难免会滋生出"啃老族"。

宅生活－专家建议

网络世界很缤纷，外面的世界更精彩。专家建议，"宅男宅女"们不妨多出去走

走，参加一些社交活动，结交一些新朋友，增加与现实世界的交流。

AA 制同居

编辑者：

Samesky wuyanpeng lemonleaf 下自成蹊 IT 石头

摘要：

　　AA 制同居，便是指男女恋人在未婚同居期间平摊居家费用。有网站针对同居的生活费问题做了项"非权威"网友调查，结果是：赞成"AA 制"的占 46.8%。同居双方平均摊分房租、水电、伙食、电话等公共费用，个人花费自理。

AA 制同居－网络调查

餐厅的缩影

　　同居不能像真正夫妻那样一起买房子、生儿育女，共同安排家庭收支，谁来为生活埋单，谁该付出多一点，往往成为争吵的理由。恋爱的时候，男人可能理所当然地为女友包揽下一切的费用，但到了同居的时候，有些男人反而会在钱上"留一手"，就是私房钱；天生有些斤斤计较的女人，不愿承担更多的非婚生活的开销。这种情况下，浪漫的同居，遇上了活生生的金钱考验，人们对于物欲的要求可能就难以浪漫起来了。有网站针对同居的生活费问题做了项"非权威"网友调查，结果是：赞成"AA 制"的占 46.8%；"谁挣得多谁多付"的 31.4%；"谁挣得多谁全付"的 10.2%；"绝对男方付"的 5.7%；"绝对女方付"的 0.3%；另有 5.6% 的被访网友态度是"无所谓"。

AA制同居 – 同居开支

同居生活千姿百态，为同居生活埋单的情况也是多种多样，目前流行的大概有下面几种：

AA制：同居双方平均分摊房租、水电、伙食等公共费用，个人花费自理，有时甚至连互送的礼物也是基本等值的。一般情况下，男女双方有固定收入，女方追求自尊独立。

男方埋单：女人不分摊任何的生活费，男人包揽一切生活所需。有些是女人完全依附男人，此种同居几乎就是包养了。还有一些是男人只负责公共费用，女人的个人花销自负。

女方埋单：和男人埋单相反，不管是哪种情况，总难免落个"吃软饭"的名声。

谁挣得多就谁埋单：所有的公共费用由挣得多的一方支付，另一方分文不出。就像是高薪的接济贫民，在这里实现多少人梦寐以求的"大同"。

按收入比例埋单：同居生活费按两人收入的比例共同承担，多挣的多出，少挣的少出。但AA制支持者对这种方式嗤之以鼻，他们认为挣得多与同居的经济责任毫不相干，在同居生活中享受到同样的权利，那义务也该是相等的。如果依据收入高低埋单，就像两人做了同样的活儿却按身材大小发工资一样，是不合理的。

失恋假

编辑者：

hehai007　卡通勇士　toboe　江湖百晓生

摘要：

失恋假是上海市某企业推出的一条新福利，让不少员工感到新奇和感动。随着社会的发展，除了物质奖励外，关注员工精神快乐程度的"幸福生产力"正在企业中流行。

失恋假－基本资料

如果企业有员工失恋了，就可以获得5天的"失恋假"用来恢复情伤。2009年11月13日，上海市某企业推出的这样一条新福利，让不少员工感到既新奇又感动。除了物质奖励外，关注员工精神快乐程度的"幸福生产力"正在企业中流行。上海首次启动此项评选，数十位社科专家、企业代表、人力资源专家等专题研讨"怎样让员工感到更幸福"的话题。

失恋假－原因分析

失恋引起的主要情绪反应是痛苦与烦恼，大多数人能正确对待和处理这种恋爱受挫现象，愉快地走向新生活，然而也有一些人不能及时排除这种强烈情绪。导致心理失衡，性格反常。

80后职场看重"干得爽"。有员工表示失恋后的一周是最难熬的，旁人可能觉得熬一熬也就过去了，但作为当事人来说，情绪低迷时连自杀的念头都有。当听说企业推出"5天失恋假"这项新福利后，有员工为之叫好，并表示与其工作时焦躁抑郁，不如趁5天假期散散心，或在家静养、或和朋友玩闹，会恢复得更快。

失恋假－企业措施

上海市首个关于企业"幸福生产力"的评选在浦东启动。在启动会上，不少企业推出的"幸福福利"让人耳目一新，按摩、生日餐成"幸福福利"。某家动漫创意公司因员工大多从事软件设计、文案创作等工作，不少人得了颈椎病，公司请来专业按摩师，定期为员工按摩治疗。该公司负责人表示让员工带着轻松的身心投入工作，创意更多、效果更好。

另一家餐饮公司则为每位员工提供有机生日餐，当天由寿星创意烹制一道菜，如果创意够好，公司表示还会把这道菜投放市场，不仅员工开心，企业也能从中获益。

失恋假－专家建议

有心理咨询师分析认为，不少白领想在企业里表现更好，压力随之增大，这样易导致恶性循环，企业不仅要关注员工在物质方面的需求，更要重视人才的精神需求和内心渴望，国外正当红的"幸福生产力"概念正被引入沪上。

有人力资源专家建议，现在企业竞争级别正从硬件升级到人力资本竞争，如何调动员工的最大积极性，已成为人才战略的重要考量因素。以前企业提到福利就是提高薪资、发放实物或培训等，现在开始用软性手段让员工更快乐工作，尤其现在成为职场新兴力量的80后，工作不看钱给多少，而是看干得"爽不爽"，企业要迎合这样的价值取向，就必须在举措和观念上求变。

失恋假 – 国际趋势

"幸福生产力"国际流行。尽管"幸福生产力"概念得到多家企业的认同，但也引起一些争议。怎么界定幸福生产力、如何考量，很难用固定标准来评价。上海市"幸福生产力"评选活动主办方表示，评选企业"幸福生产力"的初衷是为唤起企业对员工幸福感的重视，提供更多的人性关怀，还将发布"员工幸福感和生产力"调研报告，评选企业的哪些行为可以使员工幸福感更高、产生更多的工作动力。

"幸福生产力"是个国际性概念，这种生产力以人的快乐程度为指标，关注可持续发展和成长性。该指标在一些国家已成为新的经济指标之一，实则是"以人为本"的又一次复兴。这种企业关怀员工的行为，不仅因为员工对企业具有利用价值，更是企业激发内在潜能、担负起社会责任的表现。

快时尚

编辑者：

池中玉　　江湖百晓生

摘要:

　　时尚界以"快、狠、准"为主要特征的快时尚迅速兴起，带动全球的时尚潮流。快时尚服饰始终追随当季潮流，新品到店的速度奇快，橱窗陈列的变换频率更是一周两次。与速食年代"求速"的特点如出一辙。ZARA、H&M等等。

快时尚－简介

　　时尚界，以"快、狠、准"为主要特征的快时尚迅速兴起，带动全球的时尚潮流。速度快、超高频率更新的快时尚，永远追随潮流的特点，则让追求时髦的人趋之若鹜，扎堆采购。

　　"快"是指快时尚服饰始终追随当季潮流，新品到店的速度奇快，橱窗陈列的变换频率更是一周两次。

　　"狠"是指品牌间竞争激烈，而消费者购买快时尚服饰的速度能与品牌竞争相媲美，每月都做"月光族"属寻常事。

　　"准"是指眼光准。设计师能预知近期潮流趋势，在短时间内设计出各式新潮服装；消费者挑选商品时，看准了就买，绝不迟疑。

快时尚－业界

　　H&M和ZARA的目标消费群具备对时尚的高度敏感，口味变化非常快。它们采取的策略是在流行趋势刚刚出现的时候，准确识别并迅速推出相应的服装款式，把最好的创意最快的收为己用。这两个时尚品牌就是借奢侈品的设计力量，牺牲掉品质，满足消费者对时尚的需求，目前衣服更新换代，牺牲掉的品质被忽视。目标消费群虽对时尚有渴求，但不具备经常消费高档奢侈品牌的能力，频繁更新的时尚低价产品正好可以满足这类人群的需求。

快时尚－对比

　　长期浸泡在"快""花"世界中的消费者，随着消费理念的逐渐成熟以及全球经济的进一步衰退，逐渐产生了审美疲劳，厌倦了仅停留在频繁出新、设计新潮层面的快时尚服饰。这时，以经典、持久、独特为特色的慢时尚回归了。

慢时尚服饰最大的优点是独特，每款衣服都是"仅此一家，绝无仅有"。只要你掏钱买了，这件衣服就唯你独有，不可能在别人身上看到一模一样的衣服。经典和持久，是指慢时尚服饰超越季节、超越时间，是永远的流行。经久耐用，成为慢时尚的代名词。

同时，慢时尚服饰因采用天然材质的布料生产，顺应全球的环保趋势，是现代人提倡"绿色"生活的主要方面。全透明的生产过程也让消费者形成"信任"心理。而永远适用的服装样式，复古风格的再次形成，使慢时尚迎合了消费者的怀旧心理。对信奉慢时尚的消费者来说，与其去追随潮流，不如让潮流成为生活的点缀，让自己回归自然、回归经典，把产品的效用发挥到极致。

其实，慢时尚服饰和快时尚服饰最大的不同不在于它的经典、持久、独特、环保、怀旧等方面，而在于慢时尚服饰的高品质。

诚然，通货膨胀的日益严重，是让消费者重回"慢时尚"行列的因素之一——节俭再度成为生活的主旋律，消费者更多考虑的是商品的长期价值，而非短期效用。然而，经过了几十年的快时尚的发展，消费者对金钱与物质的想法更加成熟，购买物品的时候更多地考虑它的价值，而不仅仅是被转瞬即逝的时尚和潮流所左右。

撞肘

编辑者：

x0yun　无端锦瑟

摘要：

撞肘也叫作击肘，是2009年甲型H1N1流感肆虐下的美国，为防范甲型流感，美国人改变了见面问候的礼仪。不再拥抱、接吻或者握手了，都来"撞肘"了：两个人见面不再双手相握，而是手臂抬起，把上臂回内180度，把肘子向外，和对方肘子相碰。这种新式的见面礼正在快速风靡美国。

撞肘－产生背景

被誉为全球青少年"科学世界杯"大赛的"英特尔国际科学与工程大奖赛"(Intel ISEF)。美国当地时间2009年5月11日晚上7点，第60届Intel Isef隆重的开幕式现场，Intel董事长贝瑞特和电视主持人，还带领着来参赛的56个国家和地区的1500多个学生，一起做了"撞肘"这个新的见面礼。

这里在闹H1N1流感，Intel公司专门定制了一大批净手液，每一个会议袋上，都挂了一瓶净手液，方便人们及时使用。美国人改变了见面问候的礼仪。不再握手了，都来"撞肘"了。

撞肘－原因

美国人非常重视手的清洁，他们觉得手上不卫生最容易感染病菌。正因为此，见面握手并不科学，也不安全，就催生出的一个全新的见面礼仪——"撞肘"。

性臣服

编辑者：

Wuyanpeng 小孩嗷嗷帅 蓝凌 江湖百晓生

摘要：

　　性臣服一词由克拉夫特·依宾于 1892 年首创，意思是指某些人一旦与别人发生了性关系，便对这个人产生高度依赖与顺服的心理。这种"臣服"心理有时会达到极端程度，使人完全不能独立自主，甚至情愿为对方牺牲自己最大的利益。

性臣服－起源

　　克拉夫特·依宾在 1892 年首创"性之臣服"（sexual thraldom）一词，意谓某些人一旦与人发生了性关系，便对之产生了高度的倚赖与顺服的心理。这种"臣服"有时可能达于极端，甚至完全不能独立自主，甘愿牺牲自己的最重大利益；然而作者却不难发觉，"如果想要性关系能持久"，某一程度的这一种依赖，"却是完全必要的"。为维护文明的婚姻制度，压制那些不时威胁着社会和现行婚姻体制的多配偶倾向，相当程度的性之臣服原本不可或缺。

　　对于"性臣服"的起源，克拉夫特·依宾认为是"一个软弱而十分易感的个性"狂热地爱上一个十足自我中心观的人的后果，然而，分析的经验使我们不能满足于此种解释。相反地，我们不难看出，决定性的因素不在于克服性阻力所需的力量，以及阻力的突破是否单凭一次猛然的冲刺，而在那"致命的一跃"以后，完全地改变了自己的行径。女人多半是如此的，所以她们在性方面的臣服态度远比男人为常见，然而现代的男人却比往昔更易陷于这种境况。

　　关于男人之所以会接受性对象的奴役，所有我们研究过的例子，都显示那是因为，当他面对某一个女人时，忽然发觉自己能摆脱心理性无能的烦恼，他从此就跟定了她。许许多多古怪的姻缘、悲剧的收场——有些甚至造成重大结局——仍然都可以用这种情况来解释。

性臣服－克拉夫特·依宾的解释

　　克拉夫特·依宾是用"受虐狂"来解释性臣服心理的，因为性臣服的种种表现与

受虐狂非常相似。他还发现，性臣服在女性身上表现得更加明显，所以认定女性普遍具有"受虐倾向"。

性臣服－弗洛伊德的解释

弗洛伊德不同意克拉夫特·依宾的观点。他认为性臣服与处女禁忌有关。在远古时代，人类对许多事物感到恐惧，血就是恐惧对象之一。对血的恐惧导致月经禁忌，以为月经是有魔力的，所以避而远之。月经期的妇女不能与人发生性关系，不能参加重要的活动，必须住进特定的房子，实际上就是被隔离。

女人初次性交会引起出血，因此与处女性交也是一件危险的事，原始人非常排斥，这就是处女禁忌。但是，每个女人都会有第一次，怎么办呢？原始人很聪明，他们举行隆重的仪式，由祭司、酋长、长者或外乡人来帮助破膜。一旦破膜，危险就不存在了。

对于现代人来说，处女禁忌是非常遥远的事。但是，它仍然残留在我们的潜意识中，不知不觉地影响着我们的行为，一个最突出的表现就是一般人都很难突破"第一次"。人们必须下很大的决心，克服内心的重重障碍，才能突破它。所以，一旦突破，就会非常珍惜与突破者的关系，出现依赖和臣服。

弗洛伊德的观点虽然很精辟，但不能解释男性和有性经验的女性的性臣服。所以，与其用处女禁忌解释，还不如用涵义更广的"性禁忌"解释。在文明社会里，性不是一种随随便便的事。有许多性禁忌，要突破它们并不容易，一旦突破，自然就会很珍惜。

但是，"性禁忌"仍然不能解释为什么有些很开放、很随便的人也会有性臣服心理。

千人膏方

编辑者：

Hehai007

摘要：

　　"千人膏方"是网络上面热销的由白领自制的中药成品膏方，包括"美容方"、"祛痘方"、"助眠方"等，一些白领嫌到医院开方配药麻烦，转向网上求购 "美容方"、"祛痘方"、"助眠方"等成品膏方。有的甚至在家自制，还把配方和做法"晒"到网上，形成网络上热销的"千人膏方"现象。

千人膏方－基本资料

　　金融危机让不少人的钱包 "瘦身"，而今年伴随着药材价格上涨，膏方价格也水涨船高。动辄上千元的膏方令人却步，一些年轻白领转投购物网站，争相求购廉价的成品膏方。不少购物网提供五花八门的成品膏方，并号称其具有各种神奇疗效，比如：美白、养颜、祛痘，甚至还有防感冒、助眠等，而价格则从几十元到几百元不等，确实比市场价格便宜不少。更令人疑惑的是，尽管网店卖家在这些膏方的文字说明中称"熬制膏方时使用了大量中药材"，但在适用人群、性别、年龄一栏中却标示"全部适用"。

千人膏方－社会现象

　　除了到网店网购成品膏方，一些推崇DIY的女白领还在家自行熬制膏方，还把配方和做法"晒"到网上。记者发现，在网上一些 "健康论坛"中，自制膏方蔚然成

229

风。目前网上最流行的女性调养方称，将阿胶、芝麻、核桃、红枣、冰糖、蜂蜜等按比例打成粉，再加黄酒蒸好，每天早晨吃一勺。

在回帖讨论中，不少网友表示愿意一试。不过，也有网友在跟帖中抱怨，去年听了朋友的建议，按照这个方子购买材料在家自制膏方后，吃了一周明显感觉上火，嘴里起了疮，并以"切身教训"提醒其他网友谨慎尝试。还有一些自诩经验丰富的网友建议，热性体质的人在吃这个方子时，只需在阿胶中加些龟鳖胶即可，就能免于上火。

千人膏方－科学分析

对于膏方的服用效果，也不能过于夸大。膏方的重点是强身防病，对有些慢性病患者能帮助控制症状或缓解症状，但不能代替原来的治疗，更别指望所有的人都能取得"今年服膏方，明年可打虎"的奇效。年老、体虚、有慢性病或是亚健康的人可尝试膏方，健康人群则没有必要为了所谓的"好上加好"盲目进食。

盛行于北方和江南的中医传统冬补法——膏方近年在南方突然走俏，特别是以滋阴养血为主的"固元膏"，近年来很多大型超市居然四季都有即蒸即卖的新鲜货。而今冬近，生意似乎更加红火。有精明主妇甚至大批进货，一家老少三代"共享"，有的则将其当作馈赠亲友的保健佳品。

千人膏方－建议评论

进食膏方前需咨询医生，量要适宜，同款膏方不宜长期服食。服用膏方时，如果不懂避开禁忌，不但会影响效果，甚至可能加重不适症状。如：在服用含有人参、黄芪等补气的膏方时，应忌食生萝卜。膏方一般也不宜用茶水冲饮，因为茶叶能解药性，同样影响疗效。另外，阴虚火旺者在服用膏方期间应忌辛辣刺激性食物。如遇感冒发热、伤食腹泻等，则应暂停服食，以免加重症状。

梨花头

编辑者：

katsu　宁静的心　江湖百晓生

摘要：

梨花头，飘逸又不失可爱，既有大家闺秀的淑女感，又有温柔干练的女性魅力。据传，日本一位叫梨花的模特剪了个齐刘海头登上时尚杂志封面后，这种有着厚重刘海，及肩飘逸发梢的发型随即在杭州流行起来，此发型亦有了个好听的名字——"梨花头"，进入秋季，这一深得时尚女孩追捧的发型成为杭城各大美发中心爆款，至今这股热潮仍在继续中。

梨花头 − 概述

梨花头是一种流行发式，由日本名模梨花 rinka 一手引领的潮流发型，所以叫梨花头，中短发，发型类似梨形，由日本兴起。由日本人气模特梨花(Rinka)演绎的中长内卷BOB现在已经红透半边天咯！网友将其爱称为"梨花头"，梨花头既可爱又乖巧，还是装嫩一级武器，深得异性喜爱，现在已经热到了几乎人人头顶着一个梨花头的级别了，梨花头的魅力可见一斑。

梨花头 − 简单示范

使用工具：32mm 卷发棒，大号发卷

1.卷发前记得先喷点儿保护头发的喷雾。然后给头发简单地分区，把上层的头发用夹子固定在头顶处，从脸的一侧开始把秀发往内翻卷，记得要平着卷。

2.脸部侧面的秀发卷了一次之后，开始卷头部侧面的秀发，记得要根据自己的发

量好好调整每次卷的发束有多大，不宜分开太多次来卷！

3.把后脑勺的头发也卷一下。

4.将一开始固定在头顶的秀发放下来，简单地卷一下，记得也是要平着卷。

5.基本完成啦！最后是刘海，细节绝对不能忽略！条码刘海可不行，想拥有漂亮的弧形刘海需要用到这种大号发卷，卷着用吹风机加热5分钟便可。

6.最后喷上定型喷雾，大热梨花头完成啦！

美商

编辑者：

寒烟123　　guixingjia　　轩尼诗

摘要：

美商（BQ），全称美丽商数（Beauty Quotient），并不是指一个人的漂亮程度，而是一个人对自身形象的关注程度，对美学和美感的理解力，甚至包括一个人在社交中对声音、仪态、言行、礼节等一切涉及到个人外在形象的因素的控制能力。BQ是继IQ、EQ、AQ之后新兴的重要竞争力，对于从事服务行业的工作者来说，自我行销技能是在高度竞争环境中的致胜关键，而外型包装的功夫正是其中重要一环。

美商－简介

BQ最重要的价值在于懂得如何透过创意，展现出专业与美感，以往"专业至上"是上班族不修边幅的借口，继IQ、EQ、AQ之后，BQ（美丽商数——Beauty Quotient）俨然成为职场新兴竞争力。

根据2009年职场调查发现，超过九成的上班族认为适宜的外型打扮对于职场发展是有正向帮助的，并表示上班衣着最能增加专业说服力与个人自信；透过服装可以彰显个人品位；良好的外在形象能协助自己更快融入企业文化之中；更容易拓展人脉或者升迁跳槽的机会比别人多。

BQ 的确能提升个人在职场竞争里的人力资本。在列举的多项研究，包括广告公司高层主管、律师、教授，在控制各项组织规模、地点等变项之后，不同研究有相同结论：俊男美女型的主管、律师、教授，的确能赚得较多的利润，赢得客户及学生的青睐。

美商－内涵

一般人往往轻视了 BQ 的力量，其实外型不仅将影响到他人对自己的第一印象，还可能会让主管或客户对你个人专业能力与敬业态度产生疑虑，因而丧失升迁、求职或工作扩展的机会。

外型是说服他人的重要元素，就像称职的演员在舞台上要穿对表演服装，以求在短时间内赢得观众对演员所扮演角色的认同。但注重穿着打扮不是要天天打扮得花枝招展，而应该是要"演谁像谁"，展现符合专业角色的外型。

BQ 最重要的价值在于懂得如何透过创意，展现出专业与美感，如何使用有限的预算，创造出个人职场风格，这才是 BQ 的精髓所在。

美商－培养

BQ 就像 EQ 一般，都是可以经由后天培养的。如何培养出个人职场形象的敏锐度？上班族可以观察同业之中成功者的穿着打扮，来知其一二，再糅合所从事的职业特性与个人特色，进而施加一些巧思，便可创造出适合个人的职场形象。

装死游戏

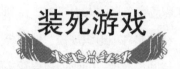

编辑者：

wuyanpeng　katsu　大胃的世界　guixingjia　黄色甲壳虫　x0yun

摘要：

　　装死游戏（Lying Down Game），就是"趴着的游戏"。这个游戏的发明者名叫Gary Clarkson。也有人说Lying Down Game源自俩英国人Scott Wood和Wayne Pyle在Majorca旅游时的突发灵感。世界上越来越多的人投入到这个游戏中，完全是"不趴到死誓不休"的劲头。 游戏方法很简单，你只要找一个公共场合，然后面朝大地平躺或者以其他方式趴下来（有点类似蜡笔小新的"装死"游戏），拍照上传即可。越是古怪的场合越刺激，越是人多越好玩。

装死游戏 - 简介

　　装死游戏（Lying Down Game），直译过来就是"趴着的游戏"。这个游戏是从前一阵子流行起来的，而且现在愈演愈烈，世界上越来越多的人投入到这个游戏中，完全是"不趴到死誓不休"的劲头。游戏方法很简单，你只要找一个公共场合，然后面朝大地平躺或者以其他方式趴下来（有点类似蜡笔小新的"装死"游戏），拍照上传即可。越是古怪的场合越刺激，越是人多越好玩。

　　至于游戏的起源，有人说这个游戏的发明者名叫Gary Clarkson。也有人说 Lying Down Game 源自俩英国人 Scott Wood 和Wayne Pyle 在 Majorca 旅游时的突发灵感。从何而来并不重要，关键这游戏确实太搞笑了！

装死游戏－害死迈克尔·杰克逊

美国媒体惊爆，迈克尔·杰克逊生前爱玩"装死游戏"，以致他倒毙当天，孩子与私人医生都还以为他在装死，足足等了50分钟才传召救护车！

他经常都会装死，然后，又跳起来给予孩子们惊喜，所以，事发当晚，当迈克尔·杰克逊在客厅里昏倒后，他的12岁儿子"王子"还以为，父亲再次作弄他，直到迈克尔·杰克逊的私人医生开始为他进行心脏复苏，王子才知道父亲不是在装死。

据知，当医生为迈克尔·杰克逊进行心脏复苏时，王子全程都在一旁看着，似乎"正在发愣"。

当迈克尔·杰克逊被送上救护车时，孩子们才开始大哭。到了医院时，孩子们都用彩色笔画"早日康复"图片，以为迈克尔·杰克逊还会醒来。 也有报道指出，就连迈克尔·杰克逊的私人医生穆莱也以为，迈克尔·杰克逊再次作弄他们。穆莱医生也是迈克尔的孩子的医生。

慢城市

编辑者：

轩尼诗　guixingjia

摘要：

慢城市是一种新的城市模式。与快节奏的生活方式不同，在这里，有更多的空间供人们散步，有更多的绿地供人们休闲娱乐。目前（截止2009年9月），意大利有32个小城成功推行了这一模式，这些安静的小城区别于其他城市的标志就是一只蜗牛的形象。"慢城市"不仅仅是将快速城市的步调放慢，而是创造一个环境，让人可以抗拒倚赖时钟与凡事求快的压力。

慢城市－起源

意大利只有1.5万人的小城市布拉提出了建立一种新的城市模式，提出在现代化的城市中，寻求一种将现代化技术与传统生活方式的结合，使人们不仅可以享受现代化生活带来的诸多方便，更会把一种规律而且健康的幸福生活带给每一个人，这就是"慢城市"模式的起源。

慢城市－代表

目前（截止2009年9月），全世界已有42个城市宣称为"慢城"。全欧境内已有波兰、奥地利、西班牙、葡萄牙、挪威、德国、法国、英国、瑞士等十几个国家加入，甚至连日本、韩国也有"慢城市"。

慢城市－标准

1.慢城市的人口总数应该不超过5万人。

2.慢城市运动的"蜗牛"标识必须在所有的公共设施和尽可能多的私人设施上张贴，以直观形式主义倡导"慢生活"理念。

3.慢城市必须限制汽车的使用，20公里／小时是汽车在城市街道行驶时的最高速度。

4.慢城市必须有一个噪声管理系统，广告牌和霓虹灯能少则少。

5.慢城市必须有一套环保的城市污水生态处理系统。

6.慢城市在全球化的背景下，必须保证城市的个性，特别是那些本土化和具有地区象征性的产品。

7.慢城市必须定期接受"慢城市国际协会"的检查，以保证上述指标被严格执行。

慢城市－影响

"慢城市"的发展是一场全民参与的，试图重构都市生活方方面面的草根运动。人们开始懂得保持地方传统就是保持家园之根，而生命的自由欢乐远胜于金银缁珠。在政府官员的眼中，"慢城市"无疑是一种更好的城市治理之道。如今，"慢城市"运动赢得了越来越多的追随者。德国、英国和其他北欧国家的小城纷纷效仿。就连一些欧洲的大都市也开始倡导"慢城市守则"。伦敦，这个欧洲大陆最匆忙的都市，也正制定政策限制市中心区车流。

新生活

测试：你的宅生活指数是多少？

相关词条：新生活——宅生活

宅人很多很多，但是你知道么？宅生活也是分等级的！你知道你现在修炼到几级了吗？完成测试就知道啦。

1.你最长的在家过宅生活的时间是多久？

A.2天　　+1

B.7天　　　+3

C.一个月　　+5

D.两个月以上　　+7

2.以下哪件事情会让你放弃宅生活的呢？

A.突然到来的免费的旅游　　+7

B.外面花开了去看看　　+1

C.朋友约你出去逛街　　　+3

D.在家太久了　　　+5

3.你为什么过上宅生活？

A.没有理由　　+7

B.外面没有吸引你的东西　　+1

C.家里能提供需要的一切　　　+3

D.害怕接触人　　+5

4.你如何看待上班、上学的?

A.很没意思，要是能永远在家里就好了　　　+7

B.没感觉　　　+5

C.还是喜欢上班、上学　　　+1

D.主要看是什么学什么工作　　　+3

5.在家过宅生活的时候你主要做什么事情?

A.上网　　　+5

B.看电视　　　+1

C.玩游戏　　　+3

D.什么都做什么都不做，只要是在家就行　　　+7

答案：

5分—13分　初级宅生活

你的宅生活只是偶尔发生的，就你本身而言只是对现实生活的逃避，在合适的时候，你会随时突破房屋的限制，走出去和人交往，而当在感觉到累的时候才会回到宅生活之中，总而言之你和真正的宅生活还是很有距离的。

14分—20分　中级宅生活

你很享受过宅生活的日子，看看电视、上上网，生活多么安逸享受，但是看到外面的艳阳高照、风和日丽，你还是会心中萌动，想出去看看，感受一下自然，或是会见一下许久未见的朋友，换句话说你的宅生活还没上层次。

21分—30分　高级宅生活

你已经达到了能不出门就不出门的程度了，在你看来在家就能解决一切问题，如非必要你就会踏踏实实的在家呆着，直到周围的人替你着急，赶你出门的时候你才会

有所行动，其实外面也有很多有意思的事情，没事出去看看也很好。

31分以上 超级宅生活

你已经是"宅界"的高段了，就算赶你出门你也未必出去，什么上班、上学，对你来说就是折磨，你只有在家的时候才觉得人生有意义，如果可以，你愿意一辈子在家呆着，具体做什么不重要，重要的是在家呆着不出门。无法评价你这样做的好坏。

新科技

科技就是生产力！

物联网

编辑者：

katsu　小孩嗷嗷帅　小燕123　王小泡　wuyanpeng　guixingjia　下自成奚

摘要：

　　物联网(The Internet of things)的概念是在1999年提出的，它的定义很简单：把所有物品通过射频识别等信息传感设备与互联网连接起来，实现智能化识别和管理。国际电信联盟2005年一份报告曾描绘"物联网"时代的图景：当司机出现操作失误时汽车会自动报警；公文包会提醒主人忘带了什么东西；衣服会"告诉"洗衣机对颜色和水温的要求等等。

物联网 - 简介

　　物联网把新一代IT技术充分运用在各行各业之中，具体地说，就是把感应器嵌入和装备到电网、铁路、桥梁、隧道、公路、建筑、供水系统、大坝、油气管道等各种物体中，然后将"物联网"与现有的互联网整合起来，实现人类社会与物理系统的整合，在这个整合的网络当中，存在能力超级强大的中心计算机群，能够对整合网络内的人员、机器、设备和基础设施实施实时的管理和控制，在此基础上，人类可以以更加精细和动态的方式管理生产和生活，达到"智慧"状态，提高资源利用率和生产力水平，改善人与自然间的关系。

　　毫无疑问，如果"物联网"时代来临，人们的日常生活将发生翻天覆地的变化。然而，不谈什么隐私权和辐射问题，单把所有物品都植入识别芯片这一点现在看来还不太现实。人们正走向"物联网"时代，但这个过程可能需要很长很长的时间。

物联网－原理

物联网是在计算机互联网的基础上，利用 RFID、无线数据通信等技术，构造一个覆盖世界上万事万物的"Internet of Things"。在这个网络中，物品(商品)能够彼此进行"交流"，而无需人的干预。其实质是利用射频自动识别(RFID)技术，通过计算机互联网实现物品(商品)的自动识别和信息的互联与共享。

而 RFID，正是能够让物品"开口说话"的一种技术。在"物联网"的构想中，RFID 标签中存储着规范而具有互用性的信息，通过无线数据通信网络把它们自动采集到中央信息系统，实现物品(商品)的识别，进而通过开放性的计算机网络实现信息交换和共享，实现对物品的"透明"管理。

物联网－影响

在"物联网"普及以后，用于动物、植物和机器、物品的传感器与电子标签及配套的接口装置的数量将大大超过手机的数量。物联网的推广将会成为推进经济发展的又一个驱动器，为产业开拓了又一个潜力无穷的发展机会。按照目前对物联网的需求，在近年内就需要按亿计的传感器和电子标签，这将大大推进信息技术元件的生产，同时增加大量的就业机会。

美国权威咨询机构 forrester 预测，到 2020 年，世界上物物互联的业务，跟人与人通信的业务相比，将达到 30 比 1，因此，"物联网"被称为是下一个万亿级的通信业务。

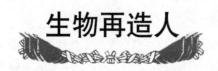

生物再造人

编辑者：

guixingjia　　池中玉　　连生

摘要：

生物再造人就是借助科技改造人体结构，让人类可以更好的工作和生活。现阶段人们已经能够以便宜的价格买到机器腿、生物眼、仿生手，并轻易做出超越人类身体极限的动作。价格也只需要 15 万英镑（约人民币 170 万元）。

生物再造人－概述

1974 年，英国科幻剧作家预估，制造一个生物再造人需要花费 370 万英镑（约人民币 4211 万元），随着仿生学和科技的发展，生物再造人的生产成本急剧下降，只需要 15 万英镑（约人民币 170 万元）就能打造出一个"超人"。

英国科学家介绍，这得益于生产仿生学义肢的公司越来越多，人们能够以便宜的价格买到机器腿、生物眼、仿生手，轻易做出超越人类身体极限的动作。

生物再造人－科学幻想

达尔文的《进化论》说明物种进化乃为适应外在环境，然而经过千百万年，人类的身体构造仍然未臻完善，不能好好应付 21 世纪以至未来的生活。一群医生及科学家在《英国医学杂志》上撰文，指出人体多项不足之处和改善办法，他们天马行空的概念或能衍生出未来新科技。

来自美国的保罗·布朗是朊病毒疾病方面的顾问，他在 2006 年的一期《英国医学杂志》中联合多位医生和专家提出人体构造的新见解，暗示假如是上帝造人的话，人体有些地方也许可以造得更好。布朗认为，人类直立行走，给膝盖和盆骨极大的压力，这些承托体重的位置老早便应强化，再不就是大家应四条腿走路，消减关节的压力。现代人不少需在电脑键盘上打字工作，新式通讯器材如手机等的键盘又极为细小，假如人类的手指变得更细，使用这些工具就会更方便。

人类身体的心肺和血液循环系统也承受不了现代饮食中的高脂肪和高胆固醇。布朗指出，假如现代人习惯喝红酒吃汉堡包，我们应有两个心脏、两副肝脏，以及能阻止脂质积聚的血管壁。若嫌太多器官在身成为负累，还有医生建议器官应有"可拆卸"的设计，其他身体部分也应如此，例如双腿可以拆下来，买裤子也可交由他人代劳。

　　《英国医学杂志》在人类性生活方面还有不少建议，例如人类性器官应移离目前位置以保持卫生。鉴于西方妇女生育率低，她们每人一生顶多存有数颗卵子就够了，省却每月来经和更年期的麻烦。部分医生的提议也很实际，例如把呼吸道和食道分开，就可避免进食时因食物噎住而窒息；而假如人的每只手各有六根手指，我们便很可能会弃用十进制，改用十二进制。

　　一批科学家最新表示，人类根本就不应该直立地行走，因为这给膝盖和盆骨太大压力，人类应像动物那样四足走路。这个为适应未来生活而提出的建议却恰恰与达尔文的进化论相反。

人造肉

编辑者：

keceel　王小泡　池中玉　寒烟123　guixingjia　江湖百晓生　小猪piglets
宁静的心　moonhook

摘要：

　　人造肉，是科学家利用干细胞培育出"肉"。培养"人造肉"属于医学上的组织工程学的范畴，到目前为止，科学家们只能培育出指甲盖大小的骨骼肌。对于人造肉，有人担心在未来的某一天会在超市里吃到培养出的"人肉"。

人造肉 - 原料

　　生产"人造肉"，干细胞无疑是最好的"原材料"。肌卫星细胞，又称生肌干细胞，因其负责肌肉的修复和再生，所以成为科学家们的首选。当然，也可以采用胚胎干细胞，但这会引发一系列伦理问题：因为胚胎干细胞具有全能性，也就是说它能分化出

成体动物的所有组织和器官，除了肉之外，它们也有变成其他用途的可能。

人造肉－制造方法

其一

美国马里兰大学的博士生贾森·马西尼在《组织工程学》杂志中撰文指出，他带领的一个研究小组已经找到了在实验室内制造"人造肉"的两种方法。

一种方法是，他们首先从牛、猪、家禽或鱼的肌肉组织中提取细胞，在一个薄膜上进行培育。他们发现，细胞会生长、扩张，然后从薄膜上脱落；等到脱落后的平面细胞群堆积到一定厚度时，就形成了肉。

马西尼提供的另一种方法是在一种三维颗粒中培育肌肉细胞。这样培育出的细胞组织可以用来制造肉制品，比如鸡米花和碎牛肉。

其二

科学家本杰明表示："我们找到一套方法，让肉类在动物体外生长。"据悉，科学家们首先抽取出动物身上的"肌肉母细胞"，然后将其放在培养液中生长，接着倒入支架，放入生物反应器当中，借此培育出动物肌肉纤维。这些人工培养出来的肌肉，最后将被用来制作肉类食品。

人造肉－生产成本

每公斤"人造肉"的生产成本约为1万美元，相当于市面上普通肉类价格的1000倍以上。

人造肉－优点

1.动物可以免受被宰杀的痛苦。

2.由于人们不再饲养牲畜和家禽，也就不用再担心疯牛病、猪流感、禽流感这些疾病了。

3.据联合国粮农组织统计，畜牧业占了世界耕地面积的70%，相对于饲养，人工培育肉制品所占得地方肯定小得多。

4.根据联合国粮农组织的数据，牲畜、禽类排出的温室气体占全世界总量的18%，超过全球汽车排出的温室气体总和。如果人类不再饲养牲畜和禽类，全球变暖问题将得到缓解。

5.从根本上杜绝疯牛病以及口蹄疫等病毒感染，而且还可以加入有益人体健康的成分。

6.从根本上解决人类的饥饿问题。

7.可以为远征月球和火星的梦想提供重要的生存手段，这比携带大量脱水耐储食品和在太空种植农作物都要方便得多。

移民石计划

编辑者：

伯爵　　轩尼诗

摘要：

"移民石"（Plymouth rock）计划的全称为：移民石——人类搭乘猎户座飞船前往小行星初期计划。该项计划不仅仅将加强人类遨游外太空所需的硬件系统的研究，还能够进一步提升人类长期在月球和火星上逗留的能力和信心。同时，研究计划还将能够帮助人类避免未来太空小行星撞击地球的危险。

移民石计划－简介

为避免小行星撞击地球所致灾难的发生，人类必须探索和了解地球周边的小行星。人类发射到小行星上的无人探测器传回的资料和数据表明：小行星上蕴藏有丰富的矿产资源，甚至还发现有冰块的痕迹。如果人类能登上小行星，就可能把它作为人类探测其他宇宙天体的中转站，进而更好的探测外太空。早在2000年和2005年美国

和日本分别发射了无人近地小行星探测器，并发回了许多有用的科学数据和图片。但是，无人探测器有其局限性，不能深入探测小行星的准确物质构成和内部构造。因此登陆小行星对美国航天局和该领域的公司无疑有着巨大的吸引力。

北京时间 2009 年 11 月 25 日，据美国太空网报道：一项名为"移民石"的太空研究计划取得重要进展。包括美国宇航局和众多航天工业公司在内的多家科研机构或组织参与了项目研究。美国洛克希德马丁公司是"移民石"计划的主要参与者，他们也是美国宇航局猎户座飞船的制造商。

移民石计划 – 目标

该项计划不仅仅将加强人类遨游外太空所需的硬件系统的研究，还能够进一步提升人类长期在月球和火星上逗留的能力和信心。同时，研究计划还将能够帮助人类避免未来太空小行星撞击地球的危险。

此外，"移民石"计划还有一个重要目标，那就是在月球和火星之间搭起一座桥梁。目前（指 2009 年 11 月）美国宇航局和相关公司正在考虑如何实现这一目标，其中包括如何制造一个可扩展的登月舱，以增加乘员的数量。因为近地小行星将是一个非常有吸引力的选择，它是月球与火星之间的中间阶梯。

移民石计划 – 评估

美国宇航局载人航天飞行计划评审委员会近期（2009 年年底前）做出评估认为，人类应该登陆和访问以前从未到过的地方，应进一步向更深更远的外太空发展。正是在该委员会评估报告的支持下，"移民石"计划研究团队才决定正式向美国宇航局汇报研究进展和提出申请。科学家们关于小行星探索的评估计划将被送到美国宇航局和白宫，等待总统及主管机构的批复。至于政府最终如何答复，目前（2009 年 11 月 25 日）科学家们也无从得知。

人造精子

编辑者：

小破孩有些　　科技顽童　　柳溪

摘要：

　　人造精子，一项能让女性独立生育的技术。科学家从男性或女性身上提取骨髓细胞，分离出了干细胞，然后将这些干细胞培育成"人造精子"，成熟的女性"人造精子"将可以和卵子进行试管授精，生育繁衍后代。这意味着从理论上来说，利用女性的骨髓细胞产生的"人造精子"，女性就可以完全在不依赖男性的情况下，独自繁衍生子。

人造精子 – 简介

　　英国科学家首次利用人体干细胞造出人造精子，这将为治疗男性不育症带来希望，不过这一最新成果也带来了巨大的道德和伦理争议。医学专家估计这项最新科学成就可能最早在 5 年内就会被用于体外受精诊所，届时可以使成千上万的不育男性拥有自己的"基因"儿女。而这仅需要患者的一小点皮肤组织即可。

　　英国纽卡斯尔大学的科研人员致力于人体干细胞研究，并且首次造出人造精子。生物学家卡里姆调制出一种化学物质和维生素构成的"鸡尾酒"，在这种"鸡尾酒"培养环境下，人体干细胞转变成精子。干细胞是一类具有自我复制能力(self-renewing)的多潜能细胞，在一定条件下，它可以分化成多种功能细胞，医学上称为"万用细胞"。

人造精子－伦理争议

让男人显得多余

这一研究在科学界和伦理学界引起了巨大的伦理争议，批评者们认为，"人造精子"技术已经超越了人类道德的底线，因为这意味着女性也可以变相生产"人造精子"，从而使男人完全成为多余——未来社会的女性完全不需要男性参与，就能够单性孕育后代。

严重缺陷

女性"自产"的将全是女婴：由于女性细胞中缺乏生育男孩所必需的 Y 染色体，所以通过女性"人造精子"生育出来的后代将全部是女婴。男性和女性都有23对染色体，其中22对染色体是相同的，男性的第23对染色体是 X 和 Y 染色体，而女性是XX染色体。从男性骨髓干细胞中提取的精子细胞带有 X 和 Y 染色体，而女性都是 X 染色体，所以女性精子细胞与一个卵子结合后，只能发育成女孩。而男性精子细胞与卵子结合后，孩子的性别就是随机的。

后代能否接受父母

此外，由"人造精子"和"人造卵子"产生的后代，他们是否能够坦然接受自己的父亲或者母亲竟是实验室里制造出来的一堆细胞，这同样也是一个问题。英国"基督教协会"官员迈克·贾奇称，只有异性夫妇生育的孩子，才能拥有最佳的成长环境和心理健康。贾奇说："因为孩子的生活中需要男性榜样和女性榜样，确实，有些孩子由于各种原因都是在单亲家庭中长大的，但如果你故意制造这样的单亲家庭孩子，那从道德上来说是绝对错误的。"

光计算机

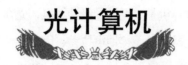

编辑者：

亚芯 wxz guixingjia 王小泡 Andy gl020 本田雅阁 第E次邂逅

摘要：

　　光计算机是利用纳米电浆子元件作为核心来制造，通过光信号来进行信息运算的，这种利用光作为载体进行信息处理的计算机被称为光计算机，又称为光脑。

光计算机 - 工作原理

　　光电计算机是由基础部件空间光调制器和纳米电浆子元件构成，它是一种纳米级别金属构件的主要组成部件，这种特制的元件能够以一种高度控制的方式和光进行相互作用，并采用光内连技术，在运算部分与存储部分之间进行光连接，运算部分可直接对存储部分进行并行存取。从而靠激光束进入由反射镜和透镜组成的阵列中来对信息进行处理的。

光计算机 - 优点

　　光计算机就是充分利用光的特性，与电的特性相比，它所具有无法比拟的各种优点：

　　第一，光器件允许通过的光频率高、范围大，也就是所谓的带宽非常大，传输和处理的信息量极大。两束光要发生干涉，必须频率相同，振动方向一致和有不变的初始位相差。因此，同一根光导纤维中能并行地传输很多波长不同或波长相同但振动方

向不同的光波，它们之间不会发生干涉。有人计算每边长1.5厘米左右的三棱镜，信息通过能力比全世界现有的全部电话电缆的通过能力还大好多倍。

第二，信息传输中畸变和失真小，信息运算速度高。光和电在介质中传播速度都极快，但光和电不同，光计算机是"无"导线计算机，光在光介质中传输不存在寄生电阻、电容和电感问题，光器件又无接地电位差，因此，传输所造成的信息畸变和失真极小，光器件的开关速度比电子器件快得多。光计算机的运算速度在理论上可达每秒千亿次以上，其信息处理速度比电子计算机要快数百万倍。

第三，光传输和转换时，能量消耗极低。尽管集成电路中的电流十分微弱，但由于集成度的提高，功耗仍然是个大问题，对于巨型计算机，问题更为严重。光计算机却不同，除了激光源需要一定的能量以外，光在传输和转换时，能量消耗却极低。

光计算机－发展前景

光计算机的出现，将使21世纪成为人机交际的时代。

光计算机的运用也非常广泛，特别是在一些特殊领域，比如预测天气，气候等一些复杂而多变的过程，还可应用在电话的传输上。

使用光波而不是电流来处理数据和信息对于计算机的发展而言是非常重要的一步。在将来，光计算机将为我们带来更强劲的运算能力和处理速度。甚至会为将来和生物科学等学科的交叉融合打开一扇新的大门。

可燃冰

编辑者：

Nuxes 遥远遥远 654004952 HWGUO 王小泡 wuyanpeng guixingjia 静月琥珀

直升飞机 科技顽童 下自成奚 笨鸟先飞 啊华 浔阳涂龙 小水滴

摘要：

　　可燃冰是一种无色透明冰状晶体，是甲烷和水所形成的一种笼型气体水合物，水分子通过氢键相互吸引构成笼，甲烷分子就存在在这种笼中，甲烷分子与水分子间通过范德瓦耳斯力相互吸引而形成笼型水合物。

可燃冰－概述

　　自 20 世纪 60 年代以来，人们陆续在冻土带和海洋深处发现了一种可以燃烧的"冰"。这种"可燃冰"在地质上称之为天然气水合物，又称"笼形包合物"，现已证实分子结构式为 $CH_4 \cdot 8H_2O$。

　　天然气水合物是一种白色固体物质，外形像冰，有极强的燃烧力，可作为上等能源。它主要由水分子和烃类气体分子（主要是甲烷）组成，所以也称它为甲烷水合物。天然气水合物是在一定条件下，由气体或挥发性液体与水相互作用过程中形成的白色固态结晶物质。

可燃冰－储量

　　已发现的天然气水合物主要存在于北极地区的永久冻土区和世界范围内的海底、陆坡、陆基及海沟中。由于采用的标准不同，不同机构对全世界天然气水合物储量的估计值差别很大。据潜在气体联合会（PGC，1981）估计，永久冻土区天然气水合物资源量为 $1.4 \times 10^{13} \sim 3.4 \times 10^{16} m^3$，包括海洋天然气水合物在内的资源总量为 $7.6 \times 10^{18} m^3$。但是，大多数人认为储存在汽水合物中的碳至少有 $1 \times 10^{13} t$，约是当前已探明的所有化石燃料（包括煤、石油和天然气）中碳含量总和的 2 倍。

可燃冰－分布

　　世界上海底天然气水合物已发现的主要分布区是大西洋海域的墨西哥湾、加勒比海、南美东部陆缘、非洲西部陆缘和美国东海岸外的布莱克海台等，西太平洋海域的白令海、鄂霍茨克海、千岛海沟、冲绳海槽、日本海、四国海槽、日本南海海槽、苏拉威西海和新西兰北部海域等，东太平洋海域的中美洲海槽、加利福尼亚滨外和秘鲁

海槽等，印度洋的阿曼海湾，南极的罗斯海和威德尔海，北极的巴伦支海和波弗特海，以及大陆内的黑海与里海等。

可燃冰 - 危害

全球海底天然气水合物中的甲烷总量约为地球大气中甲烷总量的 3000 倍，若有不慎，让海底天然气水合物中的甲烷气逃逸到大气中去，将产生无法想象的后果。而且固结在海底沉积物中的水合物，一旦条件变化使甲烷气从水合物中释出，还会改变沉积物的物理性质，极大地降低海底沉积物的工程力学特性，使海底软化，出现大规模的海底滑坡，毁坏海底工程设施，如：海底输电或通讯电缆和海洋石油钻井平台等。

可燃冰 - 重要性

可燃冰是天然气和水结合在一起的固体化合物，外形与冰相似。由于含有大量甲烷等可燃气体，因此极易燃烧。同等条件下，可燃冰燃烧产生的能量比煤、石油、天然气要多出数十倍，而且燃烧后不产生任何残渣和废气，避免了最让人们头疼的污染问题。科学家们如获至宝，把可燃冰称作"属于未来的能源"。

蓝脑计划

编辑者：

池中玉　勇敢的季节--Amy　N颖钻石　hehai007

摘要：

蓝脑计划是由瑞士科学家设想的一个复制人类大脑的计划，以达到治疗阿尔茨海默氏症和帕金森氏症的目的。2009 年 8 月 11 日，科学家宣称有望在 2020 年左右制造出科学史上第一台会"思考"的机器，它将可能拥有感觉、痛苦、愿望甚至恐惧感。

蓝脑计划 - 基本资料

"蓝脑"计划将分为几个阶段：2008 年先用啮齿动物做实验，2011 年后将试图组装一个猫的大脑，在 2015 年正式组装人类大脑之前可能还会制造猕猴的大脑。

截止 2009 年 7 月，"蓝脑"计划组已经完成了人脑新皮层部分的神经元计算工作，并已绘制出一份 3D 神经元活动模拟图。最终科研人员希望能知晓并模拟出整个人脑的神经元的活动情况，揭开人类意识产生之谜。

蓝脑计划 - 构思基础

"蓝脑"计划，是在 IBM 拥有的超级计算机——"蓝色基因"的构思基础上，企图应用超级计算机的高速度，来虚拟人类大脑的多种功能，比如认知、感觉、记忆等等。而基本思路是：既然要探索人脑活动的原理，就可以先从模拟人脑开始，用电脑"复制"人脑所有的活动，以及在其内部发生的各种反应。

蓝脑计划 - 研究过程

"蓝脑"计划的主要研究对象集中在人类思考和记忆方面，通过对大脑运行过程的精确模拟，科学家还可以揭开隐藏在精神失常背后的秘密。

这项计划有一种"上万神经元"的软件模型，能让研究人员通过数码技术搭建一个人工皮层单元。虽然每个神经元都是独一无二的，但是，研究人员已经发现不同大脑的线路有着共同的模式。虽然大脑有大有小，可能有不同形态的神经元，但是分享着相同的结构。

模拟大脑已经开始让研究人员了解到大脑工作方式的一些线索。例如，他们能显示出大脑的画面并监控机器的电活性。

表现和影射的目标最终会实现，因此，研究人员可能会直接看到大脑感知世界的

方式。随着神经系统科学和哲学的发展，"蓝脑"计划还有着其他实际应用。

蓝脑计划－应用前景

而IBM研究院Blue Brain项目的负责人认为，模拟大脑的真正价值在于研究人员可以获得每个神经元的数据。

该计划如能成功，那么这个虚拟的大脑将为研究人类的认知，如感觉、记忆甚至意识提供重要的提示，这可能将是人类首次观察到并同时模拟到我们的大脑用以反映世界的电子代码，还可能有助于理解当大脑的"微电路"出故障时是如何引起孤独症、精神分裂症和抑郁症等精神上的紊乱的。

蓝脑计划－最新进展

从2004年至2009年，马克拉姆和他的研究小组已经使用世界上一些最强大的超级电脑，来模拟宇宙中已知最复杂的"物体"——哺乳动物大脑的某些功能。2009年8月，科学家宣称有望在2020年左右制造出科学史上第一台会"思考"的机器，它将可能拥有感觉、痛苦、愿望甚至恐惧感。

碳捕捉

编辑者：

x0yu

摘要：

碳捕捉，就是捕捉释放到大气中的二氧化碳，压缩之后，压回到枯竭的油田和天然气领域或者其他安全的地下场所。这项技术能够减少燃烧化石燃料产生的温室气体。但技术瓶颈仍然存在，大规模发展的价格昂贵，项目进行困难重重。

碳捕捉－原理

"捕捉"碳并不难。二氧化碳和胺类物质发生反应，二者在低温情况下结合，在高温中分离，这样，可以使电厂产生的废气在排放前通过胺液，分离出其中的二氧化碳；之后在适当的地方加热胺液就可以释放二氧化碳。更好的方法是使煤和水发生反应，产生一种二氧化碳和氢气的混合物。在这种混合物中二氧化碳含量比一般电厂废气中的更高，所以更容易分离。之后燃烧的就是纯氢气了。

要成功地封存二氧化碳，需要一块地下 1000 米以下的岩体。在这样的深度，压力将二氧化碳转换成所谓的"超临界流体"，而在这样的状态下二氧化碳才不容易泄露。另外，这片岩体还要有足够多的气孔和裂缝来容纳二氧化碳。最后，还需要一块没有气孔和裂缝的岩层防止泄露。

碳捕捉－成本

关于成本，根据麻省理工大学去年发表的一份报告，捕捉每吨二氧化碳并将其加压处理为超临界流体要花费 25 美元，将一吨二氧化碳运送至填埋点需要花费 5 美元。这也就是说，发电厂每向大气中排放一吨二氧化碳就要支付 30 美元；这一数字接近联合国政府间气候变化专门委员会建议的碳价格的中间值和欧盟现行的碳价格。

碳捕捉－困难

首先，在化石燃料和能源生产的过程中捕捉二氧化碳所需的费用是极其昂贵的。

第二，埋藏地点必须经过检验。在那儿，二氧化碳不能泄漏，必须修建包括油轮和管道在内的设施来运输二氧化碳到这些地点。

第三，由于成本原因，还没有各类环保公司有意向在碳捕捉技术上进行投资。这就要求要么提高碳税抵消排放成本，采取碳排放限定及交易许可来取得税金，或者直接采用大量的政府补贴。

第四，对于在陆地而不是海上存储，地震或者其他地质事件有可能将巨大的温室气体重新发散到大气中。

碳捕捉－意义

CCS技术不仅可以对气候变化产生作用，还可以实现一定的商业价值。被捕获的碳可以用于石油开采、冶炼厂，甚至汽车业。二氧化碳可以变废为宝，将石油的采收率提高至40-45%。

碳捕捉－规划

按照欧盟的规划，德国将建设2个CCS示范工程，荷兰3个、英国4个。德国、荷兰、英国、西班牙和波兰将分别获得约2.45亿美元的投资。除此以外，意大利将获得1.35亿美元，法国将获得6700万美元用于二氧化碳运输基础设施建设。

欧洲希望在2010年至少有20个发电厂使用CCS技术，并实现规模化和商业化。到2015年，欧洲至少要建立10个大型示范工程。那么到2020年，CCS技术就可以在全球范围内实现广泛的商业应用。

戒烟疫苗

编辑者：

x0yun i9gou.com sinoalex N颗钻石 katsu 王小泡

摘要：

戒烟疫苗，是美国研究人员为想戒烟的烟民研制的疫苗，这种疫苗被称为NicVAX，注射疫苗后，人体会产生尼古丁抗体。免疫系统一旦觉察到尼古丁，便会立即采取行动，使抗体与尼古丁分子结合，以阻止其进入大脑而引起脑神经兴奋。研究人员称，他们正在对这种戒烟疫苗进行最后阶段研究。目前尚未发现这种疫苗有明显副作用。疫苗植入体内可望保持半年至一年的有效期。

戒烟疫苗－简介

美国研究人员正在研制一种戒烟疫苗，已进入最后阶段。如一切顺利，吸烟者今后可通过注射疫苗戒除烟瘾。这种戒烟疫苗由美国佛罗里达州纳比生物制药公司研制。以内布拉斯加大学博士斯蒂芬·伦纳德为首的研究人员对其做了临床试验。研究结果在 2009 年 10 月 7 日在美国心脏学会会议上公布。为加快研发进程，美国国家药物滥用研究所向该实验室提供了 1000 万美元资金。

戒烟疫苗－背景

全球共有 13 亿人吸烟。据美国心脏学会统计，全球共有 13 亿人吸烟，美国烟民数量达到 4600 万。吸烟已被证实是导致人患癌和心脏病的一大诱因。

让人们戒烟可能在改善公众健康状况列表中居首位，在美国，每年有 40% 烟民极为努力地尝试戒烟，但只有不到 5% 的人能彻底戒掉烟瘾。

戒烟疫苗－原理

NicVAX 疫苗则能有效捕获血液中的尼古丁分子，并使免疫系统产生抗体，识别并阻断尼古丁分子进入大脑，从而使人体无法体验到吸烟带来的陶醉感。

戒烟疫苗－临床试验

研究人员招募了 301 名来自不同城市的志愿者。这些志愿者拥有较长吸烟史。在 6 个月内，研究人员给其中 201 人注射戒烟疫苗，并同时给其余 100 人注射相同剂量的安慰剂。为使研究结果尽量少受心理作用影响，研究人员并没有告知志愿者究竟谁被注射了戒烟疫苗。

追踪研究结果显示，16% 接受高剂量戒烟疫苗注射的志愿者能戒烟 12 个月，14% 接受低剂量戒烟疫苗注射的志愿者至少能在一年中不再吸烟。这一比例在接受安慰剂注射的人群中仅占 6%。

戒烟疫苗－意义

美国科学家加紧研制戒烟疫苗。美国北卡罗莱纳州立大学医学教授戴维·兰索霍夫表示，对于烟民而言，戒烟其实就是一个痛苦的斗争过程。当新型戒烟疫苗批量上市后，美国烟民的数量将会大幅减少，他们在戒烟时也不必再忍受此前的种种痛苦，烟民复吸的几率也将降低。

核电池

编辑者：

池中玉 nuxes tiger--c 上海抢包山 天边月色 gl020 山哥 网络精灵王

摘要：

核电池又叫"放射性同位素电池"，它是通过半导体换能器将同位素在衰变过程中不断地放出具有热能的射线的热能转变为电能而制造而成。核电池已成功地用作航天器的电源、心脏起搏器电源和一些特殊军事用途。

核电池－原理

当放射性物质衰变时，能够释放出带电粒子，如果正确利用的话，能够产生电流。通常不稳定的原子核会发生衰变现象，在放射出粒子及能量后可变得较为稳定。核电池正是利用放射性物质衰变会释放出能量的原理所制成。

由美国密苏里大学计算机工程系教授权载完(音)率领的研究组成功为"核电池"瘦身，研发出的"核电池"体积小但电力强。权载完教授组研发出的核电池只是略大于1美分硬币(直径1.95厘米，厚1.55毫米)，但电力是普通化学电池的100万倍。

核电池－外观结构

阿波罗登月舱里配有同位素电池，一般核电池在外形上与普通干电池相似，呈圆柱形。在圆柱的中心密封有放射性同位素源，其外面是热离子转换器或热电偶式的换能器。换能器的外层为防辐射的屏蔽层，最外面一层是金属筒外壳。

核电池－优缺点

优点

核电池在衰变时放出的能量大小、速度，不受外界环境中的温度、化学反应、压力、电磁场等的影响。提供电能的同位素工作时间非常长，甚至可能达到5000年。

缺点

有放射性污染，必须妥善防护；而且一旦电池装成后，不管是否使用，随着放射性源的衰变，电性能都要衰降。

核电池－类型

核电池可分为高电压型和低电压型两种类型。

高电压型核电池以含有β射线源（锶－90或氚）的物质制成发射极，周围用涂有薄碳层的镍制成收集电极，中间是真空或固体介质。

低电压型核电池又分为温差电堆型、气体电离型和荧光－光电型三种结构。温差电堆型的原理同以放射性同位素为热源的温差发电器相同，故又称同位素温差发电器。气体电离型核电池是利用放射源使两种不同逸出功的电极材料间的气体电离，再由两极收集载流子而获得电能。这种电池有较高的功率。

核电池－用途

心脏搏动调节装置

卫星人造心脏的放射性同位素动力源用的燃料是钚－238。

卫星

在太空中遨游的卫星，它对电源的要求特别严格，既要重量轻、体积小，能经受

强烈的振动，而且还要求使用寿命长。

水下监听器和海底电缆的中继站

在深海里，太阳能电池派不上用场，其他如燃料电池和化学电池的使用寿命又太短，因此现在已将核电池用作水下监听器和海底电缆的中继站的电源，用来监听敌潜水艇的活动和通讯。

阿波罗飞船

1969 年 7 月 21 日，人类第一次成功地登上月球，使用的是阿波罗 11 号飞船。在阿波罗 11 号飞船上，安装了两个放射性同位素装置，其热功率为 15 瓦，用的燃料为钚－238。

性控技术

编辑者：

王小泡　池中玉

摘要：

性控技术是指通过人为干预，使动物繁育按照人们所希望的性别繁殖后代的技术。在国外已经进入商业化阶段，应用于牛、猪、马等哺乳动物。性控技术利用精子分离技术对动物进行受精，人为控制性别。

性控技术－简介

被称为家畜繁育改良的第三次技术革命的 XY 精子分离性控技术是当今全球最新最先进的动物生物工程技术之一。这一技术的应用将使得家畜冷配、体外授精、胚胎移植等技术成龙配套，使畜牧业产业化生产成为可能。

性控技术即 X/Y 精子分离技术，是利用 X、Y 精子中 DNA 含量的差异，借助特异性染色剂染色，然后根据发出的荧光强度，通过计算机预测精子类别，给液滴附加电荷，根据静电原理，将 X、Y 精子分离开来。该技术可以按照生产需求人为地控制动物后代的性别，快速繁育高产家畜，加速家畜育种进程，提高畜牧业的经济效益，促进畜牧业发展。

性控技术 – 途径

目前分离 X 和 Y 精子的方法有以下几种：

(1)沉降法：原理是根据 X 精子沉积速率比 Y 精子快。

(2)电泳法：精子膜电荷的大小取决于与核蛋白结合的唾液酸的含量，X 与 Y 精子膜电荷的分布有差异。

(3)流式细胞光度法：流式细胞仪是进行细胞生物学和肿瘤学、血液学、免疫学等研究的重要工具，它由液流系统、光学系统、分选系统和数据处理系统等组成，能够定量测定精子等多种单个细胞的细胞膜、胞浆以及核内的多种物质。具有测定快速、精确、多参数等特点。

(4)免疫法：应用免疫学方法分离精子是从发现 H–Y 抗原后逐渐发展起来的。现已证明 H–Y 抗原被保留在整个进化过程中，除了某些过渡品种外，在所有异型配子的性别品种的体细胞中均发现 H–Y 抗原存在。并且，只有 Y 精子才能表达 H–Y 抗原。因此，利用 H–Y 抗体检测精子质膜上存在的 H–Y 抗原，再通过一定的分离程序，就能将精子分离成为 H–Y+(Y 精子)和 H–Y–f(X 精子)两类。将所需性别的精子进行人工授精，即可获得预期性别的后代。

性控技术 – 意义

近年来，随着胚胎移植技术的逐步应用，特别是胚胎冷冻技术的不断完善，国际间的种畜交流逐渐被出售的胚胎所代替，已知性别的胚胎则备受欢迎和重视。通过动物 X、Y 精子的分离来达到性别控制的目的，一直是生物科学领域的一项重要课题，它对畜牧业生产有着重要意义。按照生产需求控制仔畜性别，提高畜牧业生产的经济

价值。

性控技术应用于畜牧业，将最大限度地发挥良种家畜的遗传、繁殖潜力，增加遗传和表型性别的选择强度，加快遗传进展。从而加快家畜品种结构调整，提高生产效率和良种家畜繁育速度。同时可显著提高家畜的生产水平和牧民收入，大大促进中国畜牧业的发展。

眼球摄像头

编辑者：

Guixingjia　柳溪　N颗钻石　飞越三千

> **摘要：**
>
> 　　眼球摄像头，是一种装在眼窝里面的高科技摄像设备，其发明想法是来源于眼部有疾患需摘除眼球的人，他们按上这种摄像头后可以随时随地进行自然的拍摄。加拿大独眼电影人罗布·斯彭斯则装上了这种摄像头后进行纪录片的拍摄，旨在探讨拍摄现代社会人们暴露于摄像机监视下而浑然不觉的情况。

眼球摄像头－组成元件

眼球摄像头由三部分组成：一个用于结肠镜检查的摄像头、一块电池和一个可以把拍摄画面传输到电脑的无线发射器。

眼球摄像头－使用

旧金山独眼艺术家坦雅·弗拉希在2005年的车祸中失去一只眼睛，征求了私人医生的意见后，坦雅向科研人员发出这样的请求：她希望能开发一种"眼球摄像头"来取代假眼，并列出这种"眼球摄像头"的一些规格——DVR功能，MPEG–4压缩，

miniSD 插槽，A/V out，蓝牙等。

2009 年，36 岁的著名加拿大独眼电影人罗布·斯彭斯年少时在一起枪击事故中伤到右眼，三年前接受眼球摘除手术，装上义眼，斯彭斯从《无敌金刚》中获得灵感：自己的空眼窝中完全可以装下一只小镜头，这一缺陷正是别人没有的"优势"。他认为，与常规摄像头相比，隐藏在义眼中的摄像头将拍摄到更自然的谈话。

斯彭斯要拍摄的纪录片，旨在探讨拍摄现代社会人们暴露于摄像机监视下而浑然不觉的情况。他说，他要变成一个"人体摄像头"来探讨隐私话题。

眼球摄像头－隐私问题

事实上，很多人并不欢迎斯彭斯和他的秘密摄像眼，因为他们担心自己在不知情的情况下就成为某一个"眼球摄像"的主角。针对这种担心，斯彭斯说，虽然他拍摄时不会告诉被拍摄对象，但会在征得他们同意后才在影片中使用这些画面。另外，只有在需要的时候，他才会开启摄像机。他不会去拍更衣室、洗手间这样的地方，也不准备制作真人秀节目。

人们在对"眼球摄像"感到新奇的同时，更多的还是在质疑和担心，一旦"眼球摄像"被不法分子利用，大家的隐私将真的无处躲藏。

数字遗产

编辑者：

王小泡、咆哮、老虎洞、曲凝香、历游天下

摘要：

数字遗产，是指被继承人死亡时遗留的个人所有的网络权益和财产。主要包括个人网络相册、文件、信函和视频等形式。

数字遗产 – 概述

　　每天我们用 QQ、MSN 等即时通讯工具与同事交流工作、与亲友沟通情感；通过电子邮箱接收邮件；在各种在线社交论坛上与他人唇枪舌剑；闲暇时在博客、Space、Facebook 等个人空间里，用文字、图片和视频记录下生活感悟和珍贵瞬间；疲惫时登录游戏 ID，化身为战士、侠客在游戏世界里尽情厮杀笑傲江湖，释放压力……

　　如果时光倒退十年，我们可能对上述工具还一无所知。但眼下，QQ、MSN、电子邮箱，以及游戏账户下的虚拟武器装备、宝藏等，都已经成为日常生活的一部分，而它们也将是 21 世纪现代人所拥有的数字财产。

数字遗产 – 问题

　　随着互联网的影响日深，这些数字遗产的阵容可能还将进一步扩大。可是如果我们离世，现实生活中的财产由亲人继承，这些数字遗产又该怎么办呢？

　　当某人故去后，如果亲友想把他在网上的一切转移位置，却可能不得不因为网站使用协议的约束而大伤脑筋。

　　如果后人想得到去世亲人的电子信箱账号和密码，网络公司是否应该抛开各种保密协议而主动提供？如果网络公司拒绝立即开放死者信箱，而继承人认为信箱中有不能延误的重要信息又该怎么办？

　　迄今最为著名的数字遗产案件发生在美国。一名美国士兵的家人希望得到自己阵亡儿子的电子信箱密码，以整理他的信件。但雅虎公司一直拒不提供密码，直到法院判决后才同意提供。

数字遗产 – 在中国现状

　　在中国，纵观当前网络公司提供的数字产品服务协议，长期不使用的情况下，QQ、MSN 等即时通讯工具是不会被注销的，但可能会被提供服务的公司回收，而电子邮箱则只要 3 至 6 个月没登陆就会被冻结然后被注销。如果是游戏账号，因为涉及"虚拟财产"的问题，情况会更加复杂一些。不少法律专家认为，网络中的游戏账号、武器装备、经验值、宠物、金币具有财产属性，应当受到立法保护。

测试：看你的数字遗产能值多少钱

如果一年后你打算彻底告别网络，完成测试，看你的数字遗产能值多少钱？

1.30秒内迅速说出你现在拥有的网络账号？ （资产总量）

A.30个以上 +7

B.20个左右 +5

C.10个左右 +3

D.想了半天，也就两三个 +1

2.这些账号中，什么类型居多？ （资产质量）

A.网络游戏账号 +5

B.IM聊天软件 +3

C.网站和论坛的注册账号 +1

3.你有多少年网龄啦？ （资产增长周期）

A.10年以上 +7

B.6-10年 +5

C.3-6年 +3

D.一两年吧 +1

4.网瘾有多大？ （资产增长速度）

A.非常大，靠网络活着 +7

B.还好，不过一天不上网就难受 +5

C.一个礼拜怎么也得上几天 +3

D.一个礼拜偶尔上一上 +1

5.你在网络上人缘如何？（投资回报率）

A.网络红人一个，超过芙蓉姐姐还需努力，不过年底预计一人之下 +7

B.各大论坛混个脸熟，ID被网友四处堵截 +5

C.聊天软件好友数百 当了好多QQ群的管理员 +3

D.名不见经传 跟人一打招呼统一发来一句回复："你是谁呀"……+1

6.你有没有改网名的习惯？（资产折旧率）

A.当然没有，改名字等于在网络上死一次 +7

B.几乎没有改过，早过了今天觉得这名字酷就换一个的幼稚期 +5

C.隔一段时间就会改，为了体现心情和生活阶段的不同 +3

D.每天都改，这才叫特立独行 +1

7.懂不懂网络虚拟物品交易的行情？（卖亏的可能性）

A.每天都买卖装备，还买过两个太阳的QQ号呢，行情贼熟 +7

B.略知一二，起码QQ秀换了好几身了 +5

C.除了没买过基本都懂，有理论没实践过 +3

D.你说啥交易？ +1

答案：

36-49分 你的数字遗产相当可以，资产总量相当高，而且大都为有等级可以体现资产质量的账号，同时你每天都给这些数字遗产升值，翻来覆去的千锤百炼，并且通过成为网络红人或者多交朋友，在网络中好多人为你马首是瞻，很少改名的习惯保持了网络遗产的低折旧率，你还懂行情，不会被低价收购，恭喜你，你的数字遗产怎么也得值个几十万RMB。

22-35分 你的数字遗产绝对高于一半大众网民水平，数量较多，质量也很高，你花了不少心血，用了生命中的很多时间来反复提升数字遗产价值，同时你还在网络中占据了一席之地，有一定话语权，虽然改名一两次，导致资产折旧，不过这已是早些年的事情了，不过对行情不够了解可能会导致数字遗产有所损失，综合而言，恭喜你，你的网络遗产怎么也得有10万RMB，不信你回头卖卖试试。

8-21分 你的数字遗产也就是大众水平吧，普普通通，也就"城镇居民平均收入"了，也许还会拉一拉人民的后腿，你看你资产总量也不多，平时也不注意多花时间来提升，不过你显然在聊天软件上还有一定实力，好多个群的管理员身份，几个网游里的老炮儿账号也算赢回点筹码，可惜呀，你经常改名字，就怕别人认识你，那时候的潇洒换来数字遗产的缩水，而且你还没进行过虚拟交易，根据第一次肯定被宰，宰你没商量和不宰你宰谁的定律，估计你的数字遗产也就值个一两万RMB吧。

8分以下 怎么说你好呢？如果是个菜鸟还情有可原，如果好多年前就触电上网了，现在这样实在只能说老大徒伤悲了。当然，也许你把灌溉数字遗产的时间都拿去打工加班或者泡妞生娃了，但总之，你的数字遗产少得可怜，我劝你也别卖了，估计哪个大款懒得从零开始，花个三十五十买你的账号还有可能，不过这个几率也比较小，对了，你注册的那些个账号，可能人家网站上市的时候，12美元一个给股民批发了。看着眼红吧？没办法，落不到你的口袋里。

新 语 录

雷你没商量！

GE，你懂的

编辑者：

池中玉

摘要：

　　"GE，你懂的"里的"GE"是哥的拼音缩写，由于此前"信春哥，不挂科"的恶搞口号一度风靡网络，很多在校大学生网友便玩起了幽默，争"拜"李宇春人人网主页寻求心理安慰，祈求顺利通过考试。无奈之下李宇春关闭了在人人网主页的留言板功能。

GE，你懂的－出处

　　李宇春开通人人网个人主页后，很多"春哥信徒"纷纷前往膜拜，在其主页留言板上踊跃留言，以祈求顺利平安。诸如"GE，下周高数考试，来拜拜，你懂的……""跑完800米，也过了，还个愿先。下周是英语测试周，GE，你懂的……""GE，我网络游戏账号被盗了，现在信你还来得及吧，你懂的……"的留言充斥整个网页。

　　由于人人网对明星的保护使得"哥"字无法显示，因此大家取而以汉语拼音"GE"来代替。

GE，你懂的－各方反应

　　由于"信徒"们过于热情，李宇春关闭了其主页留言板功能，她的粉丝也希望网友开玩笑能适可而止。"多谢你对我极崇拜，无所谓赞或踩。"一位歌迷引用李宇春《活该》的歌词，呼吁网友更关注她的音乐和作品。

人人网公关部发言人认为公共主页短时间内出现这么多相同格式的留言，很大程度上还是因为歌手本身在大学生中的旺盛人气。这名工作人员同时表示，他们会对一些不当的言论进行管理，比如恶意辱骂、触犯相关的法律，以保护进驻的明星。

也有学生表示："我不是'玉米'，平时也不怎么听她的歌，但看到网上这些留言却觉得怪怪的。最初听到'信春哥，不挂科'的说法，还觉得蛮好玩的。但时间长了，发现大家总拿她说事，即使她作为歌手是一个公众人物，但这对她来说也是不公平的。"

GE，你懂的 – 专家解读

南京市心理危机干预中心主任张纯认为，这并不是简单的"恶搞"，而是一种叫作"欧赫美尔"的社会心理现象，人们在面对压力和困惑认为自己走不过去时，会希望有人能给以引导走出困难。现在大学生和白领学习生活上的压力很大，而解压渠道却不通畅，就会通过这种方式来化解压力。网上的这些留言表现出现在大学生内心的"抗击打能力"还有待提高。

这事不能说太细

编辑者：

一心两翼　末白

> **摘要：**
>
> 在燃油税改革、养路费等取消后，天津依然坚持收取55元的车辆通行费，并且不公开收支情况。面对媒体记者"天津市每年要偿还的公路建设的贷款量有多大"的提问，天津市一官员创造性地说出了2009年度的第一句网络流行语："这事不能说太细。"

这事不能说太细 - 出处

2009 年 1 月 12 日，中央电视台《焦点访谈》节目报道了天津坚持收取 55 元的车辆通行费，在节目中面对 "天津市每年要偿还的公路建设的贷款量有多大"的提问，天津市某官员的回答是："这事儿不能说得太细。"

就这样，一句网络流行语被创造了出来，很多网友都学会了使用这种新的表达方式，很多讨论社会时事的帖子常能看到连续十几楼跟帖都是"这事楼主说得太细了，下回注意"、"我不能说太细"……有的网友还把"这事不能说太细"制作成车贴免费发放。

在知识问答网站中，已经出现了"这事儿不能说太细"的解答，并且已有网友建立"这事儿不能说太细"吧，还有网友列出了"这事儿不能说太细"的俄语、荷兰语、法语、德语等版本译法。

这事不能说太细 - 反应

随着节目的播出，这一幕的视频截图在论坛上流传起来，该官员那句官味甚浓的回应也不胫而走。有网友直截了当地反诘这种大而化之的态度：天津到底有多少贷款道路？共贷款多少？分多少期偿还？偿还主体是谁？收费主体又是谁？这些问题恐怕是那一句"我不能说太细"所指代的一部分"细节"吧！

有网友称赞 "不能说太细"，要细心体会其中滋味，方能回味无穷呀！更有网友进一步诠释：这句话表面上反映的只是通行费去向问题不好明说，实际上其适用范围很广泛，跟"我是打酱油的"有异曲同工之妙，甚至建议"列入要跟媒体打交道的公务员官方必备用语"之中。

有网友还对网络流行语进行组合："我是交通部派来的！我很负责地告诉你，这个事情不能说太细！你就是一打酱油的，到旁边做俯卧撑去！"该网友还认为，将纳税人这个身份代入这个"你"中，对于体味当下的社会现实和官场生态，另有一番帮助。

这事不能说太细－事件发展

2009 年 2 月 4 日，天津市停止了征收饱受争议的车辆通行费。天津市发改委网站上挂出促进经济发展 30 条措施，在"减少行政收费和经营性收费事项"中提到，停止征收闸桥公路桥梁车辆通行费。

贾君鹏，你妈妈喊你回家吃饭！

编辑者：

giimyi 段飞猪 夕雾 imogo 静月琥珀

摘要：

2009 年 7 月 16 日，魔兽世界贴吧中，一篇题为"贾君鹏你妈妈喊你回家吃饭"的无内容帖被回复 30 余万次，该帖名称旋即成为中国大陆网络流行语，贾君鹏这个名字也随之走红网络。有不少网民借"贾君鹏"发挥，衍生出各类二次创作，如将这一句话制作成各类恶搞图片，或是将其翻译成各国文字，甚至为贾君鹏以文言文立传。

贾君鹏，你妈妈喊你回家吃饭！－走红

一句"贾君鹏你妈妈喊你回家吃饭"近乎调侃式的话，在短短的 5 个小时便引来了超过 30 万名网友的点击浏览，近万名网友参与跟帖。许多网友把自己的网名改为"贾君鹏的妈妈"、"贾君鹏的佬爷"、"贾君鹏的二姨妈"、"贾君鹏的姑妈"……形成异常庞大的"贾君鹏家庭"。

以"贾君鹏，你妈妈喊你回家吃饭"为范本的语句也被运用到了各个领域。网上某手机店铺，给一款知名品牌手机打出这样的广告语："贾君鹏，你妈给你买手机了。"网上已经出现有"贾君鹏你妈妈喊你回家吃饭"字样的 T 恤，价格为 35 元—80 元，

还有100多件网购产品，都用上了"贾君鹏温情推荐"等词语。

贾君鹏，你妈妈喊你回家吃饭！－解读

"妈妈喊你回家吃饭"，这样一句来自现实生活里的平常话语，在虚拟游戏世界里变成了符号化的言语。"贾君鹏"让游戏玩家产生时空交错的感觉，进而群起恶搞。因此可以说，"贾君鹏"其实就是由具有好奇心的网民借助网络的即时性、开放性和推广的零成本"创作"的一个符号化的人物。

一番折腾后，不少玩《魔兽世界》网游的网友们认为，贾君鹏其实就是网络游戏《魔兽世界》，喊贾君鹏回家吃饭的"贾君鹏妈妈"，则是"魔兽中国"现在的服务商网易。而贾君鹏事件则是网友们在等待"魔兽中国"开服过程中一种寂寞难耐的发泄方式。

贾君鹏，你妈妈喊你回家吃饭！－贾君鹏是谁

贾君鹏，2009年的一个网络传奇人物，他以不可思议的速度红遍了整个中文互联网，并以一种巨大的能量感染着所有人。

当贾君鹏莫名走红后，有人到处搜索他到底是谁，有媒体报道，杭州一个正在读初一的男孩名叫贾君鹏，但他并未参与过网络中的贾君鹏事件，这名真人版的贾君鹏很快将跟随父母去意大利，对于网络上对"贾君鹏"的追捧，真人版的贾君鹏和他的家人似乎并不在意。而南京媒体也在之后报道说，南京有个高中生叫"贾君鹏"，只是名字稍微有点出入，而《贾君鹏你妈妈喊你回家吃饭》是同学用自己名字开的一个玩笑。

有消息称，全国一共有14个"贾君鹏"，但这一数据并未得到最终的证实，而寻找贾君鹏也成为了一个只有过程没有结果的网络事件。

贾君鹏，你妈妈喊你回家吃饭！－专家解读

武汉大学政治与公共管理学院教授尚重生认为，帖子的标题"贾君鹏你妈妈喊你回家吃饭"是典型的生活形态语言，它一语道出了沉迷游戏的少年被母亲呼唤的人生

常态，然而又极具生活典型意义和煽情力，如果真是一次有预谋的幕后推手操作事件，那么它也非常高明地把握住了社会的心态，也是此次传播成功的核心之所在。

强行跨年级交女朋友是违法行为

编辑者：

江湖百晓生

摘要：

　　2009年9月，网上流传着一张某中学宣传板的照片，宣传板上的大字标明：强行跨年级（班级）交女朋友是违法行为，并表示有法可依。照片一出，随即被网友转载到各大论坛，网友纷纷被"雷"倒，"交本班女朋友就不违法了么？""早恋不好，但违法吗？"网友们觉得太滑稽。

强行跨年级交女朋友是违法行为－背景

　　《跨年级交女朋友是违法行为　一中学的宣传板雷倒网友》一帖在2009年9月广为流传，帖中附了一张照片，帖文称照片是关于一所中学的宣传板。从照片看，宣传板的"抬头"用大字写着"强行跨年级（班级）交女朋友是违法行为"，接下来则罗列了"案例"、"评析"、"法律依据"、"结论"四部分。

　　案例栏列举15岁初中生因跨年级找女朋友被拒绝后而猥亵该女生，最后按校纪被处分。其中描述说：男生叫张某，是初三学生，因受影视剧中年轻男女拥抱、接吻镜头影响，萌生找女朋友想法。但他不敢找本班女生，所以在初一年级找到目标，由于写字条给对方后遭拒，他纠缠不休，最后发展到在放学路上猥亵该女生。

　　宣传栏中评析说，张某年纪很小，根本不是交女朋友、找对象的年龄。但他放弃

对自己的严格要求，把意志强加到他人头上，严重侵犯别人人身权利。张某行为属违法，且根据校规也将受到处罚。

强行跨年级交女朋友是违法行为 – 网友评论

这条雷人校规让不少网友说自己被彻底雷晕："交本班女朋友就不违法了吗？""跨年级交男朋友违法吗？"网友 Ushuaia 调侃说："原来自己一直在违法。"也有网友很幽默地讽刺道："理科班的男生不亏死。"

大部分网友认为，学校如此宣传没必要，干涉学生之间正常交往，"早恋不违法，学校有恐吓之嫌"。也有网友对学校此举认同，学校是希望学生把注意力用在学习上。但腾讯博主梦星草说只是该校规定太搞笑，对于中学生早恋问题，用法律或校规强行禁止不可能，更禁不了，学校应该和家长配合好，多和学生谈心、多些交流、疏导，调理学生思想情绪。

"帖中的法律依据并不成立。"四川路石律师事务所律师蒲葵接受采访时表示。"《中华人民共和国治安管理处罚条例》里的具体条例，均不涉及早恋，更不涉及跨年级交女友了。'强行跨年级（班级）交女朋友是违法行为'，是网络语言的不规范，对于'强行'是否构成违法，要看强行的具体行为，而这个具体的行为是否违法，也是公安机关来裁定，而不是学校。"

我没做好为全国人民负责的准备

编辑者：

下自成奚 liujianfang　莫小夏

摘要：

　　"我没做好为全国人民负责的准备。"是素有"上海活宝"美誉的曲艺明星周立波在拒绝中央电视台虎年春节联欢晚会剧组的邀请时所说的话。如此的婉言谢绝让人感觉有些奇怪，毕竟每年一度的春晚曾是多少明星挤破头都想上的晚会，哪怕是上去混个脸熟。

我没做好为全国人民负责的准备 - 背景

　　作为"海派清口"创始人，又是南方杰出笑星代表，周立波虽然在上海红得发紫，被媒体炒得发烫，但对于全国观众来说，还是缺少机会一睹其风采的。观众自然希望通过春晚这个"容纳百川"的晚会，来欣赏周立波的演出，领略他的风采。

　　2009 年 11 月，虎年春晚总导演、总策划、语言类节目总导演齐赴上海力邀周立波上春晚。尽管邀请方诚意足，但周立波还是婉拒了该邀请，周立波称因为《我为财狂》的演出计划使他在春节前后都没有档期。

　　周立波在接受采访时表示："你们肯定不会看到我出现在春晚的屏幕上。我做好了为上海人民负责的准备，但我没做好为全国人民负责的准备。"

我没做好为全国人民负责的准备 - 自我解释

　　"不是每一滴水最终都要流入大海，我更愿意做黄浦江里的一滴水。"上海"笑星"周立波在婉拒春晚剧组的邀请时，如是说。周立波强调文化有自己的地域性，"央视春晚是个大舞台，但不是唯一的舞台，不是谁都合适的。我做好了为上海人民负责的准备，但我没做好为全国人民负责的准备。如果就这样贸然上央视春晚，大家会说我是一个不负责任的男人"。

　　至于现在有网友频频在网上发起呼声，希望能在上海以外的舞台上一睹周立波的风采，对此周立波笑言道："要看我演出就来上海，顺便可以拉动上海的 GDP。这是我为这座城市保留的坚持。"

我没做好为全国人民负责的准备－解读

有网友认为："这是上海人的精明，言语之中把自己当成上海人民的藏家宝，不会把自己卖给外人。这是公关语言。背后，则当然是一盘经过长考的棋。"

也有专家分析称周立波婉拒春晚大舞台的背后其实有很明智、很清晰的战略定位考量。秉持小剧场优势，避免过度电视化是一种策略。走长线战略避免一夜爆红，扎根大上海的独特地域定位，对自己长久发展大有裨益。

中華文化大講堂

【欢迎加入】

中華文化大講堂 读者俱乐部

中华文化大讲堂

适合每一个中国人阅读的幸福美满的人生读本
为您开启中华优秀传统文化宝藏的大门

亲爱的朋友：

您快乐吗？健康吗？幸福吗？

在家庭中，面对孩子和婚姻，您是否有过苦恼和困惑？

在企业中，面对领导与员工，您是否曾经有些许的不满意？

在社会上，您又是否常常有诸多的抱怨，感叹人性的复杂？

相信，没有一个人愿意自讨苦吃，没有一个人愿意自甘堕落，没有一个人愿意故意犯错？大家都希望如意和美好，但是，现实为什么会事与愿违？真正的快乐在哪里？怎样才能富贵和幸福？

当我们深深的了解和学习中华优秀传统文化之后，才发现，原来人生最重要的不是奋斗，而是抉择！才明白，几千年来祖先留给我们的优秀文化，是一种让我们能够在生活中趋吉避凶、使我们的人生变的幸福美满的学问。

人生如何幸福？财富如何获得？怎样才能健康长寿？我们追求的一切，都在五千年的中华文化中有圆满的理论、周详的方法和令人满意的结果。

流传五千年的中华传统文化中的智慧，不仅可以教导我们获得身心的健康，更能教导我们拥有一个美好的家庭、培养出优秀的孩子，处理好各种人际关系、成就我们的事业并为我们创造财富。它不仅可以有效解决我们当前的种种问题，更可以庇荫我们久远的将来。

然而，中华文化博大精深、典籍浩如烟海，这让现代人对于经典的学习，要么感叹经典太多不知从何开始，要么感叹时间太忙无法深入的学习，从而对优秀的中华传统文化产生种种的误解，认为其已经过时，不再适用。

其实，在物质文明发达的今天，古老的东西并不意味着过时。因为智慧、真理是永恒的，历久弥新的。就像太阳，虽然古老，但每天常新，她不仅赋予人类生命，更给人们带来光明和希望。古圣先贤的教育，就像和煦的阳光，普照寰宇，带给人类幸福与美满。

《中华文化大讲堂》取五千年中华文化之精华，通过对经典的解读和通俗易懂的故事案例，让古圣先贤的教诲跃然纸上，这是我们每一个人诚意、正心、修身、齐家、治国、平天下的幸福美满的人生读本。

《中华文化大讲堂》每两月出版一辑，内容通俗易懂，深入浅出，老少皆宜、雅俗共享。以经典智慧指导现实人生，让你明了人生真相，获得幸福人生。让你通过有限的时间获取最有价值的传统文化知识，通过持续的学习和阅读，必将让你对博大精深的中华文化有更加深入的了解，使你的知识结构更加完善，懂得做人处世的道理，获得幸福美满的人生。

《中华文化大讲堂》适合对象：

如果您是单位领导或者公务员，《中华文化大讲堂》是您学习传统文化、提高素质和文化修养的最佳读本。

如果您是企业家、管理人员，《中华文化大讲堂》不仅是企业管理者提高自身修养的精神读本，也可作为企业推广和学习传统文化的企业读本。

也许您是教师、学生、父母、创业者，无论你是谁，《中华文化大讲堂》都会给您最宝贵的人生启迪。

欢迎加入《中华文化大讲堂》读者俱乐部

1. 获得《中华文化大讲堂》（一年六册）。
2. 现在加入，可立即赠送图书2本。
3. 可免费参加中华优秀传统文化讲座。

费用：192元/年　入会方式：（详见13页）

《中华文化大讲堂》第一辑目录

《易经》云："积善之家，必有余庆；积不善之家，必有余殃。"《太上感应篇》上说："祸福无门，惟人自召；善恶之报，如影随形。"

流传千年的中华文化瑰宝　民间口口相传的人生宝典

《太上感应篇白话故事》
你一生中不可不听的故事！

亲爱的朋友，以下这些问题，您是否思考过？为什么人的一生，有成功、有失败、有富贵、有贫贱，有人福寿康宁、灾邪不生，有人贫病夭折、飞来横祸。这是冥冥之中上天的注定，还是……如何才能获得幸福美满的人生，如何才能消灾避祸，如何才能享有富贵的人生，过上富有、健康、快乐的生活？

如果您在为生活事业努力打拼的过程中感到有一些疲惫，如果您想早日明白人生幸福的真谛，如果您想让您身边的人更加快乐、更加幸福，《太上感应篇白话故事》将为您开启人生的幸福之门。

《太上感应篇》源自道藏，是中华传统文化中教人断恶修善的善书之王。古人如此说道：凡是能够接触到《太上感应篇》的人，就是有福之人；若是能够将其中的道理奉行照做，就是大福之人；若是能够再进一步精益求精，则成圣成贤便指日可待。

《太上感应篇白话故事》汇集了古今各种《感应篇》的注解，并收入了大量儒家的至理名言，诚意正心的功夫，修身齐家的要诀，佛门的文字般若和道家的摄心要义，在其中也可见一斑。《太上感应篇白话故事》通过通俗的故事，让我们领悟《感应篇》内容的博大精深，对于什么是善，什么是恶，为善得何善报，做恶得何恶报，均能洞悉明察其根源，使人聆听之后，彻底明了善恶因果祸福的道理，因而人人自勉为善，以期集福消灾。

《太上感应篇白话故事》共24张CD，由专业的广播节目主持人诵读录制而成，适合现代繁忙的都市人士在驾车时聆听，也适合老年人在家学习，更是给孩子学习的最佳的故事。听完这套《太上感应篇白话故事》，你将会彻底明白：财富如何能获得，富贵如何能持久，人生如何能快乐，身体如何能健康，它也是您送给老人、孩子和亲友最珍贵的人生礼物。

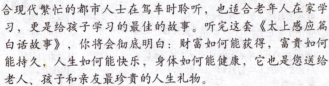

北京北影录音录像公司　共23集　24张光盘
（完整版）　定价：168.00元
附赠：《太上感应篇直讲》（一本）+MP3

中华文化永恒的经典　　唯一流传至今的《四书》皇家读本

《张居正讲解四书》（皇家读本）
学习中华文化的最佳入门读物
康熙帝特别推荐的《四书》读本

凡是对中国传统文化稍有了解的人都知道《四书》。它是《论语》《孟子》《中庸》《大学》这四部著作的总称。据称，它们分别出于早期儒家的四位代表性人物孔子、孟子、子思、曾参之手，所以称为《四子书》（也称《四子》），简称为《四书》。南宋光宗绍熙元年（1190年），著名理学家朱熹在福建漳州将《礼记》中《大学》《中庸》两篇拿出来单独成书，和《论语》《孟子》合为四书，并汇集起来作为一套经书刊刻问世。这位儒家大学者认为"先读《大学》，以定其规模；次读《论语》，以定其根本；次读《孟子》，以观其发越；次读《中庸》，以求古人之微妙处。"

《张居正讲解四书》（原名《四书直解》）是明朝万历年间的内阁首辅张居正连同翰林院讲官等人，专门写给当时的小万历皇帝朱翊钧（明神宗）一人读的。该书曾在明朝年间得到刻印，根据记载，"1651年张居正所注《四书》再次付梓，题《张阁老直解》。吴伟业在为这部书所作的序中谈到，张居正给孩提时的万历皇帝当老师时充满羡慕之情。"（吴伟业（1609~1672年），字骏公，号梅村，江苏太仓人。明崇祯四年进士，官左庶子。弘光朝，任少詹事。清顺治时，官国子监祭酒，以母丧告假归里。）

康熙年间，内阁学士徐乾学（徐乾学，字原一，号健庵，昆山（今属江苏）人。康熙九年进士，官内阁学士，刑部侍郎。）又将此书翻刻。该刻本至今在民间依旧有流传，可见该书当时影响之大。徐乾学评道："盖朱注以翼四书，直解有所以翼注。"

康熙帝在读此书后如此说道："朕阅张居正尚书四书直解，义俱精实，无泛设之词，可为法也。"

来自读者的评论：

张居正的讲解非常精道，综观当今《论语》书籍，唯此书最具价值，读此书犹见当初张居正先生渊博的学识和非凡的智慧，让我对他肃然起敬。此书可谓百读不厌，真想看看其明清的刊物原本，肯定会有另一番收获。

诠注儒家经典，千古以来，名家辈出，流派衍生。余涉猎数十种，张居正之讲解，最令人喜爱。谨以此荐。

张居正不愧为一代名相，两代帝王之师，的确是学识渊博，经纶满腹啊！可以说是我读过的点评四书最好最经典的，太值得学习了！

看《四书》从看张居正讲评的皇家读本开始是个非常好的入口，很棒的书，值得珍藏。

四书五经距离现在年代久远，即使把原文都翻译出来，你知道原文的意思，你还是一知半解。我是在看了张居正讲评的四书之后，才真正窥见其精华，而且越读越有味道。我真的很佩服张居正这个人，几百年后的今天，我读着他的点评，茅塞顿开，我是多么地感激他，张居正是当时的神童，又是首辅大臣，位高权重，这是何等的开阔（这方面是现在的普通文人望尘莫及的）。

以前看过给孩子买的一些国学经典中的论语和名家例如名牌大学导师的讲解，给孩子读时，一直有种不解其意，甚或者是篇中所讲礼仪已经早已不适用了，那都是很久之前的东西，与现在完全脱节的感觉，很多的几乎是80%的部分不能理解，尽管如此，仍觉的读起来会有很大的收益。但是直到看到了有帝师之称的张首辅的讲解，才有如雷灌顶的醒悟。原来千年前的孔子是要向我们讲述这种种的道理，如果不是有着深厚的国学功底，渊博的知识，很好的领悟力，是无论如何也不可能将《论语》讲述的如此清楚。强烈推荐，无论大人还是孩子，都会受益非浅的。

《张居正讲解四书》全套三册（包含《张居正讲解论语》《张居正讲解大学·中庸》《张居正讲解孟子》）定价98元。中国华侨出版社出版。

经典诵读有声书

《弟子规》（经典诵读有声书）

10.00 中国对外翻译出版公司　开本：大32K

本书特色： 本书对《弟子规》中的经句作了精要解释，以便于我们快速领悟其含义，并配以生动活泼的小故事，再加上标注拼音经文读诵，为初学者提供了很好的学习范本。本书是中国教育学会重点科研课题—《弟子规》德艺教学实验研究子课题指定教材。

适用对象： 教师、学生、经典诵读班、企业、家庭、中华文化学习班。

《孝经》（经典诵读有声书）

10.00 中国对外翻译出版公司　开本：大32K

本书特色： 《孝经》是儒家重要经典之一，它为处于不同社会阶层的人制订出了不同的行孝原则。本书是中国教育学会重点科研课题—《孝经》德育教学实验研究子课题指定教材。

适用对象： 教师、学生、经典诵读班、企业、家庭、中华文化学习班。

《三字经》（经典诵读有声书）

10.00 中国对外翻译出版公司　开本：大32K

本书特色： 《三字经》是学习中华文化不可多得的儿童读物，内容涉及教育、历史、天文、地理、伦理和道德。本书内容包括经文诵读、易解以及小故事，为初学者学习提供了很大的帮助。本书是中国教育学会重点科研课题—《三字经》德育教学实验研究子课题指定教材。

适用对象： 教师、学生、经典诵读班、企业、家庭、中华文化学习班。

《了凡四训》（经典诵读有声书）

10.00 中国对外翻译出版公司　开本：大32K

本书特色： 本书是中国明朝袁了凡先生所作的家训，是教戒他的儿子认识命运的真相，并以自己改造命运的经验来"现身说法"的。对于现代的人来说，本书实在是一本有益世道人心、转移社会风气不可多得的好书。

适用对象： 教师、学生、企业、家庭、中华文化学习班。

图书·经典讲解

《细讲弟子规》

29.80 华艺出版社 蔡礼旭 /讲述 开本：大16K

本书特色： 本书借助于《弟子规》，把中华民族几千年的智慧、经验向我们娓娓道来，让我们在感叹祖宗智慧的同时，学会如何拥有幸福人生。它是我们做人做事、待人接物的处世宝典。

适用对象： 教师、学生用书、经典诵读班、学校、社区、企业等。

《如何经营幸福人生》

29.80 华艺出版社 蔡礼旭 /讲述 开本：大16K

本书特色： 本书以五伦关系为纲，详细阐述了什么是幸福，如何拥有幸福等问题。伦常道德是永恒不变的，是每个人安身立命都应该明了的，也是维系社会安定的世间大学问、大智慧。

适用对象： 经典诵读班、学校、社区、企业等。

《德育故事-小故事真智慧》

26.80 华艺出版社 蔡礼旭 /讲述 开本：大16K

本书特色： 本书以八德小故事的形式，将古圣先贤的真智慧自然地贯穿其中，揭示人生的大道理，是老师、家长学习教学的好教材。

适用对象： 经典诵读班、学校、社区、企业等。

《集福有方 消灾有道—太上感应篇白话故事》（上下册）

39.80 中国对外翻译出版公司　开本: 16K

本书特色： 本书汲取了惠吉逆凶、福善祸淫的至理，对于什么是善、恶均能洞悉明察其根源，使人阅读后，彻底明了善恶因果祸福的道理，人人自勉为善，以期集福消灾。

适用对象： 经典诵读班、企业、家庭学习、中华文化学习班。

《和谐家庭 幸福人生—弟子规讲解》（上下册）

39.80 中国对外翻译出版公司　杨淑芬/讲述　开本: 16K

本书特色： 您可曾想过：人生能幸福快乐吗？能拥有高尚的品德风范吗？《弟子规》奠定为人处事的德行根基，开启仁爱幸福的大门……本书的讲座内容已在辽宁教育电视台热播，教您如何经营和谐家庭、幸福人生。

适用对象： 教师、学生用书、经典诵读班、企业、家庭学习、中华文化学习班。

《改造命运 心想事成—了凡四训讲记》

19.80 中国对外翻译出版公司　开本: 16K

本书特色： 本书是中国明朝袁了凡先生所作的家训，是教戒他的儿子认识命运的真相，并以他自己改造命运的经验来"现身说法"的。读后可使人心目豁开，信心勇气倍增，实在是一本有益世道人心、转移社会风气不可多得的好书。

适用对象： 经典诵读班、企业、家庭学习、中华文化学习班。

《如何永恒保有你的富贵》—(保富法/了凡四训)

19.80 中国对外翻译出版公司　开本: 16K

本书特色： 本书参透世间财富聚散本质，道破人生命运真谛，想要长久保住富贵的朋友，想要改造自己命运的朋友，希望您能认真阅读本书，并能照着本书所说的方法去做，则必有惊人的效验。

适用对象： 经典诵读班、企业、家庭学习、中华文化学习班。

《德育课本》(1-4册) (礼品套装)

128.00　华艺出版社　蔡振绅/编　开本：32K

本书特色： 本书以孝、悌、忠、信、礼、义、廉、耻八个德目为纲领，汇编民国之前各种文化典籍中记载的古圣先贤的故事。内容丰富，感人至深，可用作家长和教师对子女、学生进行品德教育的教材。

适用对象： 经典诵读班、学校、社区、图书馆等。

《王凤仪讲人生》

32.00　中国华侨出版社　开本：16K

本书特色： 这是一本每一个关心自身命运的人应该好好品读的书。一位未曾读过书的农民，因为笃行忠孝，大彻大悟，讲病化世，普度群伦，成为近代著名的道德教育家。他告诉世人，人生的富贵贫贱，否泰苦乐，都掌握在自己手中。欲窥全貌，敬请阅读本书。

适用对象： 经典诵读班、企业、家庭学习、中华文化学习班。

《王凤仪诚明录》

29.80　中国华侨出版社　开本：16K

本书特色： 王凤仪是我国清末民初东北的一位普通农民，他没有念过书，却成了一位有影响的教育家。王凤仪被称为"民国奇人"，儒家慧能。

本书收入王凤仪《诚明录》《伦理演讲录》《化性谈》《六步教育法》等珍贵内容。

适用对象： 经典诵读班、企业、家庭学习、中华文化学习班。

多媒体教学光盘

《移风易俗 莫善于乐》德音雅乐 孝亲专辑(靳雅佳/演唱)

演唱版　解说版　演奏版
38.00　15.00　15.00

北京北影录音录像公司

格式：CD　碟片：1片

　　本片特色：本盘录制了12首脍炙人口的佳乐，每首歌曲都蕴含着对父母的关爱和孝敬，能够开显人们的孝心和感恩心，感人至深。光盘中附赠歌词，方便您在行车和休闲时聆听。

　　适用对象：教学光盘、学生、家长、学校、经典诵读班。

《中华德育故事》精装版/单碟版

　　本片特色：

　　《中华德育故事》系列动漫片是一部弘扬中华五千年传统美德的孝、悌、忠、信、礼、义、廉、耻的动漫片，该片拟通过历史上一个个鲜活的人物展现中华文化源远流长的精髓所在。本系列动漫片初步计划制作1080集，目前40集已制作完成并通过审批，2008年底在中央电视台的电影频道进行初步推广，反响热烈，此后分别在深圳电视台少儿频道和鄂尔多斯电视台播出。

　　适用对象：

　　动漫爱好者、学生、家长、学校、经典诵读班、中华文化学习班、企业礼品馈赠。

 精装版（14集）50.00/套

 单碟版（简装）（14集）30.00/套

（四）
孟宗哭竹
吴孙劝夫

（五）
郯子鹿乳
缇萦上书

（六）
彦霄析箸
文灿拒间

（七）
朱显焚券
世恩夜待

（八）
王旦荐贤
滂母无憾

（九）
冬梅践言
张劭待式

（十）
庭式心许
越姬信心

（十一）
孔融让梨
李后严明

（十二）
德言对经
王珪循礼

（十三）
公义变俗
巨伯请代

（十四）
隐之饮泉
罗伦还钏

（十五）
阎敞还钱
李纲辞职

（十六）
邹媖引过
赵抃告天

单碟版（盒装）
（四）-（十六）
156.00/套

北京北影录音录像公司
格式：DVD　精装版
单碟版 盒装（四）-（十六）
集数：26　碟片数：16张

《中华文化大讲堂》订购单

1. 请勾选您的选项！

√是的，我要从＿＿＿年＿＿＿月开始订购全年6册《中华文化大讲堂》：

☐ 5套及5套以上，每套全年180元（原价：192元），订阅＿＿＿套，

☐ 1套至4套，每套全年192元，订阅＿＿＿套；

☐ 单本每册32.00元，订阅100本以上，另有团购优惠，详情请致电：010-65402943

√订购《中华文化大讲堂》，好礼二选一：

☐《王凤仪讲人生》+《弟子规》　　☐《张居正讲解论语》+《弟子规》

邮寄方式：

☐ 印刷品平邮，不另加费用。　　☐ 特快专递：90元/年。

2. 我的联系方式（很重要，请务必正确完整填写，以免造成书籍延误或遗失。）

姓名：＿＿＿＿＿＿＿＿（先生/女士）职位：＿＿＿＿＿＿＿＿＿部门：＿＿＿＿＿＿＿＿

座机：（区号）＿＿＿＿＿（号码）＿＿＿＿＿＿＿＿传真：＿＿＿＿＿＿＿＿

手机号：＿＿＿＿＿＿＿＿＿＿＿ E-mail：＿＿＿＿＿＿＿＿＿

邮寄地址：＿＿＿＿＿＿＿＿＿＿＿＿＿＿＿邮编：＿＿＿＿＿＿＿＿

付款方式：

（1）银行转帐：请来电咨询银行帐号。

（2）上门取款：全国主要城市可上门取款，服务费10元，可免费获得一本《弟子规》。

（3）邮局汇款：北京市朝阳区朝阳北路52号正翔商务4-2-704 收款人：刘艳华

是否需要发票：☐ 是（收到汇款后确认订购后邮寄发票）　　☐ 否

《中华文化大讲堂》读者服务部
读者热线：010-65408420 65402943 13810284796　　电子邮箱：zhwhdjt@sina.com

赠　品

赠品一：《王凤仪讲人生》+《弟子规》　　赠品二：《张居正讲解论语》+《弟子规》

推荐朋友，免费获赠《弟子规》

传真推荐：010-65408420　　邮件推荐：zhwhdjt@sina.com

（推荐朋友，你的朋友可免费获得1本《弟子规》，同时你也可以免费获得1本）

我推荐的朋友1

姓名：＿＿＿＿＿＿（先生/女士）职位：＿＿＿＿＿＿＿部门：＿＿＿＿＿＿

座机：（区号）＿＿＿＿＿（号码）＿＿＿＿＿＿＿传真：＿＿＿＿＿＿

手机号：＿＿＿＿＿＿＿＿＿　E-mail：＿＿＿＿＿＿＿

邮寄地址：＿＿＿＿＿＿＿＿＿＿＿＿＿＿＿＿邮编：＿＿＿＿＿＿

我推荐的朋友2

姓名：＿＿＿＿＿＿（先生/女士）职位：＿＿＿＿＿＿＿部门：＿＿＿＿＿＿

座机：（区号）＿＿＿＿＿（号码）＿＿＿＿＿＿＿传真：＿＿＿＿＿＿

手机号：＿＿＿＿＿＿＿＿＿　E-mail：＿＿＿＿＿＿＿

邮寄地址：＿＿＿＿＿＿＿＿＿＿＿＿＿＿＿＿邮编：＿＿＿＿＿＿

我推荐的朋友3

姓名：＿＿＿＿＿＿（先生/女士）职位：＿＿＿＿＿＿＿部门：＿＿＿＿＿＿

座机：（区号）＿＿＿＿＿（号码）＿＿＿＿＿＿＿传真：＿＿＿＿＿＿

手机号：＿＿＿＿＿＿＿＿＿　E-mail：＿＿＿＿＿＿＿

邮寄地址：＿＿＿＿＿＿＿＿＿＿＿＿＿＿＿＿邮编：＿＿＿＿＿＿

我确认以上信息完全正确，请帮我的朋友邮寄一本《弟子规》。

我的姓名：　　　　联系方式：

《中华文化大讲堂》读者服务部　读者热线：010-65408420 65402943 13810284796

产品订购说明

订购电话:010-65402943 51309162　手　机:13810284796

传真订购:请填写订单发送传真至010-65408420 (推荐)

电子邮箱:zhwhdjt@sina.com

付款方式：

（1）银行转帐，请来电咨询银行帐号。

（2）上门取款。全国主要城市可上门取款，服务费10元，可免费获得一本《弟子规》。

（3）邮局汇款：北京市朝阳区朝阳北路52号正翔商务4-2-704 收款人：刘艳华 (收)

运费说明：

订购产品300元以下，每单收取运费30元。订购满300元以上，免运费，可货到付款。

产品目录

序号	书名	作者	定价	出版社	订数
1	《中华文化大讲堂》	诚敬和主编	32.00	中国华侨出版社	
2	《张居正讲解四书》全三册	张居正	98.00	中国华侨出版社	
3	《弟子规》有声书	李毓秀	10.00	中国对外翻译出版公司	
4	《孝经》有声书	孔子	10.00	中国对外翻译出版公司	
5	《三字经》	王应麟	10.00	中国对外翻译出版公司	
6	《了凡四训》	袁了凡	10.00	中国对外翻译出版公司	
7	《细讲弟子规》	蔡礼旭	29.80	华艺出版社	
8	《如何经营幸福人生》	蔡礼旭	29.80	华艺出版社	
9	《德育故事小故事真智慧》	蔡礼旭	26.80	华艺出版社	
10	《集福有方 消灾有道》	汇编	39.80	中国对外翻译出版公司	
11	《和谐家庭 幸福人生》	杨淑芬	39.80	中国对外翻译出版公司	
12	《改造命运 心想事成》	汇编	19.80	中国对外翻译出版公司	
13	《如何永恒保有你的富贵》	聂云台	19.80	中国对外翻译出版公司	
14	《德育课本》全四册	蔡振绅	128.00	华艺出版社	
15	《王凤仪讲人生》	王凤仪	32.00	中国华侨出版社	
16	《王凤仪诚明录》	王凤仪	29.80	中国华侨出版社	

序号	光盘名	作者	定价	碟片装	订数
1	太上感应篇白话故事	原创录音	168.00	24	
2	《移风易俗 莫善于乐》（演唱版）	靳雅佳	38.00	1	
3	《移风易俗 莫善于乐》（解说版）	靳雅佳	15.00	1	
4	《移风易俗 莫善于乐》（演奏版）	靳雅佳	15.00	1	
5	中华德育故事1-3（精装）	原创动漫	50.00	3	
6	中华德育故事1-3（简装）	原创动漫	30.00	3	
7	中华德育故事4-16（简装）	原创动漫	156.00	13	

让我们共同聆听祖先的心声和期待 —

孩子，希望你们成为一个仁慈、博爱的人；成为一个目光远大、

心胸开阔、充满智慧的人；成为一个有责任感、

勇于承担的人，这是我们的期待，也是代代祖先的期待，

更是代代祖先人生幸福最宝贵的经验。

孩子们，希望你们传承祖先的智慧，

站得更高，看得更远。

博客：http://blog.sina.com.cn/zhwhdjt

网站：www.zhwhdjt.com